清華行思與隨筆（四）

陳力俊 著

自序

2022 年 12 月

　　《清華行思與隨筆》（上）與（下）分別於 2019 年 10 月及 11 月出版，迄今約三年期間，登載在本人各部落格累積的文稿已約達成書的篇幅，本著「紀錄與紀念」的想法，決定付梓出版，承蒙黃鈴棋小姐在新婚後，同時亦忙於撰寫博士論文之際，仍願意擔負編校重責，因而得讓《清華行思與隨筆》（三）與（四）問世。

　　由於在 2010-2014 年擔任清華大學校長期間，養成撰寫在各種場合致詞或演講文稿習慣，到 2018 年中已累積相當數量，導致《一個校長的思考》（一）於同年 9 月出版，《一個校長的思考》（二）、（三）則分別於 2019 年 4 月與 5 月出版。

　　根據出版演講文集的經驗，體認最好的留存「紀錄與紀念」方式就是集結出書，因而也將歷年於不同場合及情境撰述的文稿整理出版，除《清華行思與隨筆》系列外，另於 2020 年 6 月出版《水清木華：清華的故事》。

　　本書內容包括「各項清華活動」、「清華校友活動」、「清華材料系各項活動」，「台灣聯大系統活動」為擔任「台灣聯大」系統校長以後活動紀言、「各項初、中等教育活動」、「科學與科技講座」、「各項紀念與緬懷」、「閱讀札記與心得」，「煮字集」為《工業材料》雜誌專欄、「科普知識」、「筆墨名人故居」、「地景旅遊與漫談」，而「新竹、清華花鳥逸趣」是在地賞花觀鳥的隨筆。其中也包括以往未出版，由 2019 年 10 月開始在各種場合致詞稿，作為迄今階段之文稿整理。

　　2020 年 1 月 20 日方自緬甸倦遊歸來，不料三天後即逢武漢封城，展開全球性的「百年大疫」序幕，迄今約有六億人確診，六百五十萬人死亡，仍看不到終點，讓人感嘆科學昌明時代仍不免受「黑暗騎士」肆虐。期間看到國內外

的疫情發展，延續近年來養成習慣，針對疫情執筆來整理思緒、發抒感想，也擴展到其他議題：由於部分文章攸關公共事務，認為或值得與社會大眾分享，因而試投《聯合報》「民意論壇」，也蒙編者採用多篇，開始有了投稿經驗；在被採用文章中，大多是略加更動，僅少部分經編者大幅編修，另外則有多篇由編者改動標題，通常是大有改進，學習到在大眾媒體發表文章「下標題」的一些原則；同時因為有一千字篇幅限制，如撰文字數過多，投稿前會自行先加精簡，如壓縮較大，則會兩篇文稿並刊，以能較完整呈現原意。

這些公開的文章，基於「對事不對人」，提到人則針對其政策的原則，自始即以筆名「曾士宇」發表，以免少數讀者會為筆者身分模糊焦點。按「曾士宇」取自「語真事」諧音，謬仿《紅樓夢》中，「甄士隱」取「真事隱」以及「賈雨村」取「假語村言」之意。

最後仍要特別再次感謝黃鈴棋小姐的精心編輯與校對，才使本書得以順利出版。

目次
CONTENTS

時事針砭

筆墨名人故居

新竹、清華花鳥逸趣

地景旅遊與漫談

閱讀札記與心得

　　以靜態閱讀持續思考動能，關注人類行為、文明與智慧的
發展，並建構歷史、人物及文化的多樣面貌。在閱讀中探求不
同視角，反思偏見；亦關注網路資訊的發展，注意媒體識讀與
法律規範的重要性。

《名聲賽局》筆記與讀後感

2019 年 10 月 7 日　星期一

　　每個人都有外界通過認知形成的名聲，談名聲常流於二分法謬誤，將人分為好人、壞人；君子、小人；賢人、愚人等，實際上，人有各種面向，因時、因地、因事而舉措不同，難以一概論斷；同時也有「實至名歸」、「功成名遂」、「名不虛傳」、「名過其實」、「浪得虛名」、「暴得大名」、「名噪一時」、「惡名昭彰」各種情境，不一而足。

　　去年底出版的《名聲賽局》一書，系統地整理「個人、企業、國家如何創造與經營自己的名聲」[1]，在傳統「內聖外王」，自我修為之外，將名聲創造與經營，視為一場賽局，從理解、影響而改變名聲。其中關於個人強調「當世名」部分頗有可觀之處。不管我們知不知道，每個人都在參與一場「名聲賽局」。本書就是這場賽局的遊戲規則，以及致勝的秘訣。「名聲賽局」贏家享有多好處，但人並不能完全掌控自己名聲，能做的就是運用策略，試著影響對自己的觀感。如果行為良好，符合期待，自然能維持名聲高點。書中提出許多具體做法，告訴我們如何經營或修復自己的名聲。

　　「名聲賽局」的關鍵是行為、人脈、宣傳論述。別人會根據你的行為來決定對你的期望。「名實不符」會發生，常是因為「名聲反映的是別人眼中的你」，如果沒有正確人脈，做什麼都很難獲得肯定；同時如何善用宣傳論述，更會深刻影響名聲。每個人都同時擁有各種不同名聲，不同立場的人會有不同觀感。但美德（「性格名聲」）如誠信、公平，則不會因人而異。

　　首先將名聲區分為「能力名聲」（功與言）以及「性格名聲」（德），名聲會大幅決定是否能達成目標。在社會中，有良好名聲者不僅可以獲得尊重，

---

[1] 大衛・瓦勒，魯柏・楊格（David Waller and Rupert Younger），《名聲賽局》（*The Reputation Game: the Art of Changing How People See You*），陳佳瑜譯，遠流出版社（2018）。

還可獲得經濟效益。尤其在網路時代，名聲對什麼事情都很重要。「能力名聲」是來自於做某件事後的評價，「性格名聲」反映的則是道德和社會特質。性格與能力常息息相關，努力不懈、虛心學習、持之以恆都是培養能力的途徑，能力強，個性好，才德兼備的人最受人歡迎。成功機會大增；但能力與德行不一定相關；漢高祖劉邦揚言用陳平因其能而非德，是兩者脫鉤之一例。曹操《求賢令》，求不忠不孝的能人為另一顯例。「能力名聲」很難磨滅，「性格名聲」則非常容易改變。善良親切與誠實正直同是好的性格，但做公正評斷時，兩者不一定能兼具。

人類所以能成為地球之主宰，是因為能相互合作，值得信任就是關鍵名聲：信任不等於名聲，但兩者不斷相互影響，名聲是判斷是否能信任的間接證據；若要在專業關係建立信任，必須同時兼顧「能力名聲」與「性格名聲」。另一方面，合法不等於名聲，美國總統川普不肯公開其繳稅紀錄，應可推斷是合法但不光彩，並沒有影響其勝選。

行為是訊息，人脈是傳遞訊息途徑；人際網路有幾個重要參數：人數、是否彼此認識、影響力、連結強度，是一種社會資本。成功的人往往是能力強、頭腦好、表達能力佳、專業或更有魅力，同時社會資本以及由而建立的「地位」是關鍵要素。「開放型」社交網路，有聯繫的人各自網路並沒有串聯起來，名聲成為推動新想法傳播、進化的力量，「封閉型」社交網路，名聲則能提升傳播效率。

數千年來，名人一直存在於人類社會，但有名不一定有好的名聲；自消費文化興起，擁有某種特質或過著某些生活的人更有機會成名。「能力名聲」一旦建立就難以動搖，「性格名聲」會隨著大家的討論而起伏。

人脈網是讓人在對的時間幫你向對的人宣傳，讓自己和地位高或名聲好的人建立聯繫，可「水漲船高」，李白曾說：「生不用封萬戶侯，但願一識韓荊州！」、「一登龍門，則聲譽十倍，」、「使白能脫穎而出，即其人焉。」英國歷史上最有名的文人之一塞繆爾‧強森（Samuel Johnson）曾對切斯特菲爾德爵士（Lord Chesterfield）遲來的「錦上添花」譏為在最不需要的時候提供幫助。是「多此一舉」，所以名人加持時機也很重要。

另一方面，宣傳論述要可信可憑，只有真誠可憑的論述，反映本質與根據局勢調整，才能創造真正的、長遠的價值。

書中重點包括：

●名聲如何共享、轉移？負面標籤如何去除？

●在不同的人眼裡，我們的名聲也不同。我們應該把心力投資在對我們有助益的名聲，不必浪費時間打造沒用的招牌。

●在名聲賽局裡，只要在少數幾個重要項目得分就好，不需要逼自己什麼名聲都要顧。

各界讚譽則有：

★在這個惡名亦名的年代，愛惜羽毛的人，更顯珍貴。楊斯棓／醫師

▲ 談名聲常流於二分法謬誤

★在虛擬社群的時代，名聲就是發揮影響的根源。讀完本書，您將可以了解經營與維持個人聲譽的重要性與方法，累積珍貴且無可替代的影響力資產。李全興／資深數位工作者

★名聲的重要性無法形容。本書極為有趣，更是公共領域的高層首長以及民間企業的領導人物不可錯過的作品。彭定康勳爵（Lord Patten），牛津大學校長

★書中用具體案例說明名聲毀損會產生什麼影響，也告訴我們如何逐步修復名聲。這本書太寶貴了。羅傑・卡爾爵士（Sir Roger Carr），英國航太系統公司總裁

★任何人或團體，若想為自己營造出一個長期、表裡如一的信任感，這本書是聖經。比茲・史東（Biz Stone），推特共同創辦人

★作者以犀利獨到的眼光剖析這個議題：名聲的創造和管理。如果想更了解我們身處的媒體世代，本書絕不容錯過。湯姆・布萊德比（Tom Bradby），ITV 十點新聞主持人

★閱讀本書就像上一堂高階課程。這本書會告訴你，無論你從事什麼行業，名聲才是決定成敗的關鍵。史蒂夫・斯托特（Steve Stoute），Translation LLC 執行長

★這本書應該改名叫做「如何讓每個人都知道你的好，正如你自己知道的這麼清楚」。馬丁・索瑞爾爵士（Sir Martin Sorrell），WPP 集團執行長

智者的11個框架：《框架效應》筆記

2020 年 2 月 27 日　星期四

〔前言〕

　　一個人每天要做許多決定，有研究報告顯示，成年人一天要做大約 35,000 個大大小小的決定。想想你在走廊走路的時候，每一時刻要決定走哪邊、直行或斜行、步伐大小、速度等，會領悟這數字不會太離譜。

　　這些決定，幾乎靠習慣與直覺就可處理，絕大多數無關緊要；但有時候，面對邏輯上相同的兩組問題，我們會因表達方式，或看事情的角度不同，而有不同的選擇，這種看事情的角度或框框、濾片，心理學家康納曼（Daniel Kahneman）稱之為「框架」，並發現人們的消費選擇隨框架會完全改變，因而得到 2002 年諾貝爾經濟獎。而 2017 年諾貝爾經濟學獎得主塞勒（Richard Thaler）教授的「擁有框架」理論，更進一步點出了人類做決定時的盲點，成為我們做出「不理性」決定的原因。

　　韓國知名心理學家崔仁哲，在所著《框架效應》[1] 一書中，從自身紮實的學術研究經歷，旁徵博引，引述許多有趣的研究案例，告訴我們：框架能夠決定每個人的人生走向。各式各樣的框架誘導了我們的每一項決定、每一個行動，最終促成特定的結果。我們總以為自己非常客觀，殊不知，框架打從一開始就排除了特定的細節或選項，扭曲了我們眼中的世界。因此，我們必須了解框架，才能超越無形的思維限制，減少被媒體與商人操弄的可能性，做出更正確的決策與判斷。

---

[1]　崔仁哲，《框架效應》，陳品芳譯，遠流出版社，台北（2019）。

崔仁哲在最後一章中，將他想傳遞的訊息，濃縮成「智者的 11 個框架」，很值得參考。

Chapter 10 ｜智者的 11 個框架

生活中狀況單方賦予，然而面對狀況的思考邏輯必須由自己選擇。

選擇最好的處理態度，就是我們人性的最後堡壘與道德義務。

牧師與神學家 Charles Swindoll 主張，生活中所遇到的客觀事實，約只占 10%，反應則占 90%。

Viktor Frankl：「你能奪走一個人的所有一切，唯有一種自由無法奪去，那就是，無論身處甚麼樣的情況下，該抱持的態度，以及做出選擇的自由」。

1.建立一個「意義框架」

以一個「這件事極具意義」還是「這件事要經繁瑣程序」的角度思考。

深刻意義與現實程序拉鋸，如新婚、新年新目標，美好的事轉變成負面態度，是人類追求平均的特徵。

無論是未來還是現在，要以好的思考邏輯對待，養成習慣，以意義為中心看待明天。

問「明天想過甚麼生活」？而非「十年後想過甚麼生活」？

2.堅持「接觸框架」

人回想太過久遠的事，大多會後悔當時未做的事。

從長遠來看，比起後悔已做的事，更會後悔當時未做的事。

幸福與成功，是具備「接觸框架」的人才能享有。

鄭周永將「試過了嗎？」當口頭禪，就展現「接觸框架」的精神。

如果有想做卻猶豫不決的事，現在就要勇敢實現。

3.擁有「此刻當下」的框架

人有將當下定義為「準備期」的傾向。通往幸福的路，其實就始於充分享受、感激當下。

Savoring：捕捉現在瞬間，盡情享受當下的行為。

重要飯局，品味食材；盡情恭喜與接受恭喜。

4.拋開「比較框架」

真正內心的自由，是不拿自己與他人比較。

人生產生滿足感的最佳狀態，就是不比較的時候。

與他人比較，把自己的生活變成「疲憊地展示人生」。

更具建設性、智慧的比較：縱向與自己比較，追求「最好的自己」。

5.使用樂觀的語言

一個人使用的語言，決定一個人的思考邏輯。為了改變思考邏輯，首先要改變語言的使用。

1932 年，180 位修女所寫介紹個人生平的見證文，七十多年後學者研究，發現用詞正向樂觀的較長壽。

常講消極的話，會讓我們決心從「最好」變成「夠好了」，傳染性可怕。

必須習慣使用積極樂觀的語言，創造積極樂觀的思考邏輯。

6.找出你想模仿的人

英雄的故事是為創造未來的英雄而存在的。

讓自己聽一些特定的故事，感到慷慨激昂，熱情如火，銘記在心。

Marcis Muller「作家對寫作的建議」，講述自己如何與小說中的依自己夢想中的面貌，來刻畫的主角越來越像。Muller 努力變得像自己創造出來的小說人物一樣，最後真的讓自己變得更像那個人物。

對於你想模仿的人，需要閱讀傳記、自傳，刻意努力模仿、實踐他的行為。須知如唐太宗《帝範》卷四所說：「取法乎上，僅得乎中。」

像 Muller 一樣創造理想中的自己，努力將想像中的故事變成現實。

7.更換身邊的物品

放在身邊的物品，會影響看到的人心態。要有競爭心理，就放許多能誘發競爭意識的物品。

如果要誘發他人有良心的行為，在家中放置鏡子是最好的。伊利諾大學研究，在故事面前，學生考試較誠實。鏡子會引發良知與道德的象徵性角色。

把自己視為典範的人照片掛起來，帶在身上，會促使我們像那個人一樣思考。

超越單純的居家設計，是一種更具智慧的心理設計。

8.比起「擁有框架」，更該具備「經驗框架」

所有消費，都混雜了擁有與經驗元素。可以刻意將消費的思考邏輯，引導成「為了經驗」而消費。

比起為了「擁有」消費，為了「經驗」消費，感受到幸福感會較大，如美食的經驗、欣賞一部人類想像力創造出來的作品。

研究發現，相較於為自己消費，為他人消費會更讓人感到幸福。

為他人付錢，是讓自己更快樂的幸福維他命。

9.具備「跟某人一起」的框架

《非常幸福的人》與其他人最大的差異在「關係」，是人際關係好的人，強調「和誰一起」的人。

康納曼與阿摩司‧特沃斯基（Amos Tversky）的合作，是「改變人生的相遇」威力的範例。

人生身邊至少要有一位知己。

從研究配偶死亡、骨髓移植、心臟麻痺等，都能看出「關係」對生活的重大影響。

和「為我帶來安慰與勇氣」，「我可以完全信賴、依靠的人」，建立良好的關係，就是人生幸福的指標，同時也是目的。

10.鍛鍊偉大的「重複框架」

Fyodor Dostoevsky：「習慣能讓任何事情都有可能」。

Malcom Gladwell：無論哪個領域，成人之後的成就，都是基於「沒有中斷的努力」。

認知心理學「十年法則」，靠超乎我們想像的專注與重複，不斷累積，造就天才。

「十年努力計畫式訓練」，精密設計，搭配導師，即時回應執行成果。

堅持「心誠求之，雖不中亦不遠」的心態。

重塑框架，在原有思維成為習慣之前，不斷重新定義，透過規律且重複練習，學習新的框架。

11.減少人生的副詞

作家一致認為，文章濫用副詞是由於自信不足。

想活出充滿生命力的人生，必須減少人生的副詞。

減少生命中累贅的裝飾品，以灌注生命力，恢復自信。

有關幸福研究發現，最具代表性的人生副詞是「所有物」、「他人的視線」，一旦超過一定限度，良藥也會變成毒藥。

賈伯斯每天早上面對鏡子發問：「今天要做的事，真的是我最想做的事嗎？」

Robert Stevenson：「了解自己真正想要的事物」，也就是減少人生的副詞。

在人生與文字中，重要的是主詞，而不是副詞。

▶ 看事情的角度或框框、濾片

《瘟疫與人》纏鬥鑑往知來

2020 年 4 月 10 日　星期五

　　近年頗受注目的新銳歷史學者哈拉瑞在所著《人類大命運：從智人到神人》（*Homo Deus, A Brief History of Tomorrow*）一書中，[1] 以「先見之明」的姿態，預示了人類未來的命運，受到高度重視，佳評如潮；他認為，幾千年來，人類都面臨著同樣的三大問題：饑荒、瘟疫、戰爭。但是在過去幾十年間，這些問題已經從過去「不可理解、無法控制的自然力量」轉化為「可應付的挑戰」了。該書出版於 2015 年，在新冠肺炎疫情蔓延全球之今日，顯示哈拉瑞「言之過早」，人類瘟疫的夢魘並未過去，甚至饑荒、戰爭也不無可能。而這三大問題的再現以世人能力而言，本是可避免的。人類的愚蠢，令人浩歎。

　　在瘟疫肆虐之際，有關著作自然受到格外注目。美國史學家麥克尼爾（William H. McNeill）早在 1976 年所著《瘟疫與人》（*Plagues and Peoples*）是其中佼佼者。[2] 誠如本書副標題「傳染病對人類歷史的衝擊」所表明，麥克尼爾將傳染病放到歷史的詮釋領域裡，引領讀者重新審視傳染病在歷史所扮演的角色，並追蹤人類與寄生病菌交鋒的來龍去脈。

　　全書以編年的手法，從史前時代進入歷史的年代，再進入耶穌紀元、乃至二十世紀前半，詳實探討鼠疫、天花、霍亂、傷寒、瘧疾、流行感冒等病在中國、印度、地中海、美洲等地的肆虐情形，為讀者揭示一幕幕條分縷析、鉅細靡遺的傳染病史。道出傳染病在人類歷史與文明發展所扮演角色，讓讀者以全新的角度及視野去認識人類的歷史。

　　作者企圖討論從史前時代到現代，傳染病史如何影響人類的歷史；它建

---

[1] 哈拉瑞（Yuval Noah Harari），《人類大命運：從智人到神人》（*Homo Deus, A Brief History of Tomorrow*），林俊宏譯，天下文化，台北（2017）。

[2] 麥克尼爾（William H. McNeill），《瘟疫與人》（*Plagues and Peoples*），楊玉齡譯，天下文化，台北（1976）。

立於簡單的免疫學與疾病地理學觀念，敘述人群接觸到來自不同環境新病原時，常會因為缺乏免疫力而導致嚴重疫情與大量死亡，存活者產生一定的免疫力，讓病原與免疫力達成平衡而減緩疫情。中南美洲、印度等地歷史上都有外人入侵，本地人大量死於疫病之悲慘狀況即是顯例。值得注意的是，作者更進一步，試圖以生態因素解釋許多難解的歷史現象，相對於中國入世儒教，印度的佛教與印度教提倡出世，貶低物質是由於資源缺乏，疫病讓人感到生命無常，推測種姓制度是征服者避免染上被征服者身上的寄生蟲病而發展出的接觸禁忌。

賈德・戴蒙在 1997 年所著《槍炮、病菌與鋼鐵：人類社會的命運》（*Guns, Germs, and Steel: The Fates of Human Societies*）中[3]，也與麥克尼爾抱持同樣論點，認為西班牙人柯帝茲只帶了六百多名隨從，就征服了統轄數百萬人的阿茲提克王國。過後不久，在南美洲皮扎若也以極少數人征服龐大的印加王國，最可能的解釋是西班牙人帶來土著毫無免疫力的瘟疫，而使龐大帝國於短期內覆滅。麥克尼爾更進一步推論，墨西哥及祕魯的古老宗教澈底消失，村民不再虔誠，要考量對於一場「只殺死印地安人，卻對西班牙人無傷的流行病」心理方面的暗示，那一方更受天神庇護也是毫無疑問的。環繞著古老印地安神祇所築起的宗教、祭師以及生活方式，在西班牙人所信奉的神展示了超能力之後，再也無法存活下去，論點引人入勝。

另一方面，作者除細菌與病毒這些微型寄生物外，提出巨型寄生物的觀點，像是統治者、征服者與殖民者，榨取人們的勞動果實，與微型寄生物一樣戕害人群，同時以吞食消化來比喻族群與文明的征服、消長與滅絕，而人類歷史就是微型寄生物、巨型寄生物及被寄生者之間的互動與結果，頗具新意而發人深思。

作者的宏觀視野、大膽綜述的啟發性受到讚賞，但充滿驚奇之論也遭致不少批評，認為頗多臆測不夠嚴謹，提出許多質疑。尤其中古時期科學尚未昌明時代，世人對疫病了解不足，要談原由、影響與詮釋，自然難有定論，但仍不掩歷史經典開啟思路之可貴。

---

[3] 賈德・戴蒙（Jared Diamond），《槍炮、病菌與鋼鐵：人類社會的命運》（*Guns, Germs, and Steel: The Fates of Human Societies*）〔周年典藏紀念版〕，王道還、廖月娟譯，時報出版，台北（2019年）。

「瘟疫與人」纏鬥了幾千年，以新冠病毒在二十一世紀仍能肆虐來看，這場人對看不到的敵人奮戰，將永不止息：新冠病毒迄今已證明非常刁鑽古怪，從中國，以迄歐美，可能再向印度、中南美、非洲擴散，走向與時程均不明朗；一說在其他地方延燒後，又會撲向現今防疫成果良好，但免疫力相對較弱的中國與東亞，重演「同樣疫病在缺乏免疫力的族群中蔓延」，相當令人擔心，唯有期待疫苗早日開發成功，才有可能告一段落；誠如麥克尼爾所說「影響人類世界的疾病循環模式是多麼地變化多端，在古代如此，現代也如此」。同時未來是否會有更可怕的病毒出現？也是世人應提防並開始深入探究的關鍵問題，以免像對付新冠病毒措手不及以致應對荒腔走板的悲劇重現。

　　麥克尼爾在書末「鑑往知來」一節中，論及「科技與知識，從來沒有將人類從古老位置，即介於『微型寄生物攻擊』與『某些人對其他同類進行的巨型寄生』之間，解放出來」，「也從來沒有任何長久、穩定模式，能夠確保這個世界對抗地方性（假使不是全球性）的毀滅性巨型寄生擴張，如第一次與第二次世界大戰」，「戰爭或革命都可能再次造成世界眾多人口的饑饉與死亡」，「未來可能發生意想不到的突破，擴張到目前無法想像的範圍，出現的不會是穩定性，而會是一系列的劇烈變遷和突兀的震盪」，撫今思昔，其預言令人驚慄。

◀ 審視傳染病在歷史所扮演角色

哈金作《通天之路：李白》讀後

2020 年 6 月 25 日　星期四

　　《通天之路：李白》是當代英語世界最負盛名的華裔小說家哈金書寫古代最具傳奇色彩的詩人傳記——詩仙李白傾情深度力作。中央研究院院士王德威在序中說：「《通天之路》點出李白一生追逐的高緲與艱難。所謂的天，至少有兩重含義，一為他篤信的道教天庭，一為他嚮往的皇室天朝。前者代表脫俗的超越，後者代表世俗的極致。兩者難以相容，李白卻希望兼得。為了功名，李白屢屢夤緣攀附，但他又希冀一朝功成身退，得以逍遙方外。結果卻是『富貴與神仙，蹉跎成兩失。』」

　　哈金綜覽漢學相關研究，用作家之筆融入情節鋪陳和生動對話，同時以學術研究之清晰論述加上嚴謹考究，完成了一部宛如小說般有趣易讀的非虛構傳記。從史料上記載李白各個時期經歷事件之轉折為軸，輔以李白流傳後世之詩作，在千年後，還原創作當下的時空背景，勾畫出一個完整鮮活的李白。

　　哈金以自身在英美詩歌方面的訓練解讀李白詩作，力求簡潔，但維持敘述的流暢性，進而將盛唐的李白和作品與現今世界連結，讓讀者感同身受，並得到理解上的欣賞和情感上的體認。歷史真實的李白、詩人自我創造的李白、歷史文化想像所製造的李白，都在此書中娓娓道來。王德威在序中說：「哈金自己也是詩人，多年之後，終於直面李白，叩問作為詩人在唐代——以及當代，或任何一個時代——的可能與不可能。」《華爾街日報》書評：「本書是一位文學天才令人感同身受的動人寫照，他滄桑的經歷（充滿野心、脆弱、失落以及苦痛），就連莎翁的戲劇都要黯然失色。」

　　李白是中國的詩仙、謫仙人；流傳下許多膾炙人口的詩句、風流逸事，自道「十五好劍術，遍幹諸侯。三十成文章，歷抵卿相」。較為人知的是少年學劍、學道，雲遊四方，詩名遠播，但仍不忘謀求功名，天寶元年（742 年），

雖曾奉唐玄宗詔入宮擔任翰林學士約兩年，年屆不惑的李白書生意氣奮發，高唱「仰天大笑出門去，我輩豈是蓬蒿人」，心懷「願一佐明主，功成還舊林」的抱負，最後黯然離去，在仕途堪稱不遇，但也讓其千古文名，更加穩固。

在哈金筆下鮮活的李白，有幾件軼事特別引人注目：

一、干謁：

干謁，即求見，為謀求祿位而請見當權的人，以獲得推薦任官。而想要被推薦，需要上書呈現自己作品以展現自己的才華（行卷），獲得欣賞。李白父親李客是商人，當時商戶子弟不能參加科舉，李白必須通過舉薦才能出仕。李白熱衷於從政發展抱負。自稱要「申管晏之談，謀帝王之術，奮其智能，願為輔弼，使寰區大定，海縣靖一」（〈代壽山答孟少府移文書〉），所以屢見干謁行卷之舉，但並不順遂。一方面固然是不合對方品味、所托之人眼光不足或妒才忌賢，也可能由於李白行事不羈，讓人產生疑慮，不想以自己政治生命冒險，推薦一個不完全信任的人，讓李白悲嘆，「蜀道難，難於上青天」。

但李白行卷中出了不少傳世之作，如〈上李邕〉（720 年，渝州）：

大鵬一日同風起，摶搖直上九萬里。
假令風歇時下來，猶能簸卻滄溟水。
時人見我恆殊調，見余大言皆冷笑。
宣父猶能畏後生，丈夫未可青年少。

李白在天寶四年（745 年）遊北海郡又會北海太守李邕（678-747 年，字泰和，廣陵江都人，今江蘇江都縣，唐代書法家、文學家），李邕自承當年有眼無珠。

〈與韓荊州書〉中有「生不用封萬戶侯，但願一識韓荊州」、「一登龍門，則聲價十倍！」「白，隴西布衣，流落楚、漢。十五好劍術，徧干諸侯。三十成文章，歷抵卿相。雖長不滿七尺，而心雄萬夫」、「請日試萬言，倚馬可待」、「一經品題，便作佳士」、「且人非堯舜，誰能盡善？」等佳句。

韓荊州即韓朝宗，荊州刺史，天寶初為京兆尹，又為高平太守。後因聽信

謠言「兵當興」（意為要打仗），於是想避世終南山，並蓋了一座房子，因為
這件事被唐玄宗貶為吳興別駕，卒。

李白生性狂放不羈，但是離開長安並不表示放棄，在他日後的人生路上也
並沒有停止追求，到了 760 年還寫了〈贈崔咨義〉，761 年寫了〈贈劉使都〉，
直至 762 年去世，也沒有實現他所說的「盡節報名主」、「功成謝人間」的
理想。

李白好友孟浩然曾給後來任丞相的張九齡寫了一首五言律詩〈臨洞庭湖贈
張丞相〉自薦，甚為出名：

八月湖水平，涵虛混太清。
氣蒸雲夢澤，波撼岳陽城。
欲濟無舟楫，端居恥聖明。
坐觀垂釣者，徒有羨魚情。

相傳曾因〈歸終南山〉（也作：歸故園作、歲暮歸南山）詩：

北闕休上書，南山歸敝廬。
不才明主棄，多病故人疏。
白髮催年老，青陽逼歲除。
永懷愁不寐，松月夜窗虛。

其中「不才明主棄」得罪玄宗，對孟浩然說：「卿不求仕，而朕未嘗棄
卿，奈何誣我！」而於仕途無望。

李白摯友杜甫也仕途不順：「獨恥事干謁，兀兀遂至今。」唐玄宗天寶七
年（748 年），當時杜甫 37 歲，考試落第寫下了〈奉贈韋左丞丈二十二韻〉，
這首詩裡有一些句子，如「讀書破萬卷，下筆如有神」、「殘杯與冷炙，到處
潛悲辛」、「致君堯舜上，再使風俗淳」，成為了千古名句，其中更是「致
君」那一句，幾乎成了杜甫畢生的追求。

二、知名文友

李白交遊廣闊，和尚、道士以迄三教九流，知名文友包括：

（一）孟浩然（689-740年）

孟浩然長李白（701-762年）十二歲，是李白的老師、兄長、朋友；開元十六年（728年），孟浩然來到黃鶴樓，巧遇李白，他準備到長安考進士前，李白前來送行，心中無限惆悵，寫下了一首〈黃鶴樓送孟浩然之廣陵〉千古名詩。

> 故人西辭黃鶴樓，煙花三月下揚州。
> 孤帆遠影碧空盡，唯見長江天際流。

孟浩然也頗有入仕之心，但因一直沒有得到機會，只好隱居山林，寫下不少山水詩，史稱「田園詩人」。

李白在〈贈孟浩然〉的詩中寫道：

> 吾愛孟夫子，風流天下聞。
> 紅顏棄軒冕，白首臥松雲。
> 醉月頻中聖，迷花不事君。
> 高山安可仰，徒此揖清芬！

（二）杜甫（712-770年）

杜甫比李白小十一歲，李白於745年敗走京城（自云：攀龍忽墜天），雲遊首至洛陽，杜甫正住於此。當時李白已名滿天下，而杜甫仍沒沒無聞，但李白很看重杜甫，並稱讚其「會當凌絕頂，一覽群山小」詩句，兩人互相欣賞，但詩歌風格極為不同。

聞一多將兩人相會比喻為日月相會，在中國幾千年的歷史中，唯有傳說中

的孔子見老子可與之媲美；「譬如說，青天裡太陽和月亮走碰了頭，那麼，塵世上不知要焚起多少香案，不知有多少人要望天遙拜，說是皇天的祥瑞。如今李白和杜甫——詩中的兩曜，劈面走來了，我們看去，不比那天空的異端一樣神氣，一樣的有重大的意義嗎？」

在接下六個月中，兩人道路再次交叉又分離。雖然總共只見過三次，由於志趣相投，成就了終身的友誼，杜甫並作詩「余亦東蒙客，憐君如弟兄。醉眠秋共被，攜手日同行」紀念。

杜甫堅信，李白將擁有「千秋萬歲名」，讚美李白詩歌藝術「筆落驚風雨，詩成泣鬼神」、「白也詩無敵，飄然思不群」，李白在〈戲贈杜甫〉中道出「飯顆山頭逢杜甫，頂戴笠子日卓午。借問別來太瘦生，總為從前作詩苦。」道盡杜甫作詩苦吟推敲之狀。杜甫曾在〈春日憶〉「渭北春天樹，江東日暮雲。何時一樽酒，重與細論文。」詩中表達思念之情，令人神往。李白晚年參與「永王之亂」獲罪，杜甫是少數對他保持友情與支持的朋友，寫詩悲嘆「世人皆欲殺，吾意獨憐才」。

（三）王昌齡（698-756年）

740年，李白在巴陵，遇到王昌齡，甚為相得。王昌齡由科舉中了進士，入仕十多年，他為李白剖析涉身官場的不可取，但並沒有說服李白。

王昌齡名作包括〈閨怨〉：

閨中少婦不知愁，春日凝妝上翠樓。
忽見陌頭楊柳色，悔教夫婿覓封侯。

以及〈出塞〉：

秦時明月漢時關，萬里長征人未還。
但使龍城飛將在，不教胡馬度陰山。

（四）賀知章（659-744年）

賀知章晚年在長安紫極宮遇到少年時期的李白，在讀了李白作品〈蜀道難〉、〈烏棲曲〉等詩後，感嘆地說道，「子，謫仙人也。」，從此後人稱李白為詩仙，兩人成為好友，並留下「金龜換酒」的佳話。

李白〈對酒憶賀監並序〉：

> 太子賓客賀公。於長安紫極宮一見余。呼余為謫仙人。因解金龜換酒為樂。歿後對酒。悵然有懷而作是詩。
> 四明有狂客，風流賀季真。長安一相見，呼我謫仙人。昔好杯中物，今為松下塵。金龜換酒處，卻憶淚沾巾。

賀知章〈回鄉偶書〉一詩可謂家喻戶曉：

> 少小離家老大回，鄉音無改鬢毛衰。
> 兒童相見不相識，笑問客從何處來。

（五）高適（704-765年）

745年夏，高適與李白、杜甫在開封會面，同遊梁宋，在夏秋之際三人又一同到單父（山東單縣），於孟渚澤縱獵。到了第二年（746年），李、杜、高三人又在齊地相聚。那時候的高適寫有〈宋中別周梁李三子〉，他在詩中形容李白：「李侯懷英雄，骯髒乃天資，方寸且無間，衣冠當在斯。」杜甫晚年在〈遣懷詩〉裡也回憶了當年的盛事，「憶與高李輩，論交入酒壚。兩公壯藻思，得我色敷腴。」

李白入獄期間，高適正在唐肅宗朝任要職，李白曾託人帶了一首詩給高適，〈送張秀才謁高中丞〉：「高公鎮淮海，談笑卻妖氛。採爾幕中畫，戡難光殊勳。我無燕霜感，玉石俱燒焚。但灑一行淚，臨歧竟何云。」言語之中，顯然是希望高適念及舊情相救，然而音信如石沉大海，交情從此中斷。

高適有傳頌一時的著名詩歌〈別董大〉：

千里黃雲白日曛，北風吹雁雪紛紛。

莫愁前路無知己，天下誰人不識君？

三、道家情緣

唐朝奉老子為始祖，尊崇道教，道教在唐朝達到了隆盛時期。因此，對李白求仙學道影響重大。李白在 18-20 歲時，曾同蜀中長平山道家術數名家趙蕤一起隱居學習霸王之術和官場秘訣。希望「佐名主，立功業」，在政治上有所成就。

在蜀中，他奠定了道教信仰的基礎，道教強調「道」乃宇宙的基本法則，無所不在，由「道」生「運」，亦即興衰變遷。道家認為生命有限，沒有來世，所以人必須盡可能減少身心消耗，保持最長久的生命活力，崇尚自然。因為追求長壽甚至成仙，發展了煉丹術，對李白產生了終生的影響。李白在其〈感興八首〉（之五）說：「西山玉童子，使我煉金骨。欲逐黃鶴飛，相呼向蓬闕。」即表達了煉丹成仙的想法。

李白一生為求仙學道而漫遊名山大川，如 732 年，他到嵩山尋訪據說以兩百多歲，善製作長生不老藥，被稱為「焦煉師」的女道士、活神仙，雖未遇，但堅信大師的存在，在〈贈嵩山焦煉師（並序）〉詩序中說：「雲生於齊梁時。其年貌可稱五、六十。常胎息絕穀。」、「遊行若飛，倏忽萬里，世或傳其入東海，登蓬萊，竟莫能測其往也」，詩中說：「紫書儻可傳，銘骨誓相學」，渴望向焦煉師學道之心溢於言表。晚年（760 年），即在流放夜郎途中遇赦回來的次年，在〈廬山謠寄盧侍御虛舟〉中更明說「五嶽尋仙不辭遠，一生好入名山遊」。

天寶四年（745 年），李白接受道籙，加入道士行列。李白在齊州（濟南）的道教寺院紫極宮被反剪雙手，走上法壇，在杜甫與高適的見證下，從高天師手中接過朱筆寫在白絹上的「道籙」，成為一名名副其實的道士。道籙的傳授頗為嚴格，授了道籙，才算正式入道，「名在方士格」。

李白一生展現道家的灑脫、道教的狂放。道教是一個珍視個體生命並渴望現世快樂的宗教，其沒有空、幻、寂、滅的禁慾色彩，而是充滿了喝酒談玄、

散髮弄舟、長生不老、成仙成神的享樂情緒。他在〈夢遊天姥吟留別〉長詩中，描述了上天庭奇異夢境並慨嘆：「世間行樂亦如此，古來萬事東流水。安能摧眉折腰事權貴，使我不得開心顏！」

李白在四川雲遊時結交道士元丹丘，成為摯友，為元丹丘寫了至少十一首詩，稱他與元丹丘「故交情深，出處無間」、「吾將元夫子，異姓為天倫」。他的第二任夫人宗氏有很深的道家修為，並師從李林甫入道的女兒李騰空大師。李白曾有〈送內尋廬山女道士李騰空二首〉相送，其一云：「君尋騰空子，應到碧山家。水舂雲母碓，風掃石楠花。若戀幽居好，相邀弄紫霞。」詩中的雲母，即為煉丹藥物之一，廬山盛產，以水碓搗煉，舂成細末可服用。晚年的李白熱衷於煉製與服用丹藥。決心「吾將營丹砂，永與世人別。」沉溺道教已是很深。

四、生前身後事

公元 759 年秋，杜甫流寓秦州，聞李白流放，日夜為李白憂慮，不時夢中思念，寫成〈杜甫夢李白〉詩。其中名句是「千秋萬歲名，寂寞身後事。」而李白晚景相當淒涼。

李白在 757 年底遭流放夜郎，根據唐律，須在一年內抵達夜郎，但可有例外，讓李白得以自己節奏前行，於 759 年早春抵達四川奉節（白帝城），突然因朝廷大赦，喜出望外，立返江陵。留下〈早發白帝城〉千古名詩：

朝辭白帝彩雲間，千里江陵一日還。
兩岸猿聲啼不住，輕舟已過萬重山。

因戰亂，李白於 761 年春，才與妻子宗氏團聚，在伴送宗氏到廬山修道後，再度踏上旅程：輾轉前往由其親戚李陽冰擔任縣令的當塗，受到熱心款待，而安頓下來。但年底李陽冰任滿，要回京城覆命，先將李白兒子伯禽接來，在附近鹽場找了份差事，將家裡所有現銀都留給了李白，竭盡所能安排，才悵然告別。

李白於次年去世，在最後的日子裡，曾作〈臨終歌〉絕筆詩：

大鵬飛兮振八裔，中天摧兮力不濟。

餘風激兮萬世，遊扶桑兮掛左袂。

後人得之傳此，仲尼亡兮誰為出涕！

　　自比為大鵬，振起雙翼意欲飛向遙遠的天邊。然而，尚未抵達最後的終點，就遭遇重大的挫折而氣力不濟。雖然被摧折，但他鼓起的餘風仍可激揚萬世，可惜壯志未酬。聖人孔仲尼已死，誰還會為我哭泣呢？

　　去世確切時間不詳，由伯禽草草埋葬。764 年，朝廷接受推薦，徵召李白為左拾遺，但李白已去世一年多了。

　　799 年，29 歲的白居易在河邊的雜草與荊棘中找到了李白的墓地，並寫下〈李白墓〉詩：

採石江邊李白墳，繞田無限草連雲。

可憐荒壟窮泉骨，曾有驚天動地文。

但是詩人多薄命，就中淪落不過君。

渚蘋溪藻猶堪薦，大雅遺風已不聞。

　　五十多年後，宣歙觀察使范傳正找到李白約三十多歲的兩位孫女，「衣服村落，形容樸野，而進退閒雅，應對詳諦，且祖德如在，儒風宛然」，據告知伯禽已於二十年前去世，她們有一位兄弟，離家後已十二年沒有音訊。二女已出嫁，似不識字，不願接受安排改嫁士族，只希望將祖父改葬於李白生前曾希望被埋葬在的青山，「志在青山」的遺願：青山也叫「謝公山」，是李白的文學偶像謝朓曾經住過的地方。

　　范傳正尊重了她們的意願，當地縣衙決定給予她們家庭免除賦稅與雜役。唐憲宗元和十二年（817 年）范傳正為其遷葬至當塗青山，並作墓誌銘〈贈左拾遺翰林學士李公新墓碑〉。這篇碑文也是李白生平一個重要資料。

　　李白在李陽冰告別時，將自己所有詩歌手稿都給了他，似乎感到自己大限將至，跟李陽冰敘述自己一生；李陽冰答應為李白出版手稿，並將李白自敘作為此書序言一部分。李陽冰撰寫了一篇序言，得到李白認可。李陽冰說李白才

華「千載獨步，唯公一人」，自己以能遇見李白為榮，兩人揮淚告別。

李陽冰在李白身後不負所托出版了李白詩集《草堂集》，在前言中寫道：「當時著述，十喪其九，今所存者，皆得之他人焉。」李白另一崇拜者魏顥於 763 年也履行了對李白的承諾，將李白的詩歌結集出版，題名《李翰林文集》，這兩本詩集構成後代所見李白作品的基礎，總共大約一千首詩文。

◀ 富貴與神仙，蹉跎成兩失

《宋氏三姊妹與她們的丈夫》一書對孫中山的顛覆性描寫

2020 年 9 月 23 日　星期三

　　知名作家張戎[1]於去年出版新書《宋氏三姊妹與她們的丈夫：20 世紀三位傳奇女子，一部動盪百年的中國現代史》（*Big Sister, Little Sister, Red Sister: Three Women at the Heart of Twentieth-Century China*），原以英文著作，並親自翻譯，中文譯本於今年七月由麥田公司出版。該書副標題為「20 世紀三位傳奇女子，一部動盪百年的中國現代史」頗能點出書中重點。全書分五部分，即一、孫中山與共和之路（1866-1911），二、三姊妹與孫中山（1912-1925），三、三姊妹與蔣介石（1926-1936），四、三姊妹在戰爭中（1937-1950）與五、三姊妹的後半生（1949-2003）。

　　「宋氏三姊妹」是近代中國家喻戶曉人物，也是中國歷史上同具榮光與爭議，深遠影響近代中國的傳奇三姊妹，分別嫁給中華民國「國父」、「總統」與「行政院長」，在台灣四、五十歲以上的人心目中也有大致的歷史定位（姑稱「台版」）宋靄齡愛錢，宋慶齡愛國，宋美齡愛權。因此有歷史訓練的作者自稱「秉筆直書」的這部作品（「張書」），基於「中國現代史被改竄百年，早就應該重新書寫。我能夠做的，是發掘史料，從而提供新鮮視野。」其中尤其對「國父」孫中山向來被神化的形象，本書做出修正的描寫，讀來就特具顛

---

[1] 張戎是《慈禧：開啟現代中國的皇太后》、《鴻：三代中國女人的故事》和《毛澤東：鮮為人知的故事》三書作者。1991 年《鴻》出版後，成為英國出版史上非小說類最暢銷的書籍之一，名列讀者評選的二十世紀最佳書單，在全世界有關中國的著作中讀者最多，至今在英美亞馬遜網路書店中國欄目的暢銷書榜上仍名列前茅。2005 年與丈夫喬・哈利戴合著的《毛澤東：鮮為人知的故事》出版，美國《時代》週刊評論說：「這本書的威力像原子彈。」這兩本書迄今已經翻譯成四十多種文字，在中國大陸以外的銷售量超過一千五百萬冊。《慈禧：開啟現代中國的皇太后》於 2013 年出版英文版時，《紐約時報》稱這本書是第一部全面使用中英文史料的、關於慈禧的權威著作。2019年，《宋氏三姊妹與她們的丈夫》出版英文版，英國政治週刊《旁觀者》讚嘆本書為「一部不朽巨作」。

覆性與震撼力。本文就該書有關孫中山部分作一摘要並略作評述。

　　「台版」：孫中山先生少有大志，勤奮好學，愛國心切，眼見滿清腐敗，革新無望，首倡革命，冒險犯難，經過十次革命，才締造民國；因大公無私，僅任「臨時大總統」四十天即辭職讓位給手握軍權的袁世凱；後因袁氏竊國，從二次革命起，不屈不撓，聯俄容共，在廣州奠定北伐基礎，抱病北上與軍閥共商國事時，壯志未酬，病逝北京，臨終前，仍念念不忘和平、奮鬥、救中國。國民政府明令尊稱其為「國父」，重要儀式必先恭讀「國父遺囑」：

> 余致力國民革命，凡四十年，其目的在求中國之自由平等。積四十年之經驗，深知欲達到此目的，必須喚起民眾及聯合世界上以平等待我之民族，共同奮鬥。現在革命尚未成功，凡我同志，務須依照余所著《建國方略》、《建國大綱》、《三民主義》及《第一次全國代表大會宣言》，繼續努力，以求貫徹。最近主張開國民會議及廢除不平等條約，尤須於最短期間，促其實現。是所至囑！

　　感人肺腑。一生主張「天下為公」，是不世偉人。

　　〔張書〕：關於孫的記載如下：

第一部　共和之路（1866-1911）

1.孫中山的崛起

　　p.18：孫小時就是謀略家。

　　p.21：以「洪秀全第二」自命。

　　p.23：1895 年，香港，孫中山的目標一開頭就是要當「大總統」，為此即使有人流血也在所不惜。

　　p24：1895 年 9 月，取消廣州起義計畫，最先走避。

　　p27：1896 年 10 月，倫敦，自動走進清廷公使館，以製造新聞，第二次時遭扣留，因而有「倫敦蒙難記」，讓孫聲名大噪，成為唯一有世界知名度的中國革命者。

　　p35：1900 年，八國聯軍攻入北京，向日本政府建議，自東南沿海組織三

合會暴動，由台灣引日本兵進攻大陸。

p.37：1905 年，中國同盟會成立於日本東京，不久後陷於分崩離析狀態。

p.38：1911 年，武昌起義，由與孫無直接關係的「新軍」發動。

pp.38-39：孫沒有急著回來，在歐美觀望兩個多月，聲稱尋求外交援助與籌款，但沒有接觸到西方上流社會。在黃興接受提名組織臨時政府與清廷談判後，孫立刻趕回。

2.宋耀如：虔誠的傳教士，祕密的革命者

祕密支持孫革命事業。

第二部　三姊妹與孫中山（1912-1925）

3.靄齡：「聰明透頂」的女孩子

p.62：1909 年靄齡自美返回上海。

p.66：孫要當選，還要做出重大讓步，他不願意做「臨時總統」，但代表們堅持正式總統必須等待全國大選，同時即使是「臨時總統」，也得預備交給袁世凱。

孫極力反對和議，遭到臨時政府絕大多數有力人士非議。

孫暗地活動，向日本借款，並提出以「將滿州完全委託給日本勢力」為交換。

p.67-68：孫在上海住宋查理家，靄齡志願做孫英文助手。

孫追求靄齡，但未獲回應。

4.中國實現民主

p.78：孫與臨時議會共事的日子裡，認定他們不聽話，孫要的是服從，民主政治與他無緣。

1913 年，全國大選在二十二個省中全面舉行，但沒有孫的影子。

p.81：袁世凱深信孫是以修路為名，向外國資本家借款，以為自己建軍奪權，不承諾由中國政府擔保，以致孫一分錢也沒籌到。

p.82：孫夫人盧慕貞在東京車禍受傷，孫無動於衷，讓友人感到震驚，孫

最終沒有去探視。

　　pp.82-84：宋教仁被刺，大多數國民黨人沒有指責袁世凱，反對孫要武力討袁，並向日本尋求援助。

　　孫討袁戰爭不得人心，一開始就失敗。

　　1913 年 8 月孫流亡日本。

5.靄齡、慶齡的婚姻

　　p.86：靄齡對孫私生活早已不滿，政治上與孫也漸行漸遠。

　　孔祥熙在回憶錄裡說，孫的行為是在給日本人幫忙，而不利於中國，他還不喜歡孫的專制作風。

　　1914 年 9 月孔祥熙與靄齡在日本橫濱結婚

　　p.87：在靄齡準備結婚時，慶齡接替做了孫的英文助手。

　　p.88：孫是慶齡心目中的英雄，滿是敬意與柔情。

　　p.89：孫迷上了慶齡。

　　p.90：1915 年夏，慶齡要求父母允許她跟孫結婚，他們堅決拒絕。

　　p.91：1915 年 10 月，慶齡從上海家中偷跑出來，到東京跟孫結婚。

　　p.92：慶齡父親宋耀如到日本控告孫未果，跟孫澈底決裂。

6.「孫夫人」的代價

　　p.97：第一次世界大戰中，德國曾嘗試行賄段祺瑞總理一百萬美金，以阻止中德斷交，被段一口回絕。

　　pp.98-99：德國想要推翻段祺瑞，孫同意合作，拿到一百五十萬墨西哥銀元，是孫得到第一筆鉅額外國資助。

　　1917 年 8 月，孫建立廣州政府，「以五十萬元送海軍，三十萬元給國會議員」，但議員不願違憲選舉其為「臨時大總統」，最後妥協推舉其為「軍政府」、「大元帥」。

　　孫開始「護法戰爭」，但內亂頻仍，國會議員被孫手段嚇壞了，想法趕孫，孫當即辭職，於 1918 年 5 月離開廣州。

　　pp.101-103：孫在上海，寫了一本「孫文學說」小冊子，將各種說法拌成大雜燴，不管邏輯，也不管切題不切題。

胡適寫到：「孫著書本意只是要人『服從我』，信仰而奉行不悖。」

1918 年大選所組成的北京政府得到全世界承認。

「軍政府」於 1920 年 10 月結束。

p.103：期間孫派人去德國，邀請德軍入侵中國，為德國人拒絕。

孫又向日本駐上海領事要求日本援助他推翻北京政府，承諾：「承認日本對『滿蒙』的領有」，日本人沒有反應。

孫還找到莫斯科在上海的派員，請求蘇聯從西北入侵，以合作推翻北京政府，莫斯科最終沒有答應。

「軍政府」結束後，孫於 1920 年 11 月回到廣州。

p.104：孫在廣州建立了自己的政權，於 1921 年 4 月 7 日宣布成立。

1922 年 5 月，孫起兵北伐，要推翻徐世昌政府。

p.105：孫要陳炯明軍隊幫他打仗，陳軍拒絕服從。

p.106：陳炯明軍隊包圍總統府，6 月 16 日凌晨孫逃走時，未帶慶齡。

p.107：慶齡是自願留下來掩護孫逃走。未料孫安全後，並沒有通知妻子，讓陳軍與保衛慶齡約五十人衛隊激烈戰鬥。

pp.108-109：孫想要慶齡留在總統府，讓衛隊與陳軍對打，孫就有理由用艦砲轟擊廣州，毫不掛念妻子安危。

慶齡兩天兩夜逃亡後，才在孫所駐軍艦上短短見面，在回上海家途中小產，並得知永不可能再懷孕。

慶齡看透了丈夫的行為，對孫的愛情沒有倖存。

p.110：經過深思熟慮，慶齡決定不離開孫，她要照顧自己的利益，與孫做「交易」，從此，慶齡以孫夫人名義活躍於公眾眼前，為自己樹立起獨立的政治形象。

7.「我的朋友列寧就是我的榜樣」

p.112：1922 年，莫斯科跟北京政府談判，企圖併吞蒙古，遭到拒絕，莫斯科希望打孫中山牌。

p.113：8 月 25 日會談結束後，孫寫信告訴莫斯科代表，完全同意「蘇聯軍隊應該留在」蒙古，建議蘇聯軍隊可首先「佔領新疆」，並提醒俄國人注意，新疆「礦產豐富」，對此整套計畫要價兩百萬墨西哥銀元（大致等於兩百

萬金盧布）。

　　莫斯科認為孫很有用，與孫在 1923 年 1 月 26 日發表共同宣言。

　　蘇共中央政治局開會批准每年給孫兩百萬金盧布。

　　有了這筆可靠巨額收入，孫得以再度進入廣州，再度當上「大總統」。

　　p.114：史達林提名白俄羅斯人鮑羅廷為孫的政治顧問。

　　鮑教給孫列寧式途徑圓夢，按布爾什維克模式改組國民黨。

　　1924 年 1 月在廣州舉行蘇俄式的國民黨第一次代表大會。

　　鮑命令中共黨員參加國民黨，協助莫斯科左右國民黨。

　　p.118：孫完全沒有吳佩孚的原則底線，對蘇俄的金錢、軍火，他請求多多益善，對莫斯科的指示，他欣然接受。就這樣，他在廣州建立起一支蘇俄式的勁旅，最終打敗吳佩孚，推翻了北京政府。

　　p.119：1924 年 8-10 月，廣州商團起來反抗孫的統治，由蘇聯教官訓練出來的黃埔軍校軍人，執行了對商團的鎮壓，受到中外輿論譴責。

　　10 月 23 日，也受到蘇聯支持的馮玉祥，在北京推翻曹錕，邀請孫進京「主持大計」。

　　孫與鮑羅廷於 11 月 13 日北上，孫接受鮑要求，一路公開譴責「帝國主義」。

　　pp.119-120：孫到上海後轉道日本十三天，另尋靠山，以制衡蘇聯。

　　日本政府一口拒絕，聲言孫與蘇俄一刀兩斷後才會幫助他，但孫做不到，用鮑的話說：「莫斯科是孫的老闆」。

　　12 月 4 日孫到達天津，當日面見「滿洲王」張作霖，張告以支持孫做總統前提是孫必須與莫斯科決裂，孫回去就病倒。

　　p.123：到天津後，孫無時不在痛苦之中，但慶齡視若無睹。

　　12 月 31 日，孫被送到北京，醫生會診確認他是肝癌晚期。

　　p.124：孫病危時，慶齡言：「愛者為汝而已」，孫答「此即難言」，知道慶齡對他已經沒有了愛情。

　　p.126：孫不是布爾什維克，但在死前做出一系列親蘇姿態，最可能原因是他死後也需要俄國人。他們不僅會幫助國民黨人奪得政權，還會教國民黨人怎樣搞他的造神運動。孫死前通過慶齡告訴國民黨領導，死後「願照一年前去世吾友列寧安葬辦法」。

孫的意願得到滿足，國民黨立刻開始列寧式造神運動，「國父」一詞就是這時首次使用。1928 年國民黨武力奪取政權後，需要用孫之名來支撐其合法性，他的每句話，都被奉為聖旨；從蘇俄學來的標語口號稱她是「民族解放者」、「民族救星」、「中國歷史上最偉大的人」等。

孫死前指示，遺體「可葬於南京紫金山麓」，強調自己的墳墓要高於明孝陵，而且「不可使人在更高處建墓」。

作者在序文中說：「在閱讀了許多關於孫中山的史料之後，他在我眼前成形了。他遠非聖人——對此，作為傳記作家，我謝天謝地。他一生大起大落，經歷了無數艱難險阻，那些暗室裡的密謀，陽光下的凶殺，能讓書讀起來像看驚悚片。我也明白了由於孫，中國怎樣一步步最終走進毛澤東統治。史料展示的孫中山，是個徹頭徹尾的政治動物，全心全意追逐的是政治野心（或者說是雄心吧）。他是個單色調的人物。」

作者並認為：

一、清末慈禧太后提出一系列改革計畫，已展現成績，她寫道：「1908年慈禧去世前，她已經準備實行君主立憲，給中國人以投票權，有關程序、規則都已經制定。」

二、所謂「軍閥混戰」的民初十六年，乃是中國的民主時期、黃金時代（「一般不準確地稱為「軍閥混戰」或「北洋政府」時期」）

三、許多當權「軍閥」、反較孫有原則。

同時孫自大自私，一心要做「大總統」，曾屢向日、俄、德尋求援助，不惜喪權辱國，「聯俄容共」政策，導致共黨在中國的崛起。在私生活上，孫中山自白，最喜歡的除了「revolution（革命）」，第二就是「women（女人）」，對家庭與家人頗為冷酷，宋慶齡愛孫中山到要為他去死，最後卻對他心寒意冷，說「我沒有愛上他」。

作者自言：「寫作本書，我奉行一向的宗旨：秉筆直書，言必有據。」、「自從開始寫作，接觸史料，多年來，我本人在不斷的驚訝之中，看著自己習慣的思想、敘述方式，在新發掘的史料面前被顛覆。驚訝之餘是興奮，看到新鮮視野出現，感到眼界大開、思路擴張，真是樂趣無窮。」本書「註釋與徵引出處」很多，增加其可信度。有人認為張戎寫史，從不畏懼觸碰權威，堅持以手中之筆摹出她親見、親歷的每段歷史。每部著作，在用心考據的史實裡，所

有英雄豪傑都被重新定論。偉人落下神壇，逼顯各種不甘與欲念，她的史傳一直都在突顯人格，而非神格。

　　因此在假設作者為一嚴謹史者的前提下，她所做的詮釋是否正確就很值得探究了。而作者對孫言行以及心態幾乎全面否定的筆法，是否想因而凸顯其顛覆性，是在閱讀本書與思索其意義時是必須多加省思的。

　　另一方面，《宋氏三姊妹與她們的丈夫》的其他五位傳主，作者對蔣介石與宋靄齡、宋慶齡的褒貶不一，較為立體，對宋美齡則最為正面，孔祥熙則偏負面，可讀性亦甚高。

◀孫中山全心全意追逐的是政治野心

《宋氏三姊妹與她們的丈夫》一書中的蔣介石

2020 年 9 月 25 日　星期五

作家張戎於去年出版著作《宋氏三姊妹與她們的丈夫》分五部分，即一、孫中山與共和之路（1866-1911），二、三姊妹與孫中山（1912-1925），三、三姊妹與蔣介石（1926-1936），四、三姊妹在戰爭中（1937-1950）與五、三姊妹的後半生（1949-2003）。

該書對孫中山的評價甚為負面，對蔣介石的看法又如何呢？本文就該書有關蔣介石部分作一摘要並略作評述。

蔣介石出現於本書第三到第五部，三、三姊妹與蔣介石（1926-1936），四、三姊妹在戰爭中（193-1950）與五、三姊妹的後半生（1949-2003）。

第三部　三姊妹與蔣介石（1926-1936）

8.上海仕女

p.142：1926 年，靄玲幫助她 28 歲的妹妹，結識了時年 38 歲，剛任命為國民革命軍總司令的蔣介石。

9.美齡認識了蔣總司令。

p.143：蔣介石從小對母親的悲哀刻骨銘心。

14 歲那年，娶大五歲之毛福梅為妻，蔣在日記中寫道：「我待毛氏已甚，自知非禮」。

p.144：少年蔣介石以頑劣無賴著稱。

1907 年，獲得清政府陸軍部獎學金，去日本學習軍事。

1912 年 1 月，受陳其美之命刺殺孫中山政敵陶成章，幫助孫鞏固臨時總統地位，蔣介石本人自言成功暗殺陶成章是其獲得孫文信任之始。

1916 年 1 月，陳其美被暗殺，蔣認定孫要為陳的死亡負相當責任，與孫保持距離。

p.145：1922 年 6 月，孫被趕出廣州，在軍艦上面臨兵變，蔣應孫求救電報，共同赴難，並護送孫到上海。

孫與莫斯科做成了交易，許諾未來的軍隊由蔣統率，並派蔣擔任訪蘇軍事代表團團長。

蔣具有敏銳觀察力，也有自己的原則底線，他不願為蘇聯把中國變成共產主義國家背書，回國後遲遲不去廣州見孫。

p.146：蔣去廣州與孫密談，孫對蔣厭惡蘇俄沒有異議，俄國人只是孫的利用對象。

1924 年蘇聯援建的黃埔軍校成立，蔣被任命為校長，孫要反蘇的蔣執掌兵權。

此後三年內，蔣隱藏了真實看法，利用俄國人建設國民黨軍隊。

p.148：1926 年 6 月 30 日，靄齡設宴招待蔣，蔣與美齡初次見面。

p.150：蔣覺察到美齡對自己的興趣，欣喜若狂。

p.152：1927 年 3 月 21 日，蔣指揮軍隊占領上海，4 月公開與中共與蘇俄決裂。

p.154：1927 年 12 月 1 日，蔣與美齡結婚。

10.同四面受敵的獨裁者生活。

p.157：1928 年 7 月 3 日，蔣打敗北京政府，進入北京城。

p.158：蔣建立了以他為首的專制體系，包括蘇維埃式的組織、宣傳、控制機制，但保留了許多中國已經存在的自由。

蔣面臨最大問題是合法性，北京政府領導人整個來說，聲譽遠勝於他。

蔣宣稱自己是孫中山傳人，大搞對孫的造神運動。

p.159：蔣把孫捧上神壇，是為了政治需要，但私下裡對孫「聯俄容共」頗為不滿。

孫中山「三民主義」伸縮性大，可以任意解釋。

p.160：在蔣統治下，沒有人可對孫中山不敬。

p.162：在這些暗殺未遂期間，美齡小產了，並得知永遠不可能懷孩子。

p.163：「中原大戰」時，美齡好似蔣的後方主管。

有一些絕密金錢轉手也是由她辦理。

p.165：蔣感到四面都是敵意，日記中說：「誠意愛撫我者，惟妻一人。」

蔣始終是一個孤僻的人，一個單槍匹馬的獨裁者。

蔣的執政圈子很小，只有宋家得到蔣澈底、無條件的信任。

p.166：上層人物中沒有正常辯論，開會就是聽蔣訓話，形成了當官的訓人風氣。

蔣本人給人印象是根本蔑視自己的人民。

蔣沒有把改善人民生活作為政策的核心。

11.慶齡的流亡生涯：莫斯科、柏林、上海
12.夫妻團隊

p.188：1931 年 9 月 18 日，日本入侵，蔣放鬆了政治壓制，爭取了許多對他的批判者。

蔣這一轉變，跟受洗入基督教，以及靄齡、美齡的影響、不無關係。

p.192：新生活運動成了蔣夫婦最鍾愛的活動，是蔣政權的主要內政政策。

13.從史達林的掌心中救出經國

p.195：1925 年，十五歲的蔣經國到蘇聯留學，蔣正裝作親蘇，無法反對。

p.196：1927 年 4 月，蔣經國大學畢業，被史達林扣留為人質。

p.197：1930 年 11 月，蔣不接受在「中東路」爭執上讓步，以換回經國建議，但產生了與史達林做交易換回兒子的念頭。

p.199-200：1932 年 12 月，蔣政府與蘇聯恢復外交關係，他明白要救兒子回家，必需要給史達林一份重禮，他想到了中共。

1934 年秋，蔣把中共趕出了江西根據地，紅軍開始「長征」，穿過五道封鎖線，如入無人之境，蔣故意放走了中共。

在紅軍成功穿過五道封鎖線後，蔣多次向莫斯科要求釋放經國。

14.「女子護衛男子」

p.203：1936 年 10 月，中共結束長征，落腳陝北，史達林還是不放經國，蔣用「剿共」加大壓力。

可是圍困共軍的國民黨軍隊首領，「少帥」張學良，拒絕執行命令。

p.204：「少帥」不失時機的與中共密謀倒蔣，毛澤東讓張學良產生莫斯科在蔣被推翻後，會支持他取代蔣的幻覺，制定了政變計畫。

12 月 12 日，張學良實施了政變計畫，扣留了蔣，通電全國，宣稱是逼蔣抗日，並要求改組南京政府。

p.205：南京政府緊急會議，懲處張學良，並威脅「武力討伐」，美齡認為對西安開戰，等於在蔣頭上丟炸彈。

p.206：12 月 14 日，張學良受到蘇聯嚴厲譴責，明白犯了天大錯誤，蘇聯並命令中共協助放蔣。

p.207：張學良走投無路，懇求美齡來西安，認為只有美齡才能保證蔣不殺他。

p.209：蔣堅決不在西安此刻見周恩來，但周仍於 12 月 25 日，走進蔣的臥室，帶來莫斯科讓經國回家口信，讓蔣妥協。

蔣給中共一系列重大讓步，使得紅軍能迅猛的發展，壯大到戰後能挑戰蔣，為了兒子，蔣付出了沉重不過的代價。

p.210：蔣經過這一番磨難，聲望如日中天。

p.211：抗日的情緒也幫助蔣應付同志們對他的憤怒，不責怪張學良與中共，好像蔣的同事是這場災難的作惡者。

p.212：張學良曾對中共承諾，一旦南京與西安開戰，就會除掉蔣。

可以說，美齡救了蔣，也保證了中國未來全面抗戰。

第四部　三姊妹在戰爭中（1937-1950）

15.勇敢與腐敗

p.214：1937 年 8 月，中國軍隊在上海慘敗，四十萬軍隊被消滅，新興的空軍與大部分海軍也被摧毀，蔣號召全國團結一心，不惜一切代價抗戰。

p.217：蔣毫不動搖的抗戰立場為他贏得巨大聲望，各省交出軍權，蔣在事實上，接近統一中國，唯一不受他調動的是紅軍。

p.222：在航空委員會裡，發現有人在購買飛機與航空設備時提取鉅額回扣，清查結果，靄齡牽涉在內。

p.223：1938 年 1 月，靄齡說服美齡，她的生意對抗戰前途毫無影響，蔣停止對鉅額回扣醜聞調查。

1935 年，孔祥熙主持幣制改革，發行「法幣」，在抗戰開始後，將全家法幣換成金子，使本身財富未受損失。

孔家大量收取國家購買武器鉅額回扣。

p.224：孔家利用特權在外幣兌換上賺取大筆利潤。

人人都聽說了蔣政權核心的嚴重腐敗，蔣的親戚在發國難財。

p.225：孔家不斷受到報紙、公眾、國民黨大員以及美國政府譴責，但蔣不聞不問。

16.慶齡的鬱悶
17.美齡的輝煌與悲傷

p.249：1945 年春，重慶「美金公債券」醜聞曝光，發現一千餘萬美元被孔祥熙與其同夥貪汙。

孔不得不退回一些贓款，蔣派大舅子宋子文接任行政院長。

18.蔣王朝的覆滅

p.251：蔣間接得知日本投降意圖，其隔絕情況，可見一斑。

蔣緊急對前方各戰區發布命令搶佔地盤。

p.252：美國給蔣施加壓力邀毛澤東來重慶舉行和談。

1945 年 8 月 18 日，毛搭美國飛機到重慶。

1945 年 10 月 11 日，毛一回延安，就下作戰命令。

p.255：有領袖做榜樣，到淪陷區接收的國民黨大小官員也盡興大撈一把。

中國大部分地區人民對蔣政權有強烈的憤恨。

1946 年 6 月，蔣差一點將中共軍隊趕出東北，但頂不住美國壓力，同意停火，而且長達四個月，是致命錯誤。

行政院長宋子文沒法搞好經濟。

p.261：在東北和延安，獲蔣信任，手握軍權的中共代理人將蔣的軍隊分期分批送給中共一個個殲滅；蔣一生不信任人，一旦信任起來卻常找錯對象，判斷力大有問題。

1948 年夏，在上海發行金圓券，收刮黃金，對付通貨膨脹，「打老虎」碰到孔家人被迫停止，大失人心。

p.264：1949 年 5 月 19 日，蔣到台灣。

靄齡勸美齡不要去台灣，中共志在奪取台灣，有史達林軍事支援，台灣島內有身居要職的內線響應，他們蠻有可能成功。

p.266：1950 年 1 月 13 日，美齡抵達台灣，對國民黨的士氣是極大的鼓舞。

第五部　三姊妹的後半生（1949-2003）

19.戰勝了「溫情主義」的國家副主席
20.「我不後悔」
21.臺灣的日子

p.302：為了鞏固基地，蔣實行戒嚴法，對真正的或猜疑的敵人毫不留情的鎮壓。

蔣採取措施控制腐敗，搞土地改革，但在他統治下，人民生活水準基本上沒有提高。

蔣在島上搞個人崇拜。

22.好萊塢媳婦
23.紐約，紐約
24.面對巨變

本書以宋氏三姊妹為傳主，旁及她們赫赫有名的丈夫，以人敘事，對蔣中正的敘述自非全面，重點在其主政之國民黨中國時期，而讓人印象最為深刻的是：

少年蔣介石以頑劣無賴著稱，但成人後有一定的才幹，深受孫中山器重，他具有敏銳觀察力，也有自己的原則底線，他不願為蘇聯把中國變成共產主義國家背書，但隱藏了真實看法，利用俄國人建設國民黨軍隊，北伐中指揮軍隊

占領上海，公開與中共與蘇俄決裂。

蔣建立了以他為首的專制體系，包括蘇維埃式的組織、宣傳、控制機制，但保留了許多中國已經存在的自由，宣稱自己是孫中山傳人，大搞對孫的造神運動。

蔣把中共趕出了江西根據地，但為換回蔣經國，故意放走了中共。西安事變後，蔣給中共一系列重大讓步，付出了沉重不過的代價。

「少帥」張學良不失時機的與中共密謀倒蔣，意圖取而代之，發動政變，後來走投無路，懇求美齡來西安，救了一命。張學良曾對中共承諾，一旦南京與西安開戰，就會除掉蔣。可以說，美齡救了蔣，也保證了中國未來全面抗戰。

中國軍隊在上海慘敗，四十萬軍隊被消滅，新興的空軍與大部分海軍也被摧毀，蔣號召全國團結一心，不惜一切代價抗戰。蔣毫不動搖的抗戰立場為他贏得巨大聲望，各省交出軍權，蔣在事實上，接近統一中國，唯一不受他調動的是紅軍。

宋靄齡促成美齡與蔣的婚姻，是影響蔣介石與國民黨政治事務至深的人。蔣原有一妻二妾，與美齡婚後，夫妻感情甚篤。

孔家以國家之名行中飽私囊之實而備受譴責，但蔣不聞不問，大失民心。行政院長宋子文也沒法搞好經濟。

有領袖做榜樣，到淪陷區接收的國民黨大小官員也盡興大撈一把，造成中國大部分地區人民對蔣政權有強烈的憤恨。

蔣始終是一個孤僻的人，一個單槍匹馬的獨裁者，執政圈子很小，只有宋家得到蔣澈底、無條件的信任。

蔣差一點將中共軍隊趕出東北，但頂不住美國壓力，同意停火，而且長達四個月，是致命錯誤。在東北和延安，獲蔣信任，手握軍權的中共代理人將蔣的軍隊分期分批送給中共一個個殲滅；蔣一生不信任人，一旦信任起來卻常找錯對象，判斷力大有問題。

中共志在奪取台灣，有史達林軍事支援，台灣島內有身居要職的內線響應，他們蠻有可能成功。為了鞏固基地，蔣在台灣實行戒嚴法，對真正的或猜疑的敵人毫不留情的鎮壓，即「白色恐怖」，但穩住了台灣。

由這些面向看到的蔣介石，有能力統一全國，領導抗日，但無法對付中

▲ 攝於1927年4月　　　　　　　　　　▲ 攝於抗戰期間

共，只有退守台灣。原因雖多，但器識不足、用人不當恐是主因。以成敗論英雄，蔣任一省之長有餘，尚欠統領一國之才能，導致大陸淪陷於毛澤東所領導之共產黨之手，大陸人民歷經多年浩劫。一人之功過，影響萬民之福祉，令人浩歎。

《毛澤東：鮮為人知的故事》讀後

2020 年 10 月 1 日　星期四

　　英籍華人作家張戎（Chang Jung），與夫婿喬・哈利戴（Jon Halliday）以十二年的時間和精力，搜集披閱許多中外文獻資料，深入多個國家的檔案館，採訪數百名與毛澤東有關的人士，包括與毛有過往來的各國政要，完成了這部被讚為「威力像原子彈」的《毛澤東：鮮為人知的故事》（*Mao: the unknown story*），於 2005 年出版，相繼已有近三十種文字的已出和將出的版本，上了許多國家的暢銷榜。中文版則由張戎親自翻譯，於 2006 年由香港開放出版社編輯出版，於毛澤東去世三十周年前夕，在香港、台北與紐約三地同步發行上市。[1]

　　毛澤東與斯大林、希特勒並列二十世紀三大混世魔王，曾主宰世界四分之一人口，統治導致至少七千萬中國人在和平時期死亡。關於毛的中外著述，可謂多如牛毛，其陰險殘酷，廣為人知，但本書仍揭示了許多不為人知的故事：透過毛澤東一生的深謀詭詐與堅忍不拔，不擇手段與眼光獨慧，殘忍冷酷與精明幽默……展現共產主義在中國二十世紀崛起的驚人內幕，從而改寫了被顛倒的歷史。

　　以下為相關內容大要（紅色數字代表原書之篇章）：

　　p.9：毛 24 歲時，批註德國哲學家 Frederich Paulsen 所著《倫理學原理》表述了他的道德觀念：「吾人唯有對自己的義務」，「吾只對吾主觀客觀的現實者負責」，「吾人並非建功業以遺後世」，「此等處吾不認為出自良心，而是人欲自衛其生而出於利害之觀念者」。

　　p.22：毛的朋友對毛說：「蘇聯革命死了三千萬人」。

---

[1]　張戎（Jung Chang），喬・哈利戴（Jon Holliday），《毛澤東：鮮為人知的故事》（*Mao: the unknown story*），張戎譯，開放出版社，香港（2006）。

p.30：國民黨領袖汪精衛是毛的伯樂。

p.32：毛發現他很喜歡暴力、喜歡大亂、喜歡殘忍。

p.50：**6**；制服朱德（1928-1930 年）

p.55：周恩來是個決絕，無情無義的執行者，他忠實的信仰共產主義，不惜扭曲個人人格。

p.61：**7**；楊開慧之死（1927-1930 年）。

p.72：**8**；「毛主席」：血染的頂子（1929-1931 年）。

p.73：為了權力而殺人，毛似乎是始作俑者。

p.75：張國燾嗜權好殺。

p.79：莫斯科支持毛屠殺對黨忠心耿耿的共產黨人。

p.87：周恩來看出不殺人中共統治就有危機，又開始「加緊肅反」。

p.101：**11**；長征前夕，毛澤東差點被扔掉（1933-1934 年）。

p.110：**12**；蔣介石放走共產黨（1934 年）。

p.112：蔣把紅軍趕進川、黔、滇三省，讓這些省軍閥不得不讓中央軍來幫助他們，紅軍只是一個棋子。

蔣希望以寬容中共與蘇聯改善關係，並要斯大林釋放在蘇聯做人質九年的蔣經國。

p.113：帶經國去蘇聯的邵力子，是莫斯科埋在國民黨內的紅色代理人。

p.114：宋慶齡是共產國際在中國的紅色代理人。

p.115：蔣看中陝北作為紅軍的「牢籠」，有把握能把紅軍圈在那裡。

1933 年 4 月，蔣知道其真實身分，但仍任命邵力子為陝西省主席。

p.116：蔣任憑中共竊聽他的部隊電台通訊。

p.118：**13**；躲避張國燾（1934-1935 年）。

p.134：**14**；獨霸連接莫斯科之路（1935 年）。

p.148：**16**；張學良欲取蔣而代之（1935-1936 年）。

張學良與中共祕密會談於 1936 年 1 月開場。

p.156：**17**；西安事變之末，毛要殺蔣不成（1936 年）。

p.160：蔣周的西安會晤簡短，但達成「以中共交換兒子」交易。

p.160：蔣以為可以阻止中共發展，但毛是阻止不了的，斯大林是算不過的。

p.163：蔣任命邵力子為宣傳部長，以糾正一向反共的報界與公眾輿論。

p.171：紅色代理人張治中引發中日全面戰爭。

p.173：蔣被拉進來後，決心大打，損失慘重，大傷元氣。

p.178：自西安事變以來，斯大林就懷疑毛是「日本奸細」（毛不打日本）。

p.180：**20**；打政敵，打蔣介石，不打日本（1937-1940年）。

p.189：**21**；毛盼望蘇日瓜分中國（1939-1940年）。

p.193：彭德懷百團大戰提振中國士氣，但毛憤怒已極。

p.197：**22**；皖南事變：毛設陷阱打擊異己（1940-1941年）。

p.206：**23**；延安整風：靠恐怖建立權力基礎1941-1945年）。

p.233：**25**；當上中共的斯大林（1942-1945年）。

p.244：**27**；蘇聯紅軍終於來了（1945-1946年）。

p.256：**28**；美國人救了中共（1944-1947年）。

p.262：**29**；蔣介石失去大陸（1945-1949年）。

p.267：剿共指揮官胡宗南可能是紅色代理人（胡統領精銳部隊，但屢戰屢敗）。

p.269：東北剿匪總司令衛立煌也可能是紅色代理人（衛不聽蔣命令，坐失戎機）。

毛澤東評衛：「自己人都看不起，難道敵人看得起他？」。

p.271：「淮海戰役」最主要破壞者是蔣總部任要職的劉斐和郭汝槐。

p.274：**30**；贏得內戰（1946-1949年）。

毛澤東全靠紅色代理人裡應外合，贏得內戰勝利。

p.310：**34**；毛澤東斯大林為什麼要打朝鮮戰爭（1949-1950年）。

毛為得到蘇聯援助，建立軍事工業，斯大林要藉中共，打擊美國。

p.317：**35**；難發的戰爭「財」（1950-1953年）。

p.445：**47**；發動文革的一場討價還價（1965-1966年）。

p.446：林是一個心地不善的人。葉群在筆記裡說他是「一個專門仇恨人，輕視（友情、子女、父兄——無意趣）人，把人想得最壞最無情，終日計算利害，專好推過於人們，勾心鬥角互相傾軋的人」。

p.451：毛同意了林彪的要價，犧牲親信羅瑞卿。

p.493：**52**；和林彪翻臉（1970-1971年）。

在盧山，毛忽然意識到，他給林彪的權力太大了，大得威脅到了自己。

關於設國家主席的問題，毛不想當主席，但是林彪要留著這個職位，自己起碼當個副主席，否則在政府裡他名不正，言不順，二號人物的身分體現不出來。

p.498：8 月，與林彪翻臉一年了，毛下決心清洗林彪。毛不斷地針對林說：「有人急於想當國家主席，要分裂黨，急於奪權。」

p.530：**55**；周恩來的下場（1972-1974 年）。

p.531：周得了癌症，毛卻不准他治。毛要的不僅是周馬不停蹄地為他服務，更重要的，他要比他小四歲的周死在他前面。

p.549：**57**；鄧小平迫毛讓步（1973-1976 年）。

周的風格是舉輕若重，鄧是舉重若輕。鄧處事果斷。

p.550：毛發動文革時，曾一度考慮過要鄧做他的左右手。可是鄧不贊成毛搞文革，不為所動。毛把他打成「第二號最大的走資派」，軟禁在家。毛整人整到什麼程度是經過精心安排的，毛欣賞鄧的能力，留著鄧以備不時之需。

p.555：此時鄧在全國大批起用文革中被「打倒」的老幹部。毛指示，四人幫在 1975 年 3 月透過媒體發起一場針對這批人的「批經驗主義」運動。4 月，毛回北京後，鄧當面向毛表示反對這場運動。毛被迫說同意鄧的意見，把運動怪到「四人幫」頭上。

p.561：**58**；最後的日子。

仇恨、失意、自憐，籠罩著毛澤東最後的日子。

他喜歡六世紀庾信的〈枯樹賦〉。幾天前，鄧小平和他的同盟者剛逼著他屈辱地當眾認錯，說「我犯了錯誤」，取消了針對他們的政治運動。

「……前年種柳，依依漢南；今看搖落，淒淒江潭；樹猶如此，人何以堪。」這是毛一生中所讀、所聽的最後一首詩詞。

p.568：今天的中國，毛澤東的像仍然高掛在天安門城樓上，他的遺體停放在天安門廣場的中心。中共現任領導人自稱是毛的繼承者，竭力維持著毛的神話。真實的毛，依然鮮為人知。

書中描述有關毛澤東情事，較少為人所知者為：

毛澤東在加入中國共產黨後，曾經收取來自蘇聯提供的「職業革命家津貼」，並十分感嘆其改善物資生活之大用。

在江西崛起時，毛開始假借肅清內部奸細名義，以酷刑殘害異己，株連成

千上萬無辜。

國民黨領袖汪精衛是毛的伯樂。

毛由經驗才發現他很喜歡暴力、喜歡大亂、喜歡殘忍。

毛不擇手段制服朱德、彭德懷、周恩來、林彪等，讓他們終身為其所用。

周恩來是個決絕，無情無義的執行者，他忠實的信仰共產主義，不惜扭曲個人人格。

為了權力而殺人，毛似乎是始作俑者。

張國燾嗜權好殺，最後仍敗於毛之手（張國燾後著《我的回憶》自辯；張於 1930 年 11 月進入鄂豫皖根據地，擔任中國共產黨領導的紅四方面軍主要領導人。1931 年發動白雀園肅反，株連甚廣，大規模的捕殺，其中包括軍級幹部 17 人、師級幹部 35 人、團級幹部 44 人遇難。可見在中共內鬥時，被毛鬥倒者往往本身也是血腥滿手[2]）

莫斯科支持毛屠殺對黨忠心耿耿的共產黨人。

周恩來看出不殺人中共統治就有危機，又開始「加緊肅反」。

蔣介石放走共產黨，把紅軍趕進川、黔、滇三省，讓這些省軍閥不得不讓中央軍來幫助他們。

蔣希望以寬容中共與蘇聯改善關係，並要斯大林釋放在蘇聯做人質九年的蔣經國。

宋慶齡是共產國際在中國的紅色代理人。

蔣看中陝北作為紅軍的「牢籠」，有把握能把紅軍圈在那裡。

蔣知道其真實身分，但仍任命紅色代理人邵力子為陝西省主席，任憑中共竊聽他的部隊電台通訊。

獨霸連接莫斯科之路，毛的好鬥殘忍，獲得莫斯科肯定。

張學良欲取蔣而代之，受俄國譴責後，才知是中共愚弄，為自保才放蔣，毛受俄國壓力要殺蔣不成。

蔣周的西安會晤簡短，但達成「以中共交換兒子」交易。

蔣以為可以阻止中共發展，但毛是阻止不了的，斯大林是算不過的。

蔣任命邵力子為宣傳部長，以糾正一向反共的報界與公眾輿論。

2　https://zh.wikipedia.org/wiki/ 白雀園肅反

紅色代理人張治中引發中日全面戰爭，蔣被拉進來後，決心大打，損失慘重，大傷元氣

自西安事變以來，斯大林就懷疑毛是「日本奸細」，因中共打政敵，打蔣介石，不打日本。

毛盼望蘇日瓜分中國，以讓自己奪權。

皖南事變：毛設陷阱打擊異己。

蘇聯紅軍助毛奪取東北。

美國人調停休兵四月，救了中共。

剿共指揮官胡宗南可能是紅色代理人（胡統領精銳部隊，但屢戰屢敗，讓人生疑；同年，即 1950 年 5 月 11 日，50 多名監察委員聯名對胡宗南提出彈劾，以其「受任最重、統軍最多、蒞事最久、措置乖方、貽誤軍機最巨之胡宗南，一無處分，殊深詫異。」終因蔣中正庇護而失敗。作者認為胡宗南可能是紅色代理人，迄今尚無任何證據，同時由於胡氏子孫力阻，本書中譯本無法在台灣出版。[3]

另一方面，假設胡宗南真是紅色代理人，胡身後中共並未有任何表揚，此說可能不確。）

東北剿匪總司令衛立煌也可能是紅色代理人（衛不聽蔣命令，坐失戎機；東北失陷，國大代表紛紛要求殺衛立煌以挽士氣。1948 年 11 月 16 日，蔣以衛立煌貽誤戎機，下令撤職查辦，以為奉行軍令不力者戒，衛於 1949 年 1 月農曆除夕化裝逃出南京，繞道上海乘英國輪船到香港。[4]唯據當時代總統李宗仁在回憶錄記述，東北失陷主要還是蔣指揮失誤，所以他下令釋放衛立煌。）

「淮海戰役」最主要破壞者是蔣總部任要職的劉斐和郭汝瑰。

毛澤東全靠紅色代理人裡應外合，贏得內戰勝利。

毛為得到蘇聯援助，建立軍事工業，斯大林要藉中共，打擊美國，都要打朝鮮戰爭。

毛為發動文革，爭取指揮軍隊的林彪，犧牲親信羅瑞卿。

毛意識到給林彪的權力太大了，關於設國家主席的問題，毛不想為主席公務纏身，但是林彪要起碼當個副主席，在政府裡體現二號人物身分。

---

[3]　https://zh.wikipedia.org/wiki/ 胡宗南
[4]　https://zh.wikipedia.org/wiki/ 衛立煌

與林彪翻臉一年了，毛下決心清洗林彪，林不得已出亡墜機而死；以林的惡行惡狀素行，再次說明被毛鬥倒的，並非都是無辜善人。

周得了癌症，毛卻不准他治。毛要的不僅是周馬不停蹄地為他服務，更重要的，他要比他小四歲的周死在他前面。周一生可謂毀譽參半。

周的風格是舉輕若重，鄧是舉重若輕。鄧處事果斷。

毛發動文革時，曾一度考慮過要鄧做他的左右手。可是鄧不贊成毛搞文革，不為所動。鄧復起後，在全國大批起用文革中被「打倒」的老幹部。毛又想發起一場針對這批人的「批經驗主義」運動。鄧當面向毛表示反對這場運動。毛被迫說同意鄧的意見；全書所述中共領導人中，似乎鄧是唯一能頂撞毛而最終未被鬥倒的人。

在「千古獨夫」毛澤東造成中國亙古以來最大浩劫的身後，今天的中國，毛澤東的像仍然高掛在天安門城樓上，他的遺體停放在天安門廣場的中心。中共現任領導人自稱是毛的繼承者，竭力維持著毛的神話，連鄧小平當政時期對毛評價「三七開」都不容許。對一個殘民以逞的暴君，連批判都不行，將不可避免的再次付出沉重代價，讓人喟嘆「天下蒼生，何日俟河清」之餘，仍充滿對中國前途之憂懼。

▶ 威力像原子彈

《心智操控【劍橋分析技術大公開】》讀後

2020 年 10 月 25 日　星期日

一、幫川普贏得2016年總統大選

　　2016 年美國大選，政治新手川普跌破幾乎所有主流媒體民調眼鏡，竟然當選美國總統。隨後一連串媒體報導，其競選總幹事班農（Steve Bannon）雇用選舉顧問公司【劍橋分析】利用 FB 所提供的選民個資，進行精準投放（Micro-targeting）訊息，影響投票行為，居功厥偉。【劍橋分析】雖於 2018 年解散，但餘波盪漾。

　　《心智操控【劍橋分析技術大公開】》（*Mindf*ck：Inside Cambridge Analytica's Plot to Break the World*），是【劍橋分析】前雇員克里斯多福・懷利（Christopher Wylie），也是揭發【劍橋分析】醜聞的吹哨者，於 2019 年 10 月出版著作，中文譯本則於今年 10 月問世。

　　該書詳細披露了 FB 數據洩露事件。以美國大選為例，Cambridge Analytica 利用 Facebook 提供的用戶數據，並收集用戶的 Facebook 朋友的個人數據，據以盜用美國超過七千萬用戶的數據，建立其政治趨向檔案，廣告會根據分類對川普支持者與潛在的搖擺選民，予以輸送客製正、負面訊息，影響選民投票；結果顯示，在賓西法尼亞（Pennsylvania）、密西根（Michigan）、威斯康辛（Wisconsin）州，共 46 選舉人票，川普都以些微差距險勝，如果由其對手拿下，則整個選舉將翻盤，所以一般認為 Cambridge Analytica 起了極大的作用。尤其據研究，一個人的網路行為如果遭到掌握，其心理狀況也同時被有效的定位。本書揭祕「大數據 AI 心理戰」如何結合時尚傳播、軍事戰略，

深入你的網絡神經，操控你的政治判斷與消費行為！

　　全書分十二章與結語，首先談到混亂的起源；Wylie 原是一個出生於加拿大的左傾同性戀者，善於撰寫程式，被邀請加入英國一家「戰略溝通實驗室」（Strategic Communication Laboratories，SCL），研發檢測並反制線上極端言論的工具，以對抗網路極端言論。不意漸為後來由 SCL 成立的【劍橋分析】工作，把心理分析變成心戰武器。Wylie 提供的證據顯示，【劍橋分析】與川普、FB、俄羅斯情報單位、國際駭客、英國脫歐全都有關係。軍事界把武器落入壞人手中稱之為反衝（blowback），【劍橋分析】的反衝直接炸進了白宮。

　　Wylie 指責 FB 沒有阻止有心人士利用這個平台影響選舉，利用黑錢下廣告散布假消息：資訊公司把你我的身分與行為模式賣給危險的人，它們偷偷設計的演算法影響人們的思維，你看的東西都是它們給的，它們日夜都在盯著你，而讓你免費分享各種有趣照片的 FB，其實正是這些人搞亂世界的最佳舞台。

　　Wylie 早在 2008 年，就知道該用數學和 AI 打選戰。當時他看到民主黨的催票能力，歐巴馬用資料分析來打選戰，建立分析理解資料的模型，讓 AI 決定在現實世界中使用怎樣方式與選民溝通，作政治號召，建立品牌形象。

　　歐巴馬團隊針對目標選民做出呼籲的做法，卻讓美國的公領域言論開始變成私人公司的東西。競選言論只要不出現在公共空間，就不需要經過辯論與公共宣傳的審查，沒人能檢查私人公司廣告網絡裡面是不是藏了假訊息。

　　矽谷科技公司如臉書的新思維，是發展一套利用資訊的能力，用來賺錢。充分利用資訊不對稱，也就是電腦非常了解我們的行為模式，我們卻對電腦行為幾乎一無所知。FB 提供方便免費服務，換取使用者資訊，研發吸引注意力的工具變現。據統計，FB 從 1 億 7 千萬美國使用者身上，每人賺取 30 美元，也就是總額超過 50 億美元。

　　在矽谷科技公司眼中，每個人都是一座礦脈，可藉此發大財；資料越多，商業價值越高。Google 從 Gmail 服務電子郵件中擷取資訊，手機 GPS 會告訴伺服器你甚麼時間去過哪裡，有一堆「應用程式」（APP）只要啟動就能錄下身邊所有的聲音。

　　它們把實際上掌握在私人手中的監控網路叫做「社群」，網路上的肥羊叫做「使用者」，把令人上癮設計叫做「體驗」或「參與」，然後開始從人們留

下的「資料痕跡（data exhaust）」或「數位足跡（digital breadcrumb）」中還原每個人的模樣。每個人都變成一座礦脈，行為、注意力、身分都可以開採換錢。

班農（Steve Bannon）是最早發現新時代可以用這種方法發政治財的人之一。班農認為自己的任務就是打一場文化戰；他在意文化力量和資訊優勢。【劍橋分析】是用資訊製造武器的兵工廠，在新戰場上攻佔人們的思想，它用軍事界的心理戰技術，讓極右派軍團崛起，迷惑、操縱、欺騙選民，用敘事與影像反黑為白，以假亂真。

【劍橋分析】一開始在非洲國家與熱帶島嶼國家做實驗，測試效果，然後拿煽動方法回美國煽動部落衝突。突然之間，大街小巷都出現了「讓美國再次偉大」（make America great again，MAGA）、「把牆蓋起來」（build the wall）之類的吶喊。總統辯論的重點變成「怎樣才算假新聞」這類不著邊際的問題。而且這種心理戰的大核彈炸下去後，美國到現在還未復原。

Wylie 身為【劍橋分析】創始人之一，自認對這些亂象應負一些責任。他愛上 FB 那種「快速行動，打破成規」號召，協助動手打造了一堆力量龐大工具，但等到理解自己究竟打破了甚麼東西，已經覆水難收。

他說出真相後，引來 FBI、臉書、共和黨三面夾殺。他提供給美國國會的資料，證實了 2016 年級右派崛起，英國出乎意料的脫歐成功，以及川普當選、俄羅斯情報單位的參與之間都有關係。

他告訴美國國會議員，FB 是一扇通往美國人民腦袋的大門，一扇祖克柏不知為多少危險人物敞開的大門。FB 不只壟斷，而且集中了太多權力，足以威脅國家安全，美國的民主。

我們太習慣信任社會體制，信任政府、警察、學校、監理機制，反正總有人負責解決事情。真相是，在跨國資訊科技公司強大實力下，政府不會也無法保護我們。

二、選戰的核心是科技與資料

自從歐巴馬於 2008 年勝選，「精準投放」紅遍政壇。這種方法利用大數據和機器學習的演算法分析全國資料，將選民分成許多小區塊，預測每一個選

民會不會是被說服或催票的關鍵目標。

原來每個人都以為浮誇的品牌形象、視覺設計、網路爆紅影片、讓人熱淚盈眶的造勢大會是致勝關鍵，其實關聯式資料庫、機器學習演算法以及用軟體與募款系統把所有東西串在一起的方法，才更重要，也是歐巴馬勝選背後支撐的基礎架構。

選戰的核心是科技與資料，不是造勢大會。重點是說服力、投票率與轉化率。想要勝利，民調是沒有用的，你得和選民「聊天」。用「職業、性別、收入」區分選民絕對失敗，掌握「心理特質」才能操縱選民。

想要打造一個能夠大規模操弄人民觀點的武器，主動解構並操弄大眾的認知，就得先深入了解人們的心理動機。最有效方法，就是先改變對方的自我認知，也就是「偷走」對方的自我認知，植入自己的版本，也就是進行心理攻擊。

班農深知，想要獲取政權，就要先改變文化，認為政治源於文化。必須先「量化」文化，才能大規模改造文化。

駭客攻擊的時候會先找出系統中的弱點，然後利用那些弱點。而在心理戰中，弱點就存在人類的思考方式中。如果你想駭進某人的腦袋，就得先找出他有哪些認知偏誤（cognitive bias）。心理學所謂的促發效應（priming effect），也是心理戰的核心：我們先找出目標重視哪些資訊，然後提醒她注意這些資訊，藉此影響她的感受、信念、與行為。另外一種偏誤叫做「可得性捷思」（availability heuristic），會讓那些經常看到謀殺新聞的人，誤以為社會中的這類犯罪愈來愈多，殊不知過去其實 25 年來全球各地的謀殺率都在下降。

《福斯新聞》用超跨張的敘事方式煽動憤怒，讓人陷入所謂的情意捷思（affect heuristic）：被情緒影響使用了心理捷徑，因而產生偏誤。接著宣傳「我們平凡美國百姓」迷思，讓聽眾陷入「身分認同的動機推理」，先植入身分認同，然後把觀念辯論說成攻擊這種身分，藉此引發觀眾的「抗拒效應」，一聽到反面資訊，就感到威脅，更堅定原來立場。這是為什麼民主黨越攻擊，川普的票越穩固。

用新的觀點去看經濟或社會弱勢白人，受到威脅的感覺，加強了種族主義與排外情緒。

三、Facebook的角色

用心理剖繪（profiling）預測人的行為，是人人覬覦的商機。美國國防高等研究計畫署（Defense Advanced Research Project Agency，DARPA）想用他研究資訊戰，FB想用它提高線上廣告銷售率。2012年FB申請到美國專利：「從使用者在社群網路上的通訊與特質，來推斷其個性的方法」，「可用於精準投放、廣告排序、為使用者推薦適合的產品等」。

首先要收集大量資料，設計量身訂做消息，大規模影響公眾輿論，需要瞭解目標心理特質。而FB的權限監控程序鬆散，可以很輕易得拿到所需資訊。同時研究結果清楚顯示，按讚、狀態更新、群組、追蹤、點擊模式都是彼此獨立的線索，可以準確推論出使用者的人格特質。

劍橋大學「心理計量中心」教授從FB合法取得大量資料，寫了程式可分析使用者的個性。如果你使用了這程式，研究者不僅可看到你的FB資料，也可看到你每一個朋友的資料。FB認為光是使用FB就已經算是同意別人蒐集你的資料，所以即使那個應用程式偷偷蒐集你的朋友資料也無所謂，而每個FB使用者平均有150-300朋友。

如果一個程式吸引了1,000人下載，研究者就可以看到約150,000人資料，如果幾百萬人下載，扣掉共同好友後，就可以拿到大約3億份個人資料，可將計算心理學推向學術主流，研究者可成行為模擬的研究先鋒。

Facebook量化了所有人類行為，沒有任何系統能贏過他。FB使用者會在朋友的貼文、商品品牌、或者在議題文章上「按讚」，FB將這種動作稱為「社群」的基礎，其實也是該公司獲利的基礎。FB提供資料，讓廣告商精準地把廣告放送給適合的目標受眾；而且推出應用程式介面（application programming interface，API）將使用者導向FB的各種應用程式，同時讓這些程式存取使用者的個人資料，量身訂做「更好的使用體驗」。

研究者看一下你的FB頁面，就知道你真實世界的行為。你的每一次滑鼠捲動、每個動作、按的每一個讚，FB都記得清清楚楚。你有哪些興趣，喜歡或討厭甚麼東西，全都可以量化。FB資料的生態效度（ecological validity）越來越高，越來越接近真實世界。因為它不是研究者問出來的，而是自己留下

的。以前只有銀行或電信公司才有人們的數位資料，而且這些機構都受嚴格監管。但社群媒體不一樣，幾乎沒有法律規定你能在上面看哪些使用者資訊。

2015 年劍橋大學一項研究顯示，電腦模型可以用 FB 的「讚」相當準確的預測人類行為。這個模型只要蒐集你的 10 個「讚」，預測你的行為就比你的同事更準；如果有 150 個「讚」，就比你的家人更準；有 300 個「讚」，就比你配偶更了解你。某些時候，電腦模型甚至比你自己更了解你的習慣。研究者提出警告：「電腦判斷人格特質比人類更準，心理評估、行銷、隱私等領域都將出現重大機會與嚴重挑戰。」而【劍橋分析】研究者發現，性向測驗再加上在 FB 按「讚」，幾乎能百分之百預測人類行為。

四、「黑暗三元素」

在 2014 年 8 月，【劍橋分析】已蒐集了超過 8,700 萬個 FB 完整帳號。每個人都對這種資料虎視眈眈。

班農是野心勃勃且極其老練的文化鬥士。【劍橋分析】研究發現白人直男主觀上覺得思想受到壓迫，想要逆轉時間，讓美國再次偉大。班農知道羞辱會給人最強大力量，迫不及待要找出方法充分利用這種心理狀態。

這些人不斷用笑話與迷因來嘲笑自己的處境，與極端主義聖戰軍一樣，訴諸一種天真的浪漫情懷，鼓吹掙脫社會枷鎖，同時也不可思議的欣賞社會中的「贏家」，用扭曲的世界觀去期待如川普這些壓迫者去帶領他們改變世界，用心中炙熱的怒火將社會燒為灰燼。

世界上有一小撮人具備「黑暗三元素」之任一特質：自戀（極端的自我中心）、馬基維利主義（好弄權術，為了利己無情操弄他人）、病態人格（缺乏同理心）。這些人難以融入社會，比其他人更容易做出反社會行為，也最容易犯罪。【劍橋分析】發現，既神經質又具備「黑暗三元素」的人，比別人更容易在憤怒下衝動，也更容易陷入陰謀論，是最佳煽動對象。

Facebook 演算法注意到你後，會推同樣主題的東西給你，越來越吸引同一群人，這都是為了增加你的互動度。互動度是 FB 唯一在乎的東西。你盯著該頁面的時間越長，就越適合下廣告。這就是矽谷「使用者互動」的黑暗面。社群媒體為了提高互動，往往會劫持我們的心理機制，事實上互動度最高的

項目，也通常都是恐怖或令人憤怒的。演化讓我們過度注意威脅。只要你是人類，就無法忽略血腥暴力的影片。

2014 年夏天，【劍橋分析】開始在 FB 等社群媒體上製造以假亂真的論壇、群組、新聞假界面，在美國打造了許多右派粉絲頁。利用 FB 演算法的推薦機制，使用者一但加入這些假群組，【劍橋分析】就在群組裡發布種影片或文章，煽動它們怒火，然後實驗資訊要怎麼寫，才能讓這些使用者互動更熱烈。

【劍橋分析】只須操弄一小撮人，假敘事自己會傳播出去。只要聚集夠多成員，公司就會舉辦線下活動，出席的人以為自己處身巨大的浪潮當中，進一步餵養彼此的偏執與陰謀恐懼，有時甚至布置暗樁。總之，讓「非我即敵」的怒火越燒越大。這時敘事本身是真是假已經不重要，只要感覺真實就好。下一步，找出最容易變得乖僻或偏執的人，其次是最容易聽信謠言的人，組成遍及各地的神經質陰謀論極右派公民運動。

內部測試也發現，【劍橋分析】推出的數位廣告與社群廣告可以有效加強線上互動度。估計結果顯示，前兩次都沒有投票的選民，點了公司放出的訊息之後，只要有 25% 去投票，共和黨在幾個關鍵州的得票率就會增加 1%，如果選情膠著，很多時候就決定勝負。

五、「資訊戰爭」

數以萬計的美國人都把臉書的隱形框架當成他們分享照片，追蹤名人的安全場所。FB 讓他們聯繫朋友，用遊戲與應用程式打發時間。宣傳自己的使命是讓人們彼此認識，彼此相連；但 FB 的社群實際上卻讓人只跟自己類似的人聚成小圈圈。這個平台的演算法觀察使用者的行為，分析使用者的發文，研究使用者的互動，把「類似受眾」（Lookalike）分在一起。

美國人很快就適應 FB 種種作為，而這些生活中無所不在的東西，其實都是慢慢改變的，很難確切知道變化規模，但影響可以大到衝擊整個國家。2018年 3 月，聯合國確定 FB 是緬甸清洗羅興雅人的「關鍵因子」。

FB 強化了認知隔離。現代的多元民主仰賴彼此之間的連帶感，源自共享經驗。美國民權運動成功打破隔離，但 FB 用隔離政策來打造網路。社交孤立

會讓人彼此懷疑，共享觀點的消亡，會讓我們視彼此為他者的第一步。

網路「虛擬」世界比大多數人以為的更真實。人們每天平均看 52 次手機，跟手機共枕，每天醒來第一個與睡前最後一個看的是螢幕，在辦公室、課堂、公車上看的也常是手機。而在螢幕上看到全是仇恨，引發暴力的火種時，FB 會假裝無辜，發出「槍不會殺人，是人殺人」類似的論調。

二十一世紀主流戰爭是資訊戰。戰爭的形式一直演化，資訊戰也是這樣，那些發揮遠見，用社群媒體打資訊戰的人，獲得豐碩戰果。俄羅斯在短短 5 年之內，打造二十一世紀第一件新型摧毀性武器。這種戰法所以可行，是知道 FB 決不會用「不美國」的方法來箝制使用者。資訊戰的目的是要我們彼此憎恨，全方位撕裂社會。

我們每個人都容易被操弄，因為我們每個人都根據手邊的資訊來判斷，很多人都不知道其實演算法一直都在控制我們看到的動態消息，只會讓我們看到想看，而非該看的消息。此外，如今大部分值得信賴的新聞都來自付費媒體，而假新聞一直是免費的，資訊市場正一點一滴地讓真相成為奢侈品。

新一波的「監控資本主義」中。關鍵原物料是待價而沽的注意力與行為，促使平台去維持資訊不對稱，儘量了解使用者的一切，並儘量讓使用者對平台一無所知，而這種環境正如【劍橋分析】所說，是宣傳戰的完美舞台。

如今那些爭奪我們注意力的演算法不僅能夠改變文化，還能重新定義存在世界的感覺。那些以憤怒驅動政治，烙入互戰的文化、自拍造成的虛榮心、科技上癮，以及各種侵蝕心理健康的現象，都源於演算法所強化的「線上互動」。資訊科技公司研究「使用者體驗」、「遊戲化」、「成長駭客」、「互動」，想要打造一個為了利用人們認知缺陷的網路資訊結構，過濾、限縮、窄化選擇。最後的結果就是從內部顛覆民主。

六、「隱私與極權」

我們可能正在打造一個強迫記下所有事情的社會，忽略了忘記、放下、隱私的價值。人類需要隱密的避難所和自由的空間才能成長，需要實驗、嘗試、擁有祕密、打破禁忌、打破承諾，需要在不影響公領域下思考自己未來的人生，然後決定改變世界。如果有人監視我們的選擇、篩選我們的選項，我們就

失去了自由。如果過去的形象、曾經以為的樣貌、表現給人看的樣貌可以束縛我們的未來，我們就無法成長，給我們貼上標籤，我們就會被鎖在自己的過往之中。隱私是一種權力的本質。隱私不是隱瞞的工具，而是成長、行動、為自己負責的先決條件。

FB 自稱為使用者的社群，或者監理用的的平台，但他提供的不是服務，而如一棟房子。房子並非服務，而是整體架構與基礎建設。這個架構正在塑造你對世界的體驗。科技平台上市前，不像房子要通過安全測試。平台甚至可以用黑暗模式設計，刻意設計得讓使用者持續使用或者釋出更多個人資訊。

稱整體架構為服務，就是試圖把使用的責任推卸到「同意使用」消費者身上。但其他行業沒有以這種方式給消費者下套，航空業、旅館、自來水公司從不要求顧客「同意」飛機的設計、逃生門出口的數量與飲用水的純度。

這時 FB 或會說「不爽不要用」。問題是網路世界的某些主流產品根本沒有替代品。如不使用，你就從當代社會中消失。找工作、搜尋資料、與別人交流就會出問題，這些公司拿「消費者選擇」當擋箭牌，但之前它們則早就盡其所能成為大部分人生活中不可或缺的一部分。

FB 英文版協議長達 12,000 字，塞滿晦澀難懂的法律術語，然後讓你按下同意，這不是甚麼使用者同意，而是「不知情就同意」，根本是在偷換概念。而且沒有人會因此離開平台，人們根本毫無選擇，只能同意。

FB 封殺人的方法，不只停用個人帳號，還連帶刪除了在 FB 與 Instagram 上所有資訊，讓人變成被流放的影子。古今中外的當權者，都很愛利用社會記憶與集體遺忘粉粹異己，用竄改歷史的方式來塑造當下的現實。在當代的科技封建體制中，執行長就是暴君。

威權思想的哲學基礎，就是在社會中製造出一些完全確定的東西，而經由竄改自由的意義，就是在用「不受某些壞事影響的自由」（freedom from）來侵蝕「自己選擇要做甚麼的自由」（freedom to）。網際網路在初期似乎成功的威脅了專制政權，但社群媒體出現後，我們卻看到了一個可以監控人民，可以控管資訊，一個符合威權體制的架構。

七、「數位監理」

網際網路打破了法律與政府管轄範圍的假設。既無所不在又無處可尋，它不需要集中在任何特定的位置。某一項行為可以在無數地點同時出現，甲地行動的效果可能在乙地。科技界常把自己的平台叫做「數位生態系」，暗示者它是一種環境，承載了我們一部分的生活，它看不見也摸不著，但無所不在的影響，讓我們知道它就在我們身邊。

數位犯罪不會發生在某個地點，反而像汙染一樣到處都是。資料是完全可取代的無形之物，只是呈現資訊的一種方式而已，可以同時儲存在世界各地的伺服器中，即使你發現某些資料出現在某處，它也不完全屬於那裡。在這種機制下，即使真的發生駭客攻擊、竊取資料、恐嚇威脅、詐欺等情事，也很難釐清各方責任。【劍橋分析】就是這樣運作的，而我們既有的究責系統對此更無能為力。

科技業喜歡重複說：「法律跟不上科技發展」。但真要做的話，法律其實是跟得上科技發展的。例如在醫藥、建築、食品、能源等許多高科技領域的法規並沒有跟不上。

我們不應該放任科技公司「快速行動，打破成規」。沒有理由科技公司不需要經過任何審查就可以推出新的數位系統。我們不應讓科技龍頭隨便進行大規模人體實驗，然後才發現問題大得管不住。

規模是一個嚴重到讓人刻意視而不見的問題。當矽谷公司說它們的平台太大，也就是默認它們造出來的東西過大，不能讓它們自己管理。但這種發言同時也是在暗示，它們覺得從中獲利，比阻止系統傷害更重要。我們應問，如果這問題大到你們無法即時解決，為什麼社會還要讓你們在充分了解產品的副作用之前，繼續發布未經檢驗的產品呢？

我們必須制定規則，在網際網路溝通中增加一些阻礙，以保護新科技與新網路生態系統的安全。我們需要把強大的科技力量引導到使人類過得更好，建設性的事情上。讓網路生態系更安全，可能有用的第一步：

（一）科技公司不能用「使用者條款」來推卸責任

　　當數位世界與物理世界逐漸融合，某些網際網路的架構對我們生活的影響就越來越深。隱私是一種基本人權，但人們往往一看到繁複的「使用者條款」，就直接按下「同意」，放棄了這項權利，其實是「不知情就同意」（consent-washing）。在現實中，我們不會讓人「同意」走進那些電線故障或沒有逃生口的建築物，也不會讓設計出危樓的建築師在房子出事時，靠著牆上貼著的「使用者條款」來推卸責任，為什麼要允許程式設計師與軟體架構師做這種事？

　　加拿大與歐洲主打「用設計保障隱私」思維，依此拓展打造出整個網際網路的建築規範。除了保障隱私外，還得保障每一個使用者的完整性與能動性，這就是「用設計保障能動性」原則：網際網路必須設法讓使用者作出更多選擇，而且必須禁用目前的黑暗式設計；不可以迷惑、欺騙、操弄使用者去同意某項功能或做出某類行為。如果某項設計會長期造成不成比例的負面影響，例如讓人上癮或造成心理問題，平台就不得使用這項設計。

（二）程式設計師需要道德規範、法律制裁

　　社會所以特別尊重某些職業，如醫生、律師、護理師、教師、建築師、大部分是因為這些職業要求他們遵守道德規範以及與安全有關的法律。因此許多國家都會設立法定監理機構，強制要求這些職業遵守道德規範。

　　如今我們的生活已遍佈各種軟體、人工智慧、數位生態系；但目前打造日常生活家電與程式的人，卻不受任何法規或強制性規範的約束。有問題與危險的數位平台都是人類寫出來的，但產品出問題時，科技公司的程式設計師與資料科學家卻不需要承擔任何代價。如此即使有監理機構，也是事倍功半，因此我們必需要程式設計師為自己造出的東西負責。有了規範，設計師必須在公開發行產品或功能之前先思考可能造成哪些傷害，成為防止科技濫用的最佳防線。

（三）網路龍頭的監理，必須比照一般公用事業

　　公用事業經營如能源、水。道路等基礎建設，往往是自然獨占，以增加效

率，但供應商的權力也可能暴增，消費者別無選擇而被綁架。

網際網路有很多這種公司，谷歌的搜尋引擎市占率超過 90%，臉書在成年人使用的社群媒體市占率超過 70%。網際網路巨頭架構和實體的公共設施一樣已變成日常生活的一部分，一旦消失，商業與社會往往就無法正常運作，例如目前許多公司都必須用谷歌的搜索引擎來找員工。

「網際網路上的公共設施」是指那些因為規模大到在網際網路變成龍頭，而影響到公共利益的服務、程式或平台。在監理時，必須考慮它們在商業與社會中的特殊地位，要求這些機構以更高標準照顧使用者，用法定義務（statuary duty）來規範，並根據其年收益來調整罰款額度，以防止其如現在這樣繼續無視法規。

（四）架設新的數位監理機構

目前「網際網路上的公共設施」都能夠不受控制的影響我們的公眾討論、社會凝聚力、心理健康，必需有機制讓它們對大眾負責。像 FB 這樣的平台都會強調自己提供的是「免費」服務，但這種論點，預設了使用者為了使用該平台而交出個人資料的行為不算是把一種有價值的東西去換另一種有價值的東西，這顯然違反事實。應架設新的數位監理機構，擁有法定的制裁權力。這種機構必需要聘雇懂技術的權利保護官，代表人民主動檢查數位平台。同時用市場機制來進一步保護公眾的權益。例如要求這些「網際網路上的公共設施」為濫用資料造成的損害投保，讓它們在財務壓力下更用心守護資料。

▶ 操控政治判斷與消費行為

《中西文化的衝突：中國的哲學不能救中國，但能救世界》

2020 年 11 月 12 日　星期四

一、中國的哲學不能救中國，但能救世界

　　中西文化的交流連綿約兩千年，自滿清中葉以來，西力東漸，西人挾文藝復興以來的政經、科學發展，以武力強勢橫掃中國，造成「百年屈辱」，近三十年來，中國有「大國崛起」之勢，一方面遭到第一強國美國百般打壓，一方面西方各國多持負面看法，顯示中西文化之間存在很大的差異，要跨越鴻溝，必須增進相互的了解，而這方面顯有極大的不足。

　　要增進彼此了解，知道相互的差異是一個很好的開始。大陸學者陳傳席在 2019 年 11 月 19 日出版的《中西文化的衝突》（*The Chinese and Western Culture - A Great Conflict*）[1] 中做了相當精闢深入的剖析，尤其該書副標題，也是原書名「**中國的哲學不能救中國，但能救世界**」相當引人入勝。陳先生從其著作來看，主要專注於藝術史與文學史，但似乎涉獵甚廣，現正在從事中國文化史及中西文化比較方面的研究。[2]

　　根據作者自序，這本書的內容，已思考了三十多年。在大陸一家權威出版

---

[1]　陳傳席，《中西文化的衝突》（*The Chinese and Western Culture-A Great Conflict*），時報出版，台北（2019）。

[2]　陳傳席現任中國人民大學教授、博士生導師。碩士研究生期間，攻讀中國藝術史；博士研究生期間，攻讀中國古代文學史，獲博士學位。已出版學術著作《六朝畫論研究》（十六版）、《中國山水畫史》（十九版）、《畫壇點將錄》（六版）、《悔晚齋臆語》（十七版）、《弘仁》、《中國紫砂藝術》、《精神的折射》、《中國繪畫美學史》、《陳傳席文集》（一～九卷）等六十餘部，並有部分著作被譯為外文在國外出版。已發表學術文章千餘篇。同時發表小說、散文、詩詞、雜記、譯文等二百餘篇，並出版《陳傳席畫集》等。現正在從事中國文化史及中西文化比較方面的研究。

社審讀了五遍，書中引用的古典文、外文資料，都一一找到原作，加以核對，十分認真。但他認為在大陸出版，內容觀點必須符合「上級」的意思，以及其他原因，決定改在臺灣出版，值得注意。

作者以「中國的哲學不能救中國，但能救世界」為緒論標題。並說明原為書名，但恐影響出版。幾經商議，決定以副標題《中西文化的衝突》為正題，並易以書名。但寫作時，內容和思路都是以「中國的哲學不能救中國，但能救世界」來寫的。

作者指出，**中國文化是以儒家文化為主導**，講究「文質彬彬」、「溫、良、恭、儉、讓」、「己所不欲，勿施於人」；**西方文化是「富國強兵」、「弱肉強食」的文化。**

在別人沒有刀的時期，溫順很好；當別人有刀的時候，便可以劈開你的大門，還叫你割地賠款。**所以中國溫和的哲學不能救中國，必須採用西方的哲學**，鑄刀，練刀，富國強兵，但世界上所有國家都用刀，那就是殘殺，戰爭，世界大戰。如果全世界都放棄刀，而無鬥爭和暴力，世界將是何等美好。所以中國的哲學不能救中國，但能救世界，而且能使世界更美好、更安寧。

在現世，**人民的幸福指數最高的國家**，舉世公認的是**北歐的一些國家，那裡的人民生活安逸舒適，平等自由，無憂無慮，老有所終，壯有所用，幼有所長，讀書，工作、休養生息**，與中國傳統文化中的理想大同社會相近，**但孔子講的是天下大同的狀態，而不是一國一地的幸福，不要十分富足、強大，人能自由自在，無憂無慮，身心暢快，無拘無束的生活，其實這就叫幸福。**是你不強兵，人家強兵，你的國家，你的幸福就難保。**所以中國的哲學「去兵」、「去食」不能救中國，必須採用西方的「富國強兵」的哲學，國家強大了才能保障人民的幸福。**是，全世界如果都採用中國的哲學，都不從事軍事競爭，都各自安逸的生活著，這個世界就會十分美好，十分自在。所以中國的哲學能救世界。

中國傳統文化中對自然十分推崇：**中國人對自然的親和，在世界上是無與倫比的**，中國人親和自然，保護自然，反對破壞自然。**但西方人以為人是宇宙的中心，認為「自然必須作為一個奴隸來為人類服役」，「人成為自然界的主人和統治者」。**所以，西方人要改造自然，征服自然。結果，大自然遭到無窮的破壞，直接受害的便是人類。現在全世界人都已認識到破壞自然、改造自

然、征服自然對人類的害處，有的已無法挽回。

尤其是軍事競爭，各種武器快速發展。人類的壽命、地球的壽命，也會快速走向滅亡。當人類即將滅亡之前，也許會想到，**早知採用中國自然的哲學，人類和大自然和睦相處，共存。但那時為時已晚，「春風雖欲重回首，落花不再上枝頭。」**但全世界都在破壞自然，利用自然，從大自然那裡索取很多，佔領市場。中國人如果不研究自然，不利用自然，還仍舊擊壤而歌，抱甕灌園，便會落後，**落後可能還會挨打。所以，中國人必須放棄自己的哲學，利用西方的哲學。但如果全世界人都採用中國的哲學，都親和自然，保護自然，與大自然和睦相處，這個世界將會更美好。所以中國的哲學能救世界。**中國人本來是十分自信的，1840 年鴉片戰爭之前，中國人自稱「天朝」，是世界的中心。但鴉片戰爭失敗後，又打了多次敗仗，中國人由自信而自卑，開始認為中國的器械不行，船不堅、炮不利，後來認為中國的社會制度不行，最後認為中國的文化不行，於是要全盤西化。其實，打了敗仗，並不能說明中國文化不行。**歷史和世界歷史都證明，先進文化被落後文化打敗是常事。**以，因為打敗仗而論證中國文化落後，是沒有根據的。

東西方應相互學習；西方也學習我們，中國是世界上最早實行文官治政的國家，西方一直是貴族和教會把持政權，後來學習中國，也實行文官治政。**現在世界上，凡先進的國家，都實行文官治政，而且又有所發展。**本學習西方，學其長處，但仍然保持自己的傳統，儘管這種傳統來自中國，但已成為他們的傳統，所以，必須保持。美國的魯思・本尼迪克特著的《菊與刀》中〈引言〉部分說：「他們傾慕西方文化，同時又保持著良好的傳統……菊花與刀，兩者構成了同一幅畫」。

五四新文化運動主張學習西方的科學和民主是對的。五四運動，「打孔家店」、「廢孔」、「廢除讀經」等，把中國傳統文化貶的一文不值，力主「全盤西化」，對後世產生極壞的影響。新文化運動給中國傳統文化帶來的破壞作用是十分巨大的，「破四舊」其實是這種運動的繼續。傳統文化中主要是**道德文化、愛國文化**。傳統文化中斷，人的道德水準迅速下降，愛國反而成為人嘲笑的對象。

書中說中國人的素質下降，並不是學習西方文化的結果，而是自己傳統文化缺失的結果。們需要認真的、準確的研究西方文化，尤其是其哲學和科技。

我們需要繼續富國強兵，壯大自己，提高自己。但同時更需要保存、繼承好自己的文化傳統。**中國的傳統很豐富，但現在我們需要「移風易俗」（《禮記・樂記》語），更要「天行健，君子以自強不息」。**

作者的最大願望便是恢復傳統文化的地位。沒有自己獨立文化的國家，算不上真正的大國。正確地對待傳統文化，也正確的對待西方文化。

作者把中國文化和西方文化的重要部分進行對比，其價值作用、優劣利弊，立覽可見。所引用和闡述的東西方文化的觀點都注明出處，準確而明瞭，相當難得。

二、例證和論說

作者把中國文化和西方文化的重要部分進行對比，其價值作用、優劣利弊，立覽可見。所引用和闡述的東西方文化的觀點都注明出處，準確而明瞭，相當難得。

幾個例證和論說：

（一）火藥

中國至遲在一千五百年前發明火藥，**主要用於放煙火**在十二世紀後，經阿拉伯傳入歐洲，很快被歐洲人**大規模的製造出殺人武器；**

中國人不是不知道製造殺人武器，但中國「上天有好生之德」的思想，抑制其發展與生產。西方沒有天道「忌殺」的哲學思想，凡事必求極端，無限制的發明製造殺人的武器。

（二）禿鷹與仙鶴

美國人最喜歡的是禿鷹，因其是兇猛殘忍，是力量、勇氣、自由和不朽的象徵；禿鷹是美國的國鳥，國徽圖案的主體就是禿鷹，體現美國人崇尚武力、兇猛以及征服的慾望，**美國在國勢鼎盛後，到處征戰，充分顯示其鷹性。中國雖無國定之國鳥，但中國最喜愛的應是鶴。**皇家貴族、平民百姓、文人學者，舉國上下均愛鶴；鶴從不進攻別類，和平溫順，是高雅的象徵，中國的玉器、青銅器、木器、石器以及繪畫作品中到處都是鶴。古今詠鶴之詩、頌鶴之文、

畫鶴之圖，不計其數。

（三）中外之牛

華爾街銅質牛雕塑，十分兇猛，是美國的象徵；西班牙等地盛行鬥牛。

中國哲學，主張儒雅、文明、溫和；中國的牛是十分溫和，為人馴服的，主要是負重、耕田、拉車、運物、馱人的。

（四）中外獅子的雕像

獅子在西方人眼中，是勇猛、力與王者的象徵獅子的雕像都十分威武、兇猛，不可一世；**中國從東漢起就有石獅雕塑**，原先有些昂首挺胸、張口怒目、氣勢逼人。唐朝許多石獅尚氣勢非凡，都有力大無窮、君臨天下之概。**由於儒、道思想影響，到五代和宋代，獅子形象漸變溫和**，經常以可愛、母性、與人共的型態出現，口含石球或錦帶，有時張嘴嘻笑，頸掛響鈴，足下踏繡球或抱小獅子，**似大貓而無威猛獅氣。**

全世界華人喜歡舞獅，「獅子」完全失去兇猛性，變為和人娛共好玩之物。

（五）狼與玄鳥

羅馬人崇尚狼的兇猛、殘忍、極強的攻擊性，自稱為「狼的後代」。兩千年來，一直把母狼作為自己的城標。**而歐美各國也多以兇猛動物為精神象徵。**

英國國徽上有三隻獅子，德國國徽有黑色的雄鷹，俄羅斯國徽有雙頭鷹，美國國徽有禿鷹，加拿大國徽有三隻巨獅，荷蘭國徽有兩隻金獅，而且幾乎所有國徽上均有盾牌。**鷹是強硬的象徵，亦凶猛而具攻擊性。獅子更是獸中之王，更具攻擊性。**

中國在《史記》中記載，**殷人與秦人皆以玄鳥為祖先**，玄鳥即燕子，是一種益鳥，無攻擊性，絕不兇殘，是自由、活潑、自在的象徵。

「國民政府」一個藍色圈內有十二角星為國徽，「中華人民共和國」國徽有麥稻穗和齒輪，當中有天安門，**代表農工生產，自食其力，無攻擊性意味。**

（六）「並行」、「惟一」──中西宗教比較

中國哲學「萬物並育而不相害，道並行而不相悖」，儒、道、釋能和平

共存，常互相往來、支持。**中國可謂「多神教」國家，歷史上未見血流成河的「宗教戰爭」**，台灣許多寺廟同時供奉儒、道、釋諸神更是有趣。**在西方，主流是「一神教」，各種宗教互不相容，基督教與伊斯蘭教中間長期處於衝突狀態，即使同一教派中的小有區別的宗派，也會導致互相殘殺、攻擊，且十分殘忍。**

三、一神教與多神教——中西宗教比較

亞里斯多德的形上學的哲學體系認為：一切的現象之外只有一個終極的實在，支配著自然界的一切，這樣就產生了「一神論」的理念，包括「基督教一神論」。此基督徒就不能包容其他宗教，就必然產生各教派之間的互相攻擊，乃至殘殺。

中國古籍中，《禮記・中庸篇》：「萬物並育而不相害，道並行而不相悖」，對古代中國人思想有指導約束的主要作用。**在各古籍中經常可見到：「各行其道」，「各行其志」，「各行其所知」，「各行其意」，「各行其素」，「各尊所尚」，不必定於一尊。**

漢武帝「罷黜百家，獨尊儒術」，只為了突出儒術，百家學說仍在社會流行，沒有受到任何干涉。且佛教恰於東漢時代由皇帝主動引進，且當世「好黃老之術」者，不亞於好儒術者。

到了魏晉南北朝時，玄學興盛，道家思想更居儒學之上。唐宋時代，帝王對道家的尊崇也是在儒家之上的。宋以後。幾乎所有士人都是儒、道、釋三家都學習、討論，互相吸收。宋孝宗更說：**「以佛治心，以道治身，以儒治世」**，其他也是三教並用，自然也相容。

中國歷史上有過「三武一宗」毀滅佛法事件，雖然也有道教徒為了爭奪勢力而起的作用，但主要是皇家認為佛教徒太多，影響稅收，且又減少農村勞動力，**並沒有發生戰爭。**

由於中國哲學的影響，三教最終和睦融融，並行不悖。國人一家人可以信奉不同宗教，同一宗教中可以信奉不同的佛、道的「神」，互相尊重，相安無事。

西方教堂裡只有一尊唯一的神。基督教自誕生以來，即為維護上帝唯一的

神而鬥爭，而戰爭，許其他的神存在，無論是外部，或是內部。

天主教、基督教、東正教等本出同源，有人統稱其為基督教，本是一家人，但這些教派之間只要在行政組織和部分法規上稍有區別，便成為不共戴天的仇人：**自四世紀以來，西方的歷史所有的鬥爭、殘殺，多是宗教內外意見不一致所引起的。**

十字軍東征，連續兩百年。東征的戰爭主要是針對伊斯蘭教，其次也包括基督教的不同教派，如東正教。征造成一片混亂，導致掠奪和屠戮，甚至屠城，死亡人數不止百萬。**西元 2,000 年前後的「海灣戰爭」，西方國家受到襲擊與報復，襲擊者稱為「聖戰」，有很明顯的宗教因素，也是「文明的衝突」。伊斯蘭教中的遜尼派與什葉派，**同樣遵循古蘭經，都信奉真主阿拉，但因對個別問題看法不同，便**水火不容，互相攻擊殺伐，死傷無數。到新疆看到許多石窟佛像被伊斯蘭教教徒斬首，在阿富汗，千年巨石大佛「巴米揚大佛」被「神學士」砲轟毀滅，都是伊斯蘭教排他性的例證。**世界上千餘年的爭戰，如果採取中國中庸之道，「道並行而不相悖」，將可免除無數殺伐。**中國人性格中的「和稀泥」、「差不多」、「馬馬虎虎」等，如果用到對的地方，具有包容性，反而是功德無量。四、親和自然征服自然**

中國人對自然的親和、在全世界是無與倫比的。子說：「知者樂水，仁者樂山，知者動，仁者靜，知者樂，仁者壽」。知者仁者都樂於山水，親和自然。古代的帝王諸侯經常祭祀天地山川，這在西方上會是絕無的。

西方人並不是不熱愛大自然，但親和力的程度，遠遠不及中國人。哲學上，他要改造自然、征服自然、利用自然，叫自然變為「奴隸」，最後破壞了自然。

培根被認為是科學時代的啟蒙人，實驗科學與歸納法的創始人；他認為：**對自然，必須在她漫步時窮追不捨，使她成為「奴隸」。她應當被「加以強制」，科學家的目的就是「拷打出自然的奧祕」。西方人也談「順從自然」，培根說：「要支配自然就要順從自然，否則就不能支配自然」。**

現代科學的行為並非中立的，是對自然的嚴重干涉和支配。是人類按照自己的意圖對周圍世界的統治，**實驗就是統治自然的一部分。人對自然的設想通過實驗來獲得肯定或否定，並將實驗結果當作自然本身來接納。**就使本真的自然在人思維以及實驗的轉換下變成了知識，變成了知識的自然。**其哲學內涵就**

在於它們把自然和世界構造成可預測、可統治對象。「知識就是力量」是提出人類征服自然、統治自然的科學綱領，讓知識為社會和政治服務，將知識與權力合一。

培根的哲學直接導致了後來人與自然嚴重對立的思想，成為人為製造自然與人對立基礎。

現代西方倫理思想中的一個自然傾向：即是將人與自然的關係限定為利用與非利用的關係。保護自然的出發點是對自己的後代有利，將自然視為滿足人類偏好的資源。人自身的價值高於自然的價值，在這個過程中不可避免的出現人與自然的衝突。

西方自然倫理學中的人類中心論與中國傳統哲學中人為萬物之靈的思想完全不同。傳統儒家思想中，人能作為萬物之靈在於人之德可配天之德，生發萬物，即孟子所謂「夫君子所過者化，所存者神；上下與天地同流」。迪卡兒則認為：「科學的目的在於造福人類，使人成為自然界的主人與統治者」。

康德認為自然不是目的，人才是目的。人的理性要給自然立法。機械唯物主義將自然看作機械，由人操控。黑格爾哲學中，自然本就是理念的產物，是理念的外在形式。把自然界作為認識和改造的對象，通過理性觀念把握自然，自然因此成為人的力量展現的對象。不承認自然是一個有機體，而是一架機器。

在古希臘哲學中，與自然相當的 physis，意指自然而然的生成、成長、衰老、死亡。這裡的自然是具有內在生存發展法則的、有生命的、有機的自然。馬時代 nature 與 physis 相近。但自從引進中世紀基督教社會後，其意義與地位都發生了變化。神、人、自然一體性被神、人、自然等級秩序所取代，

西方現代人支配自然的行為根源於西方哲學系統在文藝復興期間發生的轉變。打破古希臘的世界觀，使得哲學家、知識所有者在法理上成為權力的所有者，這種新的世界觀也即是培根所表述的「知識就是力量」的權力表現。要支配自然、利用自然、改造自然。這和中國人和自然一體，親近自然，甚至尊重自然完全不同。

西方對自然毫無親和之意，且有奴役、敵視之心。一方面強化加速了自然科學研究，另一方面，也加速了自然資源的枯竭，縮短了地球的壽命，尤其對自然生態的破壞。人的生存環境遭到破壞後，人的健康也損失無窮。

五、中西藝術

（一）求善求真——中西戲劇藝術的區別

1.善惡有報與真實

藝術以創作美為原則。中西理論家、藝術家又都同時提倡「真、善、美」。中西藝術的區別是**西方藝術在美的基礎上求真為主，是科學的，而科學及以求真為目的**。而**中國藝術在美的基礎上求善為主**。

西方藝術在內容上，因為只求真實，藝術的社會效果、教化意義便被忽略。片、雕塑、繪畫中描寫很多殘忍現象。西方戲劇如《哈姆雷特》一悲到底，給人很真實感覺，但**缺少善的內涵。中國傳統雕塑、繪畫不准許出現這種場景**，孔子不言「怪、力、亂、神」，暴力是儒家所極力反對的。中國傳統戲劇也有惡人作惡情節，但其兇殘的具體情節必須省略，使人意會即可。而且，**直接或間接宣揚「惡有惡報，善有善報」**。

2.文以載道

中國的文與畫都是用於「成教化，助人倫」，用以「載道」、「明道」，這和中國的文官政治有關。官治政的文官本是文人，一旦為官，一面為文，一面考慮治理天下，治理天下靠的是「道」，所以他們為文也必「貫道」、「明道」、「載道」。寫文怎樣才能有補於世道人心，有助於國家的發展和社會的進步。

西方原來一直是貴族治政，由教會配合，文人知識分子再有知識，也不能成為貴族，只能從事文學、藝術、技術、商業等活動，不能參與治政。也不會並不必「文以載道」，於是便求真、求美。

中國的文人參與治理政治，國家興亡、盛衰，人心的善惡，都是他們的責任。所以，作品必以「求善」為目的，對社會有補益。才能改變人心、改變社會、淳化風俗。

3.中西藝術表現中的真與假

　　舞台上演的故事，不論真假，出現在舞台上都是假的。國的方法就教你知道這是假的，但反映的情與理一定是真，而且假的也更藝術。**西方的戲劇講究真實，就有侷限性。中國的戲劇以表演動作及道具等顯示真實，則無所不能**。理真，情理真就可以了，不必在明知是假中又顯示十分真。

　　就藝術效果而言，過於求真，有時可能減輕魅力。比如西方人畫鳥，多數是死鳥，畫得真實，但反不如看一隻真鳥。中國名畫家畫魚鳥，一看就不是真實的魚鳥，但更有魅力，藝術的價值就在於此。**藝術中的真假都應該服從藝術的效果，而不應服從於真實，但反應的情和理必須真實合理**。

（二）中國藝術與天人合一

　　中國傳統藝術講究自然，西方傳統藝術追求真實。中國傳統藝術講究自然，是「天人合一」理念的結果。

　　所謂「天」，就是大自然，又叫造化，大自然中的一切都是真實的。凡是精心製造出來的，都不是自然的。

　　藝術作品，就是製造出來的，所以不屬於自然，但是真實的。藝術作品的內容可以是不真實的，但本身則是真實的。

　　西方傳統藝術作品都是不自然的。製作繪畫是人道，不合於天道，天人不合一。

　　中國藝術，尤其是書畫，最強調「自然」，好作品第一因素便是自然的，自然之美是最高的美，刻意為之，為中國畫家所不取。國畫後來的發展，主流和最受人注目的畫仍是寫意畫，蓋寫意畫隨意而自然。

（三）自然美人工美——中西園林

　　中國園林是自然的，在人工仍要見自然。西方園林則是人工始，人工終，始終見不到自然。

　　大自然創造曲線、不對稱、不規則。西方的人工創造直線、對稱、規則，而中國的人工也要師法自然，造出曲線、不對稱、不規則。

（四）中西園林藝術差異的根源

　　西方園林藝術，源出於工匠之手，繼承發揚的是工匠精神。中國園林藝術，則出自文人的思想。國文人最親和自然、尊重自然，設計一定顯示自然、保留自然，處處有文化。好的園林中都必有優秀的楹聯、詩文、繪畫、碑刻，情景交融，供人欣賞。

（五）中國園林對西方園林的影響

　　十八世紀以來，歐洲許多國家園林都有模仿中國園林的作品。學者認為：「中國園林是一切園林藝術的典範」，中國園林在歐洲風行一時。

（六）自然美和藝術美

　　中國人認為自然是最高的，藝術師法自然。西方黑格爾美學認為自然美不是最美的，「藝術美高於自然美」。

　　西方人基於種種原因，始終把自然看作人類的僕人，是要被征服改造的對象。然而其傳統藝術又十分忠實的描繪乃至複製自然，而且又是以師法自然的形體為主，充滿矛盾。

六、禮義和技藝：中國的反科學

（一）科技和奇技淫巧

　　中國人重禮義而輕技藝，技藝不只指技術也包含西方人的科學意思在內。技藝影響科技發展。

　　古代中國上層人物不但輕技藝，甚至採取打擊的態度。

　　《尚書》：「『商王』郊社不修，宗廟不修，作奇技淫巧，以悅婦人。」

　　《禮記》：「作淫聲、異服、奇技、奇器，以疑眾，殺。」

　　古文獻中提到奇技淫巧地方很多，都是被貶斥的。大影響中國科技的發展。

　　漢字的「幾」字，在二字形代表細小，下戍代表警惕。有細微、危殆之義。

　　《易經‧繫辭下》：「君子見幾而作，不俟終日。」

《詩經 · 大雅 · 瞻卬》：「天之降罔，維其幾矣。」

　　其實科學研究就是要從細微地方下工夫。這是中國科學不發達的原因之一。代的石刻藝術，很少有細微的刻劃，人稱**「漢八刀」**，而西方的雕刻是細緻入微的，科學研究更需如此。

　　清朝的戴梓發明了「連珠銃」，能夠連續射擊 28 發子彈，其實就是機關槍，但當時的統治者認為是「奇技淫巧」而拋棄了，發明者戴梓後因他事也被判刑流放「盛京」（今瀋陽）。

（二）人心和技藝

　　1940 年的鴉片戰爭前後，中國人目睹西方的「船堅炮利」以及其他方面的科技優勢，認識到自己不重科技的後果，許多重臣力倡「洋務運動」，「師夷之技以制夷」，但守舊派人士，以維護傳統之名，堅決反對「師夷」，反對製造洋槍洋砲，反對一切西學。

　　他們認為科甲正途人員皆「讀孔孟之書，舉堯舜之道，明體達用」，怎可「習為技巧，專明製造輪船、洋槍之禮？」，這是**「重名利輕氣節」**，**「天文算學，為益甚微，西人教習正途，所損甚大」**。「一代儒宗」、工部尚書、帝師倭仁說：**「立國之道，尚禮義，不尚權謀；根本之途，在人心，不在技藝。」**

▲ 東西方應相互學習　　　　　　▲ 美國國徽上的禿鷹

「今求之一藝之末，而又奉夷人為師，無論夷人詭譎，未必傳其精巧，即使教者誠教，學者誠學，所成就者不過術數之士。」在洋務運動的當口強烈反對中國儒生奉「夷人」為師。**影響所及，洋務學員素質大為降低，致使清朝「師夷之技以制夷」的力量大為削弱。**

（三）德成而上、藝成而下

《禮記・樂記》：**「德成而上、藝成而下，行成而先、事成而後。」**「德成而上」有積極作用，「藝成而下」便有消極作用，因為從事記藝工作的人，地位低下，使中國科學技術發展緩慢。

中國有句古話：「窮不學禮，富不學藝。」藝成反而居下，只要能生存，誰還要學藝。

孔子的學生**樊遲問孔子耕作、苗圃之事**，孔子很不開心，回答：「吾不如老農，吾不如老圃。」樊遲回去之後，**孔子罵他是「小人」。**學技藝便是小人。**中國曾是農業大國，但農業技術一直很低下，和輕技藝的思想不無關係。甚至繪畫這門技藝，也被認為「猥藝」。**史上多有記載，官員因善畫，被上級甚至皇帝指使當眾繪畫，而深以為恥。文人作畫多出於「自娛」，專業畫家地位低下。

▲ 中國人喜歡平和的仙鶴

文人畫的產生，使中國畫尤其是中國的寫意畫，獨樹於世界藝術之林。照相術產生以後，畫家若以形爭勝，便遠不如照相機，於是西方畫家才認識到，**形似不是繪畫的本質**，但已晚於中國近千年了。

中國寫實技巧曾經不如西方，是因中國傳統文化輕視技藝使然。**孔子說：「志於道，據於德，依於仁，游於藝」，藝只可游之。中國古代。最著名的醫家，如華佗，孫思邈等人**，也只列入《方伎傳》中。方伎傳》中又把善占相之法者列入最前。其序曰：「夫藝人術士匪能登乎道德之途。然前民利用……詎曰小道可觀已乎。」，**更可見對精通技藝人的輕視。在歐洲，技藝的發明者，影響最大，也最受人尊重，導致西方科技發展快速。**

在中國，也必須放棄「藝成而下」的觀念，必須改變「奇技淫巧」製造者「殺無赦」的政策。變而為鼓勵學習科學技術。**「德成而上」應保留，但「藝成」也應「而上」。**

一百年前愛因斯坦如何看中國人

2020 年 12 月 7 日　星期一

〔前言〕

　　愛因斯坦一般認為是牛頓以後最偉大的物理學家，也是二十世紀最為世人熟知的科學家。他在 1922 年應邀訪問日本，經新加坡、香港與上海，接觸到許多華人，在日記中記述其印象。

　　在 2018 年 5 月由美國普林斯頓大學出版社出版的**《愛因斯坦遊記：遠東，巴勒斯坦和西班牙，1922-1923》**。[1] 書中收錄的主要是愛因斯坦旅行期間的日記，包括他對科學、哲學、藝術問題的思索，以及對旅途中遇到的人、見過的事的即時看法。對中國人來說，愛因斯坦在華人區對所看所聞留下的印象，會特別感興趣。而所看到愛因斯坦的真實想法，不能不令人感到震驚。

　　現代人已經熟知，諾貝爾獎得主在專業之外，也是凡人，很多「高見」使人不敢恭維。但愛因斯坦有「二十世紀的智者」聲譽，對華人充滿偏見，仍讓人感慨。另一方面，愛因斯坦看到的貧窮、愚昧、骯髒，也不幸是二十世紀初華人勞苦大眾的境遇。**如將今日與百年前上海對照，以及最近中國「嫦娥五號」登月壯舉所顯示的「站起來」國力，反差之大也是當年無法想像的。**英國《衛報》援引加利福尼亞理工學院「愛因斯坦文獻計畫」負責人之一、資深編輯羅森克蘭茲（Ze'ev Rosenkranz）說，「其中許多評論都會令人感到不悅，特別是他說中國人的那些話。」

　　「那些話和愛因斯坦偉大人道主義偶像的公眾形象反差鮮明，讀過之後再

---

[1] *The Travel Diaries of Albert Einstein: The Far East, Palestine & Spain 1922-1923*, edited by Ze'ev Rosenkranz, Princeton Univ Press (2018).

對比一下他的公開評論，感覺會很震驚。」

愛因斯坦告訴英國《衛報》，日本人、中國人、印度人被指智力比較低下，愛因斯坦在他日記中談到這個指稱的「生物起源」，這些片段可以被看作「種族歧視」。形容部分人生來就差人一等，是種族歧視的一個標誌。

羅森克蘭茲還說，愛因斯坦曾說中國人或許會「取代所有其他種族」，這也很能說明問題。把外來「種族」看成威脅，也是種族歧視意識的特徵之一。

身為《愛因斯坦旅遊日記》的編輯和翻譯羅森克蘭茲也說，那些日記是**愛因斯坦在「毫無防備」的情況下記錄下的私人想法**，愛因斯坦從來沒有想過這些日記有朝一日會被發表。

另一方面，「私下想」與「公開說」，甚至煽動，還是有差別。偏見歧視在華人中並不少見，美國政局的紛亂與「白人感受威脅」大有關係，國際間「五眼聯盟」反華作為乃至東西文化衝突，都是現在進行式；**減少偏見歧視是文明進步的象徵，以世局來看，「俟河之清，猶待他日」！**

以下節錄並略微改寫 2013 年出版的《愛因斯坦在路上：旅行中的物理學家，關鍵十年的私密日記》中文翻譯書[2] 有關中國人的部分：

〔日記摘要〕

1922年

10月28日：**在斯里蘭卡可倫坡，以及之後在中國**，愛因斯坦都對窮苦人民原始的生活處境感到驚愕。他把他們可悲的境況歸咎於熱帶氣候，認為是這種氣候讓人們無法思考過去或一刻鐘以後的未來。他們生活在赤裸的泥土上，在污物和臭味之中，做的事很少，需要的也很少。然而，他認為，在這樣擁擠的環境下，沒有人有機會發展出獨特的個人特質。這些人不是在市場扯著喉嚨叫賣的小販；**他們過著安靜謙卑的生活，也不完全缺乏嬉鬧歡樂**。11月2日：**新加坡**愛因斯坦在短暫的登陸訪問中，對新加坡的印象是它幾乎完全被華人掌握。他還寫道，中國人工作勤奮、「生很多孩子」、「繁衍能力很強」，可以在人和國家取代當地人。他隨後對此觀察的反思是，「如果這些中國人取代了

2 約瑟夫・艾辛格（Josef Eisinger），《愛因斯坦在路上：旅行中的物理學家，關鍵十年的私密日記》，李淑珺譯，臉譜出版社，台北（2013）。

所有其他種族，那真是遺憾。對我們這樣的人來說，就連那樣想一想都是無可言喻的悲傷。」

11月9日：**香港**美麗而多變化的海岸線，包括有如峽灣的許多河口和漂浮在海上的小漁村，讓愛因斯坦覺得賞心悅目——但是他所看到的華人的生活與工作環境，讓他很驚愕。

「這些飽受折磨的男男女女必須敲碎石頭或扛石頭，一天只賺五毛錢，因為他們沒良心的經濟機器就是這樣懲罰他們的勤奮。」他在日記裡思考道，**或許他們的處境可悲到讓他們甚至不會察覺自己的悲慘，但是旁人看起來還是會覺得難受**。他以比較帶著希望的語氣補充說，他得知在最近一次要求調高工資的成功罷工中，華人勞工相當有組織。

在飲茶之後，這群人搭車上到香港人所謂的「山頂」，愛因斯坦注意到電車中有分別給歐洲人和中國人的隔間。

11月11日：愛因斯坦與艾爾莎被帶去參觀了大陸這邊的華人區，這趟參觀更強化了愛因斯坦對華人的印象：他們很**勤奮，骯髒，而且消沉——連小孩子都無精打采。如果所有「種族」都臣服於中國人，那會是多大的遺憾！**人與女人外表的相似也讓愛因斯坦很驚訝。他心想，中國女人有什麼致命的吸引力，可以讓男人無法抵抗，而生下這麼多孩子呢？到了晚上，**三個葡萄牙的高中教師來拜訪愛因斯坦。他們在談話中抱怨說要教華人邏輯思考根本是不可能的，他們尤其沒有數學天分！**

愛因斯坦離開香港時，對於英國政府的統治充滿欽佩，他認為他們的貢獻包括讓這片殖民地擁有豐富蒼翠的植物，並創立一所大學，讓選擇西方生活方式的華人就讀。警力完全是由從印度徵召來的「黑人」擔任。英國人的統治真的很讓人敬佩，他們懂得用務實的容忍政策化解國家主義者的抵抗——與歐洲大陸政府截然不同，愛因斯坦哀嘆道。

11月12日：上海

愛因斯坦與艾爾莎整個下午在中國人居住的區域到處散步，這裡給愛因斯坦的印象與在香港大同小異。狹窄的巷道擠滿了熙來攘往的行人，還有沾著各種髒污的人力車。**空氣中瀰漫著各式各樣的惡臭，街道兩排是各種露天的工作坊。中國人總是聲音很大，**不過愛因斯坦從未聽到這些「溫和、枯燥、備受忽略，汲汲營營辛苦求生的人們」爭吵。因斯坦一行人也去了一家劇院，裡頭每

一層樓各有一個丑角表演，讓觀眾心懷感激並哈哈大笑。愛因斯坦看到街上到處都是汙物，但是也在人群中看到許多快樂的面孔。**連像馬匹般工作的苦力都沒有顯露出痛苦的樣子。**群歐洲人的出現引來眾多彼此張口結舌的打量，張口結舌的中國人尤其被艾爾莎吸引。

晚上來到富有的畫家及版畫家王一亭的家裡。他們受邀來此晚餐。在他家宅院高大冰冷的牆垣後頭，他們看到裡頭的花園不僅有個池塘，且燈光明亮，風景如畫。在如過節般點著明亮燈火的走廊上，掛著主人自己的美麗畫作，還有其他他所珍藏的藝術品。座上賓包括上海大學的校長、幾位教師，還有其他當地的名人。

據官方機構上海檔案館的「上海檔案信息網」報導，日本方面陪同愛因斯坦夫婦瀏覽南京路等市容、並在「一品香」吃午餐。然後聽崑曲，逛城隍廟、豫園等。

同天，瑞典駐上海領事館正式通知愛因斯坦，他獲得 1921 年諾貝爾物理獎。

11 月 14 日：愛因斯坦與艾爾莎再度去了一趟旅遊行程。這一次是參觀一個中國人的村子，以及一座佛教廟宇宅院。他們在此的出現再度引起許多彼此的打量。之後他們匆忙趕回船上離開上海前往日本。

12 月 31 日：返回歐洲途中的愛因斯坦再度抵滬，逗留至次年 1 月 2 日。

1923年

1 月 1 日：晚上，在一個中國娛樂場所，他驚訝地發現中國人不分場合地演奏歐洲音樂，只要裡頭有很多小喇叭的聲音就好。

根據在這裡定居的歐洲人所說：**中國人「骯髒，備受折磨，腦筋遲鈍，可靠，溫和，出人意料的健康。」但也認定中國人沒有生意頭腦，並以歐洲的薪資即使高**

▲ 對華人充滿偏見

了十倍，也能跟他們競爭，作為強有力的證據！下山時看到川流不息的中國男人、女人、甚至小孩。拉著磚塊爬上陡峭的小徑，辛苦地呻吟著。他想到：「**中國人真是全世界最不幸的人，他們被殘酷的虐待，受到比畜生更差的待遇——這就是它們如此謙虛、溫和而不要求，所得到的回報。**」

書中還說：「（中國人）大多數負擔沉重……他們似乎駑鈍得不理解自己命運的可怕」；這是「一幅悲慘的圖像。」、「就連那些被迫像馬一樣做苦力的人也沒有表現出懂得痛苦的樣子……經常更像自動機器而不是人。」

旅日內蒙古裔歷史學者楊海英的中國史觀

2020 年 12 月 19 日　星期六

　　在台灣受教育的學子，對「炎黃子孫」、「中國四千年史」、「二十四
史」、「漢文化」、「漢民族」、「中華文明」等名詞耳熟能詳，也造就了大
多數人的中國史觀。

　　旅日內蒙古裔歷史學者楊海英在 2019 年所出版的《文明的游牧史觀：一
部逆轉的大中國史》[1][2] **提供了很不同的視角，一方面受其身為蒙古人後代背景
浸染，一方面似深受日本右翼學者觀點的影響，值得思索回味。**作者認為：
「中國史不過是中國人天真浪漫的幻想！」大部分漢字文化區的讀者，都會有
「游牧民族雖然軍事力量強，但野蠻、粗魯、暴力」的既定印象。然而這只是
戴著中華思想的有色眼鏡來看的結果，而被中國史定位為蠻族的游牧民才是世
界史的主要推手！**「『漢文明』並非普遍性的世界文明，而是一個地方文明。」**
《文明的游牧史觀》這本書告訴我們，技術先進、資訊發達、富有組織力的
的游牧文明才是歷史的驅動力！所謂「軍事力量」，是當時科學技術與社會體
系、作為群體的凝聚力、資訊蒐集能力等各式各樣要素的總和。現在世界上擁
有最強軍隊的，毋庸置疑乃是美軍，它也是世界秩序的締造者和維護者，應該
沒人會說他們的強悍是一種「落後、野蠻的力量」吧！

　　〔評註〕這部分可能是作者最成功的地方，讓人反思對游牧民族的偏見，
　　　　　　甚至刮目相看。

---

[1]　楊海英，《文明的游牧史觀：一部逆轉的大中國史》，鄭天恩譯，八旗文化，台北（2019）。
[2]　楊海英：蒙古裔文化人類學家。1964 年生於內蒙古自治區的鄂爾多斯。畢業於北京第二外國語學院
　　大學日本語系。1989 年赴日本留學。修完國立民族學博物館綜合研究大學院的博士課程，獲博士
　　（文字）學位。現為日本靜岡大學教授。主要著作：《沒有墓碑的草原》（八旗文化，2014 年）、
　　《蒙古騎兵在西藏揮舞日本刀：蒙藏民族的時代悲劇》（大塊文化，2017 年）、《在中國與蒙古的
　　夾縫之間：一個蒙古人未竟的民族自決之夢》（八旗文化，2018 年）。

在支撐游牧民族「強悍」的技術中，最重要的就是「畜力」。對馬、牛、駱駝等大型動物的馴育、養成、管理等技術，本身就是一種高度的文明。另一方面，畜力在當時的條件下，也是青銅或鐵製的武器、絲綢等物品最快的運輸工具。眾所周知，即使對馬車的運用，也是西亞先於支那（日本稱謂）地區，然後才漸漸地往東傳播開來。也就是說，和馬這種「畜力」相關的技術是游牧文明的一部分。

更重要的是資訊力。和定居農耕民族比較起來，游牧民在廣大的地區中遷徙，不斷地進行見聞和調查，因此掌握了最全球化的資訊。這種資訊力也被活用在通商上。運輸能力優越、往來於各個地區間、對各地產品與市場需求瞭若指掌的游牧民，同時也是優秀的商業民。游牧民族的寬容性，對各種文化的包容和開放姿態，也是與此密切相關。

從「文明的游牧史觀」重新看待中國，會如何逆轉出一部中國史呢？作者指出，在今日中國中心地區產生了黃河文明固然是事實，但考古學指出，這個古代文明與現在的「中國人」之間的關聯，不管在文化上，或是人種上，都早已斷絕殆盡。跟現代的希臘人，與古代希臘文明之間並沒有關聯是一樣的道理。

〔評註〕作者指出：「在今日中國中心地區產生了黃河文明固然是事實，但考古學指出，這個古代文明與現在的『中國人』之間的關聯，不管在文化上，或是人種上，都早已斷絕殆盡。」值得商榷。

今天的讀者多以中國為「中心」，所以歐亞就變成了「邊陲」。這種世界觀其實是奠基在「漢民族」這種二十世紀初期才出現的假設之上。真相是，根本沒有「漢民族」這種東西，是歐亞興起的各個文明，不斷向黃河流域遷徙，才形成今日的樣貌。所以「中國四千年的歷史」不過是現代中國人天真浪漫的願望與幻想。

〔評註〕這與日人所提「七塊論」相呼應；「七塊論」意以中國民族之複雜、歷史之多變以及當前民生之凋敝、施政之不得人心，將會在短時間內產生鉅變，分裂成東北、華北、華南、內蒙古、新疆、

西藏及台灣七大塊。

　　很多日本學者認為中國人在甲午戰爭敗給日本之後的 1895 年起，便開始主張自己是「黃帝」（支那古代傳說中帝王）的子孫。這是一種因為被東夷日本超越感到震撼，並認為「自己怎能輸給野蠻人」，從而急遽產生的民族主義主張。之後又過了好長一段時間，到了二十世紀中葉，這個系譜又加上了另一位傳說中的帝王「炎帝」，從而形成「炎黃子孫＝漢民族」的主張。然而炎帝在以前中國的教科書中乃是邪惡的帝王。他與黃帝之間展開對立，失敗之後便逃往南方；換言之，他是少數民族的祖先，與漢人並無直接關係。

　　〔評註〕以中國為「中心」史觀源於前此之封閉，自可檢討，「炎黃子孫
　　　　　＝漢民族」的主張演進待考，但「文明的游牧史觀」則甚偏頗。

　　從「歐亞史」的觀點來看，被「中國史」定位為蠻族的游牧民，分布範圍東起西伯利亞、西到歐洲世界，文化與人種繁多，是世界史的主要推手；相對於此，所謂「漢文明」不過是以所謂的「中原」為中心，相當地方性且侷限的一個文明。故此，與其說「漢文明」是普遍性的世界文明之一，倒不如把它想成是一個地方文明，才比較接近真實狀況。

　　〔評註〕以此標準，世界豈有「xx文
　　　　　明」可言！「漢文明」可大略
　　　　　以「漢字圈」聯繫，不宜因以
　　　　　前無此名詞而一筆抹殺。

　　若追溯中國地區的歷史，則會發現，它進行跨歐亞交易、在國際文化上大放異彩的唐、被認為是世界最大帝國的蒙古帝國（元）和清等，這些繁榮的國度都堪稱為名副其實的「亞洲大帝國」。但是，它們全都是非漢民族所建立的征服王朝；從這些看

▲ 游牧文明才是歷史的驅動力！

來，不受漢民族中心主義控制、而是由異民族的國際主義所統治時，才是所謂「中國」最繁榮的時代。

〔評註〕蒙古帝國（元）和清等非漢族所建立是事實，但豈能忽視歷史演進的原因，而說是讓人仍然存疑的所謂「中國」最繁榮的時代！

　　「中國史」還有一個重大問題，就是它屬於一種「被害者史觀」。在這種史觀裡，「漢民族」常常遭到異民族所侵略；近代以前是北方游牧民族，近代以後則是跨海而來的西洋列強以及日本，這些都被他們描繪為「敵人」。可是，我們試著深入思考便會發現，「支那地區乃是某個特定民族的居所」這種主張根本就不成立。擁有不同根源、文化與生活型態的集團，進行流動，不斷重複著繁榮與改變的過程，這樣的歐亞大陸史，才是真實的「中國史」。

〔評註〕此說似為跨海而來的西洋列強以及日本侵略開脫，是「強者居之」的邏輯，以「擁有不同根源、文化與生活型態的集團，進行流動，不斷重複著繁榮與改變的過程」觀點，西方殖民荼毒可以原諒，難道中國強大以後，可以順理成章征服世界？

　　身為日本籍蒙古學者，作者的看法是：以所謂漢民族為中心的「中國史」，在充滿地域性的狹隘同時，不過是混合了他們自己普遍相信的世界觀，以及被害者意識的產物罷了。正因為此，今天的支那地區才出現名為「中國史」與「中華文明」的束縛。而今天的中國，似乎越發被所謂的「中華思想」所囚禁。

〔評註〕本書定義支那同 China，為中華民國建立以前的中國地區。

《清華人的歷史現場》序

2021 年 6 月 13 日　星期日

　　王俊秀教授是清華有名的「點子王」，精力過人，創意十足；他的專長是環境社會學、環境規劃與管理、社區發展、校園文化、通識教育，從他一些特別的資歷，包括台灣聲景學會理事、台灣國民信託理事長、台灣第三部門學會理事、公民記者、「地球高峰會議」、「世界永續發展高峰會」臺灣代表或團長、新竹市公害防治協會理事長、台灣綠市集協會理事長、亞太環境社會學會會長、清大綠市集與輔大農學市集創辦人，可看出他熱心公眾事務，並有領導執行力。同時他在清華大學研究、教學與服務主要以環境的人文社會面向（廣義的環境社會學）與社區（廣義的都市社會學）為主，研究主題多元豐富，出版多本專書，更可見其興趣的廣泛以及對社會的誠心關注，令人感佩。

　　很高興看到俊秀著力完成《清華人的歷史現場》；本書共分八章，歷史現場包括新竹清華校本部、校外教師宿舍、一度為校區的宜蘭南機場，北京清華教授宿舍，以及清華鄰近機構。

　　前四章是關於新竹清華在台灣光復前的歷史現場沿革，也就是清華校園的前世今生，讓讀者了解原來清華校地前、中、後段分別為為日本海軍第六燃料廠福利地帶、高爾夫球場與墓場，也曾經是鹿場的一部分、抗日義軍古戰場等，而附近則曾為競馬場。

　　作者在第一章「赤土崎的前世今生」小結中說：清華所在地赤土崎是墓地與山林的地理學中地，而這卻來自其空間的邊陲。另外，如果以「工業新竹」而言，中地非赤土崎莫屬，當時新竹所建設的工廠大都在赤土崎。同時配合日本南向國策，可稱為亞州級的中地。但如將代表性人物在社會運動的角色作為中地足跡，那麼其所拓展的「人文社會中地」更讓赤土崎與新竹因而不凡。第二、三、四章則分別鋪陳清華校地前、中、後段。第五章則涉及一度成為清華

校區的原宜蘭南機場基地，也是日治時期的海軍神風特攻隊的機場。讀之讓人興味盎然。

　　第六章「那些院們清華人的歷史現場（南院、新南院、北院、東院）」探討北京與新竹清華園的教師宿舍的歷史現場與歷史人物。作者在小結中說：「那些院們雖已消失而成為歷史現場，但在其中所發生的生活故事，卻是一般大學學術史所未見者。而教授宿舍是由一戶一戶的家庭所構成，至少夫妻的角色也不會見諸大學歷史中，因此本章也儘量凸顯師母或師丈的共同經營家的角色，再描述各家在那些院們的交流故事，為道貌岸然的大學增添了另一種溫度。」穿插許多北京清華大名鼎鼎的學者與新竹清華多位熟悉同仁的故事、特別有臨場感。

　　第七章「清華北院：新竹美軍顧問團宿舍的歷史現場」：新竹清華園承襲北京清華園的宿舍命名傳統，命名了原新竹美軍顧問團宿舍為清華北院；「該院在 2006 年走入歷史，新竹美軍顧問團宿舍和清華北院先後成為歷史現場」。美軍顧問團到底如何和台灣與新竹結緣？又產生了什麼故事？留下什麼美國文化給新竹？本章探討在六燃與清華北院之間的新竹美軍顧問團宿舍之歷史。其意義在「一個 34 戶的美軍眷村被周圍至少 12 個國軍眷村包圍，最近的一圈有四個國軍眷村，共 942 戶，待遇顯然天壤之別，以眷舍空間、薪水、交通工具、家電、幫傭、福利等，都是文化震盪。由於美軍顧問團是冷戰時期的產物，因此其與國軍眷村的交流鮮為人知，相對於國軍眷村的『竹籬笆的春天』，美軍眷村可稱之為『水泥牆的冬天』。」讓人動容。

　　最後一章「圖書章中的歷史現場與人物（六燃、天研、清華研究院、竹師、附小）」：「新竹清華園主要歷史現場的清華研究院、竹師、六燃與天研，因為從事研發工作而有了圖書室、圖書庫與圖書館。雖然隨著歷史演變，人事已非、空間已摧、機構已了，但是在圖書內的『圖書章們』與『捐書章們』卻繼續述說著不同年代的不同故事，這些圖書章見證了朝代更替、機構名稱的演變、捐書的歷史人物、借書者的前世今生等。換言之，浩瀚的圖書藏書中，深藏著歷史現場、歷史人物與歷史故事，書香因而不平凡。縱使六燃、天研、竹師、清華研究院已先後成為歷史現場，只剩某些片段與零碎的文化資產，但是圖書章證明了它們的風華，正所謂：我蓋，故我在。更由捐書者與借書者建構了另類的歷史，讓空間、時間、人物與書香的互動留下了無限的想像空間，歷

史現場在圖書章中成為了現場歷史。」取材可謂別出心裁。

　　本書涵蓋面相廣泛，旁徵博引，天南地北，前因後果，鉅細靡遺，參考資料達一千六百餘筆，是記述清華歷史現場前世今生迄今最完整的文獻；對於一般讀者，作者或可就此皇皇巨著略做導讀，指出必讀與初讀時或可僅讀簡介或小結之章節。

　　本書之完成要得力於作者長年耕耘，又專注投入，才能克盡其功，未來必會成為傳世之作，為清華慶，也為俊秀慶。

陳力俊謹識於清華園

民國一一〇年六月

《為什麼要睡覺？》閱讀筆記

2021 年 6 月 19 日　星期六

　　人類有約三分之一的時間在睡覺；我們為什麼要睡覺？最直接的答案是因為感到疲倦，或按時就眠以養精蓄銳再出發；但如果要問有甚麼演化上的意義，就比較難回答了。

　　現在已知幾乎所有的生物都要睡覺，對動物來說，有長有短；一說是陸上肉食猛獸，站在食物鏈頂端，可以安心長時間呼呼大睡，而草食被狩獵者，要盡量減少睡眠，以免在毫無防備之下，就成了獵物，言之成理，但並不盡然，例外很多。

　　近年來對睡覺研究發現原因要複雜很多，英籍美國學者沃克（Matthew Walker）將目前對睡覺的了解總結數十年來的睡眠研究成果以及最新科學突破，整理出一本科普新書，名為《為什麼要睡覺？：睡出健康與學習力、夢出創意的新科學》（*Why We Sleep：The New Science of Sleep and Dreams*）[1]，告訴我們睡眠複雜又迷人的真相，可讀性甚高，相當有啟發性。

　　有許多大家都碰到的問題，如晚上為什麼想睡覺；午飯後常會感覺昏昏欲睡，旅行時會有時差困擾，有人會認床；被噩夢驚醒，感覺四肢癱瘓無力；有人是「早鳥」，有人是「夜貓子」；為什麼熬夜後精神會更好？午睡有甚麼好處？大哉問「為什麼要睡覺？」等，本書都一一嘗試給予合理的解答。沃克是傑出的神經科學家，他熱愛睡眠，研究睡眠，為我們描繪出當前科學對於睡眠的全盤了解，最後還告訴我們如何睡好覺的訣竅。

　　同時睡眠與做夢的功能，超乎想像：

● 學習之前的睡眠，幫助腦準備形成新記憶；

---

[1]　沃克（Matthew Walker），《為什麼要睡覺？：睡出健康與學習力、夢出創意的新科學》（*Why We Sleep: The New Science of Sleep and Dreams*），姚若潔譯，天下文化，台北（2019）。

- 學習之後的睡眠，可以鞏固記憶、避免遺忘。
- 夢提供虛擬實境，讓過去與現在的知識融合，激發創意。
- 夢還能撫慰痛苦的記憶，幫助我們走出創傷。

而睡眠不足的壞處，不容輕視：

- 只要一晚睡四小時，對付癌症的自然殺手細胞數量剩下不到一半。
- 腦中的清潔大隊運作不良，無法清除阿茲海默症的毒性蛋白。
- 連續清醒十九小時後開車，你的精神狀態和酒駕沒兩樣。
- 容易覺得肚子餓，吃飽了卻還想再吃，體重居高不下。
- 企業中，睡眠不足的員工會缺乏生產力與創意；
- 管理階層睡得不好，第二天員工的生產力也會降低。

我們的身體健康、心理健康、記憶力、學習力、創意、生產力、領導力、決策力、智商與情商、吸引力、運動表現，甚至食慾，這些讓日間生活更精采的能力，原來都與夜間那場神祕的睡眠有關係。

本書佳評如潮，榮登 Amazon 網站、《紐約時報》、《星期日泰晤士報》暢銷書榜；《紐約時報書評》：沃克愛上了睡眠，他也想讓我們愛上睡眠……他提出極具說服力的論點，主張我們正處在一場沉默的睡眠缺失流行病當中，那正是我們在二十一世紀面臨到的最大公眾健康挑戰……《為什麼要睡覺？》提出令人信服的有力理由，我們應該正視睡眠缺乏和睡眠本身的好處。從最務實的意義來說，這本書值得在床邊閱讀。

影響睡眠節律主要因子

睡眠缺乏已成為一種流行病，在所有已開發國家中，有三分之二的成年人無法滿足每晚八小時的建議睡眠量。睡眠剝奪和橡皮筋一樣，能夠承受的拉力有限，然而遺憾的是，人類是唯一會在無益的情況下故意剝奪自己睡眠的生物。

人在疲倦的時候會想吃更多東西。睡眠太少時，讓你感到飢餓的激素濃度會提升，而另一種告訴我們已經吃飽的激素會受到抑制。雖然你已經飽了，卻還想再吃。睡眠不足，保證體重增加，對成人和兒童都一樣。還有更糟的：如果你嘗試節食，卻又睡得不夠，會讓你的努力白費，因為減掉的大部分體重會

來自肌肉，而非脂肪。

　　至少在兩種狀況下缺乏睡眠有沒有可能會殺人致死。首先，有一種非常罕見的遺傳疾病，人在失去睡眠十二到十八個月後會死亡。第二種致命的情況，則是駕駛人沒有充分睡眠造成的。

令人困惑的愚蠢行為

　　從演化觀點，睡眠像生物現象中最愚蠢行為；沒有成就任何事，容易成為捕食者的獵物；有學者說：「如果睡眠沒有提供任何關鍵性功能，那就是演化犯下的最大錯誤。」所有物種都會睡覺，睡眠在整個演化史上持續存在，表示它必然有強大的好處，勝過那些看似明顯的危險和不利之處。

影響睡眠節律主要因子

　　影響睡眠節律的因子主要是生理時鐘與睡眠壓力。壽命超過幾天的物種，都會產生自然的韻律循環，即近日節律，塑造我們二十四小時的節奏。每一天，腦中的時鐘會把訊號傳遞給腦的不同部位與體內的每個器官。這個二十四小時週期幫助決定何時醒來，何時想去睡覺，以及控制其他節律模式。

　　近日節律在白天啟動腦部和身體的許多機能，讓你保持清醒和警覺，然後這些過程在夜間變得低落，也去除警覺效果。

　　日光為我們校準時鐘，近日節律從不間斷，但每個人生物時鐘不同。據研究有 40% 的人是「晨型人」或「早鳥」，30% 是「夜型人」或「夜貓子」，其餘結餘兩行之間不同地帶。因此**別再誤解夜貓子**，「夜型人」是由於遺傳，他們習慣晚起，而社會運作的時間表對他們很不公平，有待改善。

　　為甚麼所有人不在相同時間作息？是因為人類不是以個人為單位，而是以整個家庭或甚至整個部落為基礎，睡覺時間的遺傳多樣性減少整個團體完全缺乏防禦時間，提升生存適應潛能，具有演化意義。

　　生物時鐘座落在腦中央一處稱為**視交叉上核的**部位，透過**褪黑激素覆**把日夜訊號傳送到腦及身體。受到視交叉上核指揮，褪黑激素在黃昏後就大量增加，釋放到血流中，發出黑夜的全身性訊號，幫助調節睡眠發生的時機。睡眠

過程一旦啟動，褪黑激素的濃度從夜間到凌晨時分會慢慢降低，到黎明時，大腦停止其釋放，告訴身體，睡眠的終點線到了。

褪黑激素本身並不是強力的助眠劑，但**跨時區旅行有時差困擾時**，在目的地晚間，服用藥丸，讓血液中褪黑激素能度上升，在化學物質引發下，讓大腦相信現在是夜晚，傳來啟動睡眠訊號，來提升入睡的可能性。

睡眠壓力讓你想睡覺

另一決定清醒或睡眠的因素是睡眠壓力。一種抑制性神經傳導物，人在沒睡覺的每一分鐘，它的濃度持續上升，在腦中累積，會讓人越來越想睡。對大部分人來說，濃度抬升高峰會發生在醒來之後的十二到十六小時。

咖啡因影響睡眠

咖啡因能遮蓋腺苷的睡眠訊號，讓人覺得較為清醒。咖啡因的作用是掠奪了腦中本該接受腺苷的位置，發揮掩蓋劑的作用，結果使人受到欺騙，覺得清醒警覺，而不管腦中其實有高濃度的腺苷存在。咖啡因的半衰期約為五到七小時，由肝臟中的酵素消除身體系統中的咖啡因；降解咖啡因酵素版本效率由遺傳決定，但新陳代謝速度也會因年齡漸高而逐漸衰減。另外所謂「**咖啡因崩潰**」因在咖啡因發揮作用時，腺苷仍然持續增加，一旦咖啡因效果決除後，就會發生嚴重的反彈。

並行卻互相不理的兩個系統

這兩個掌管睡眠的因素是並行卻互相不理的兩個系統。近日節律規律像只有正值的正弦波一樣，以二十四小時為週期。腺苷在沒睡覺的每一分鐘，濃度持續上升，當晚上睡去時，開始去除當天的腺苷，經過一夜睡眠，減少腺苷的量，舒緩睡眠壓力。成人在經過大概八小時的健康睡眠後，腺苷清除完畢，就在此

▲ 睡眠複雜又迷人的真相

時，近日節律接手，以充滿活力的身體和清晰的頭腦，展開下一段約十六小時的清醒時光。

這兩種力量的運行也可以解釋**為什麼熬夜後精神會更好**，近日節律為腺苷濃度不斷上升之際，帶來短暫的救援，可惜的是，這種助力無法維持，在下午來臨近日節律開始下滑，而逐步累積腺苷使睡眠壓力更加龐大，將使人倒在睡眠籠罩之下。

我的睡眠足夠嗎？

如果自問：早上起來後，如果在上午十點到十一點左右能回頭繼續睡覺，你可能睡眠不足或品質不佳；另一問題是在沒有咖啡因的情況下，在中午前如果不能以理想狀態運作，你可能是靠著咖啡因之類的藥物，來應付自己長期睡眠不足的狀態。

「計量單位進化史」讀後與筆記

2022 年 7 月 9 日　星期六

〔前言〕

　　「單位」對每個人來說，是習以為常的觀念，用得理所當然，試想一個人以一米七之軀，住在十平方米之臥房中，早起後花五十元在超商買了一杯兩百立方公分的咖啡，開十分鐘車，到兩公里外的辦公場所上班等日常生活情境，如果拿掉「單位」，就不知所云了；就工作而言，士農工商等三百六十行，也都離不開「單位」，「單位」之事大矣！

　　如果細想，我們會碰到各種有趣的問題：為什麼英制單位的換算這麼奇怪？為什麼中國古人的身高在不同朝代似乎不一樣？中國古代為什麼有兩種「億」？為什麼品質的基本單位是「千克」而不是「克」？為什麼圓周率的平方和重力加速度的值這麼接近？為什麼美國不用公制單位？為什麼中國的市制單位和公制單位這麼容易換算？為什麼要對國際單位制進行重新定義？

　　這一連串問題，都可從宋寧世先生所著《計量單位進化史：從度量身體到度量宇宙》得到答案。[1] 而這本書從歷史、科學、趣味知識與工具書等多個方面，對「計量單位」這一看似無比熟悉、實際上卻蘊含著無數奧秘的話題，做一個全面的介紹。書中會講述計量單位的「前世今生」，剖析與每個人的生活息息相關的米、千克、秒背後的故事，也會把上面這些問題的答案一一道來。

　　通過本書，你不僅能瞭解人類從度量自己的身體到度量整個宇宙的計量單位進化史，也能瞭解許多課堂上學不到的科學「冷知識」，你會對這些從小到大使用了無數次的單位產生全新的認識。

---

[1]　宋寧世，《計量單位進化史：從度量身體到度量宇宙》，人民郵電出版社，北京（2021）。

〔筆記〕

在日常生活與學習中，常會碰到單位與計量的問題；從歷史上來看，人類在狩獵、採集生活中，逐漸形成了「數」的概念，考古學家能確定人類最早的計數證據，誓約距今四萬四千年前。在南非發現的狒狒小腿骨上的缺口，很明顯地具有某種目的計數功能。

計數的產生需要一、**能區分單數與多數**，二、**對事物歸類**，也就是原始「單位」思想。對原始人類來說，激發計數的靈感，很自然的是參照雙手的十根手指，進一步的創舉，是雙手手指用完後，以十為特殊符號，進而以「十個十」為百，「十個百」為千等，逐步拓展，原始人的單位觀念得到進一步提升。

由於有些東西如水不可數，有些如蘋果可數，因此歸類很關鍵；要認識不可數事物，可轉化為可數的事物——如桶，但如容量未知，則可用不同大小水桶，倒進倒出，如此用一個基準物重複操作，如反覆盛水，用同一把尺首尾相接度量，將不可數的量，反覆操作「次數」的過程，就叫作「測量」。對不可數事物，產生一種「基準」的思維。將不可數事物的大小可轉化為基準物的倍數，或者說「多少」。

在這個測量的過程中，所選的基準物體就是實質上的「單位」，並且運用「複製」與「循環」的觀念，同時利用抽象的符號（刻痕、結繩記事到文字）來記錄「複製」與「循環」的次數。這種控制的理念，代表了單位和測量的發端。

對於原始人類，**先學會把某單位量倍數計數來測量，但待測量比單位量小時，則需要用到分割的觀念**，而較容易掌握得做法，是以一個較小的量作為新單位，如較「桶」小的叫「罐」，兩者可以有關係，也可以完全沒有關係自然界的時間無疑給了人類量測的靈感，感受到時間是連續而可分割的不連續量。發現大自然的晝夜交替，恰好是一個規律、整齊、統一的基準量度，而定義

「一天」，然後定義與畫夜間隔有關連的時間，同時對於測量而言，時間是一個根基性的量，可以說時間是萬物測量之始。人類最容易認識的時間是天，再由天體規律得到月和年，進而制定詳細的曆法，但嘗試測量較短時間時，往往取了新的名稱，全世界一天的劃分多不是十進制，直到現在，我們依然把比一天短的時間叫作時、分、秒等，而不是按「幾分之幾天」來理解。

11.2進入文明社會

在人類文明演進過程中，農業大大開拓了視野，新事物如小麥與水稻，看似可數，但很難數出來。米粒雖小但數量大，實務上並不數它們，而是像對待液體一樣，使用容器來衡量。由於穀物能大規模生產，還能長時間儲存，獲取之外，還要管理食物，給了人類接觸和認識不可數量的機會。

為了生產糧食，人類開始有意識地測量並劃分現有的土地，同時開始**「分配」**、**「交換」**，形成**「貿易」**，**產生威權階級**，進行**「稅收」**，而這些活動的執行，都依賴對糧食有精確與公平的測量。以「貿易」而言，說明人類已經可以用統一、可靠的基準來測量糧食。

隨著農業的成熟，人類社會出現更成熟的社會分工和大規模的人口聚集，這又產生了更精確的測量需求。這時「單位」便從日常語言中脫離。

對時間單位「一天」的精密測量，需要仰仗複雜的天文觀測：是大眾不易接觸的，真正讓古人產生測量意識的，應該是長度，人類能夠對長度產生敏感的知覺，是人類可以感受到與周圍動植物相對大小，同時身體具有**天然的「關節」標記**，同時，在學會穿衣之時，必須與其他物體進行比較。

所以，世界古代文明的基礎長度單位，大都是人身體中的某段距離，如古埃及等地用「手肘長」作單位，**古代中國的「寸」，來自人的手腕**。的指尖、手掌、腳掌、拳頭、肩膀等突出部位都被用來做標記，都在古文明裡充當過基本的長度單位。另一方面，人類學會參照自己的身體，把長度從身體「轉移」到另一個物體上，發明了尺，同時學會了製作均分的刻度，見於約三千七百年前古埃及等地的出土文物中。其次是與農業社會密切相關的量——容積，也就是液體和糧食的量度。在古人眼裡，容積的單位就是容器：混用容積與重量單位似乎在**「糧食本位」**的農業社會裡，對重量的屬性不敏感。

重量和長度、容積不同。並不直觀，雖然古人很早就知道測重必須用秤，但單位並不好找，到金屬出現，因其質地堅硬，性狀穩定，同時受熱能熔化，同時熔化後能塑造出各種形狀，過程中重量幾乎不會耗損。隨著金屬被用作貨幣，金屬的重量隨之成為貨幣的單位。

「**度量衡**」的是長度、容積和重量，它們的順序，也正是人們認識這三大領域順序：**在漢字裡，「度」從「又」，「又」就是手**，象徵長度發源於人體，也象徵一切測量的根源正是人的雙手；**「量」從「田」**，指的是所有與農耕相關的測量，代表當時已邁入了以農業為根基的文明社會；在西方，度與量是同一個概念，即 measure，但「衡」與其他兩者差異顯著。在中國古代，**表達重量的另一個說法是「權」，可見諸「權重」、「權衡」等今天仍在使用的詞語。**「權」的本意就是秤錘，後來演變成了「權力」，可見有「權」者方能掌握重量的測量，才能為整個社會提供準則。「權衡」進入度量其他物質，象徵著單位脫離原始農業生產，成為文明社會裡政權統治的符號。

除了「度量衡」外，古人還需要測量的包括：

一、**遠距離**：按人體部位測出長度，但無以測量很遠的距離，如兩村莊間的距離，比較容易的操作方式是表述成自甲村到乙村所走過的步數。

二、**面積**：古代社會裡和面積關係最密切的事務是農田，所以從農業角度來想出表達面積的方法可有：均勻播種時消耗穀物種子量、種滿糧食後的植株數、耕牛一天能耕作的土地範圍等。例如英制單位的「英畝」（acre）含意就是「一個農夫驅使一頭耕牛一天能耕作的田地面積」。

總結古代社會度量體系的根基就是「度量衡」、長距離、田地面積和時間，它們是任何一個產生文明的古代人類社會都必須擁有的根本體系。但古人的測量需求並不止於此，如聲音測量的「音律」，以及較粗糙的嘗試量測光、熱、電、磁等物理現象，但無法為這些現象找到科學的單位以及穩固的度量體系。

到現在，所有文明社會的單位體系基本齊備，所有文明都具有功能完全的「度量衡」單位，只是或許名稱不同。

第2章　形形色色的古代單位
12.1中國古代的單位
12.1.1長度

講長度單位，最合適的切入單位，莫過於古人留下的漢字，**如小篆字中的「寸」畫的是人的右手，但在手腕處作了個記號，表示此處就是「寸」**。然，古人知道「寸」就是腕口長度。「寸」自下面這一橫，使用的是漢字造字法中的「指事」，表示一個虛化的符號。**「尺」字的含義，一說是伸開拇指和其他四指後，用指尖最遠的間隔來比劃物體長度的動作。「丈」**的小篆字形則是**「十」加「又」**，這裡特指「丈」從「十倍」的意義而來，使用的是漢字造字法中的「會意」。

　　「寸」、「尺」、「丈」漢字裡其實出現的比較晚。在上古時代，人手長的長度還被稱為「咫」，一咫為八寸，一尺為十寸，所以有「咫尺之間」的**說法**。時，上古人又將張開手臂後的長度稱為「尋」（「尋」字的字形就表示「雙手」）；又參照「八寸為一咫」，**將「八尺」稱為「仞」（也是周代尺至下成人的平均身高，所以為單人旁）**。古人還發現，**人橫向的臂展和縱向的身高差不多（如達文西名畫「維特魯威人」所示），於是將「尋」的長度也定成八尺，與「仞」等同。更甚者，古人還把兩倍的「尋」稱為「常」，「尋常」表示用身體便可量度的東西**，再衍生為指代事務的普遍性。

　　這套八進制和十進制並行的體系，在周代後就被規範且穩定的十進制**「寸－尺－丈」體系代，還以十進制原則進一步擴展了單位系統：「丈」以上為「引」，「寸」以下為「分」、「厘」、「毫」、「忽」（分、厘、毫進一步衍生為表示小量的通用語，不限於長度）**等。在各種古代文明裡，幾乎只有中國文明裡有如此明確的十進位意識，這無疑是十分先進的。

　　在成語裡，**「寸」也從長度單位的本意衍生成了強調小的虛稱**，如「寸土寸金」、「寸草不生」、「寸步難行」、「肝腸寸斷」等。**「丈」則強調大**，如「一落千丈」、「光芒萬丈」等。後代人也會用「仞」表虛指，如「一片孤城萬仞山」。**居於中間的「尺」，是生活中最常見的尺度，也就成了長度測量工具的統稱——尺子**。我們也可找到一些相對比較的成語，如「得寸進尺」或「道高一尺，魔高一丈」。也有絕對數量的成語，如「三寸不爛之舌」、「丈夫」等。上古（商周）時期，成年男子身高約一丈，**推算大概是 1.6 米，由於單位一直在膨脹，到西周變成「八尺男兒」，戰國時期就成了「七尺之軀」，從考古學驗證，此時一尺約 23 釐米**。

與農田、土地相關的測量單位，最普遍的詞源來自人的步伐，不過也有部分來自丈量土地的繩索和棍棒。把步長視為單位的依據是：成年人的自然行走的速度是較為穩定的（每小時五千米左右），它在人與人之間的相對偏差比身高、體重等參數小得多。

中國古代，用作單位的「步」是邁兩次腿，邁一次腿叫「跬」，所以《荀子‧勸學》篇裡才說：「故不積跬步，無以至千里」。從測量角度看，前進一個雙腿交替周期的距離，要比單邁一次腿的距離穩定的多，**這個距離約為1.5米，約與「尋」或「仞」大小相近。中國古人一般把「步」規定為五尺或六尺**，這樣便把短長度和長距離建立起聯繫。

中國從上古到現代，表示長距離的單位「里」的名字從未改變，沒有和「里」換算的其他單位。實際上「里」這個單位有點小，一里從上古到清朝**都不過 300-500 米。「里」字由「田」和「土」合成，本身就表示人居住的地方**，即「鄉里」。可見，「里」的概念來自古人聚落裡的相互交流，大概是一個村莊的規模。**「里」的換算關係一般與「步」掛勾，在歷史上出現過 300 步和 360 步兩種換算**。中國古代的面積計量同樣出自對土地的丈量，所以，面積單位的出發點同樣是「步」，而**基本單位是「畝」與「頃」，1「頃」=100「畝」**。「畝」的定義也來自「步」，《說文解字》就說「步百為畝」，後來「畝」變成 240 步，由於古人不太理解「平方單位」，對中國古人來說，面積在字面上似乎就是長度，所以，「畝」可以理解成 240 步 x1 步地矩形面積，或中國古代的容積度量體系中，單位名稱幾乎都是容器自己的名稱，相互換算幾乎也都是十進制。這些基本容積單位是**「升」、「斗」和「斛」**，三者以十進制換算，即 **1 斛 =10 斗 =100 升**。字的「升」和「斗」在甲骨文裡就有紀錄，比「尺」與「寸」早很多。「斗」表示的是一個用來舀水的勺子。**「升」畫的也是一個勺子，但勺子裡裝滿了液體或糧食，還從邊緣溢出了兩點**，這表示「升」是個比「斗」小的容器，因為一「斗」的液體倒進「升」便溢了出來。

「斛」以「斗」為形旁，是比「斗」大一級的容器，比「斛」大一級的是「石」。至於古代容積單位具體的數量，最重要的資料無疑是古代官員的俸祿制度**從陶淵明的「不為五斗米折腰」到白居易的「吏祿三百石」，以及漢代的郡太守又稱「兩千石」，可見容積在古代吏制中起到舉足輕重的作用。一個縣令之日俸「五斗米」，按後人考證的東晉量制，折合重量約為現代的 16 斤，**以現在每斤 25 元計，不過 400 元，難怪陶淵明「不願為五斗米折腰」；至於白居易年薪「三百石」，讓他養活一家老小，還能「晏晏有餘糧」，因而發出「今我何功德，曾不事農桑」的感慨。

重量單位是中國古人難得碰見一組不是十進制的單位，成語「半斤八兩」就是字面上的意思：半斤等於八兩，即一斤是十六兩。

衡器單位的實物是天秤所用的砝碼，砝碼對半分比較容易操作，如一斤、二分之一斤、四分之一斤、八分之一斤、十六分之一斤等。中國傳統重量單位最常用的是「斤」和「兩」。**「斤」的漢字指斧頭，這大概是指一把斧子的重量；「兩」本是古代兵車上的一種成對的器具，用作重量單位也是衍生而來。比「斤」大的有「鈞」和「石」，比「兩」小的有「錙」、「銖」和「錢」，**成語「雷霆萬鈞」、「千鈞一髮」、「錙銖必較」等中，便可見到這些單位。這些單位換算基本上是 2 或 3 的倍數，如 1 石＝ 4 鈞，1 鈞＝ 30 斤，1 斤＝ 16 兩，1 兩＝ 4 錙，1 錙＝ 6 銖等。

重量單位的跨度非常大。在長度單位中，短的「尺寸」和長的「里」發展成了兩套不同系統，對應的是完全不同的測量手段，它們中間的換算純屬為了方便而設。另一方面，需要稱重的物體，從細小的錢幣、藥材到龐大的兵器、建築材料，所做的基本是同一件事──平衡。中國古人測量重量的範圍從 1 克的量級（藥材、谷粒的重量），到一個人能搬動的重量（30 千克的重量）。超過這個範圍，大概只能使用間接的方式進行測量，如傳說中的「曹沖稱象」

方式。不過，**從 1 克到 30 千克，類比長度，相當於從一根頭髮的寬度到整個人體的長度，跨度驚人。**對古人來說，兩次太陽最高（日影最短）時刻之間的時間是恆定的，這一段時間──「天」──就是一個天然的統一基準。**古代中國將這段時間等分為十二份，每一份稱作「時」或「時辰」**，並按古代占星學的十二地支命名。古人最早的計時工具──日晷，測量的就是按一天時間十二等分的時辰。

同時，**中國古代還將一晝夜的時間劃分為 100 份，每一份稱為「刻」。「刻」的計時方式是以流體計時，即俗稱的「水鐘」。**為中國古代的長度、容積單位都是十進制，這自然同樣是十進制的時間單位「刻」高度貼合，因而計時可以直接通過計量容器中的液面的高度來實現。

十二「時辰」制與百「刻」制這兩套基於不同儀器的方案，在中國古代長期並行。後來到了清朝，**隨著西方鐘錶的傳入，為了使「時」與「刻」更好地吻合，「刻」被修改成了一天的 1/96，即我們現在所用的「1 刻 = 15 分鐘」。**外，西方的 24 時制也隨著鐘錶一併在中國流傳下來，於是人們將中國傳統「時」稱為「大時」，西方「時」稱為「小時」，「1 小時 = 4 刻」的換算也正式確立。

此外，中國古代對於計時引進了另外一個單位──「更」，通常將一夜分為五「更」，**每「更」對成一「時」**，所以「三更」就是「半夜」。每一更又分成五點，每點折合 24 分鐘。

由於日晷計時僅適用於日間，一般民眾得聽更夫報時。

第2章　形形色色的古代單位
2.2西方古文明的單位
2.2.1通說

古代社會的單位只代表一種測量的方式，如果一個文明用手肘的長度來測量物體，另一個文明聽說這個想法後，也會拿自己的身體來嘗試，**往往發展出同樣用人的手肘來量度，但長度不完全相同，名稱也不一樣的單位。**個現象在古代西方各文明的基礎長度單位體現的很明顯，但與古代中國單位體系的共通點極少。

西方古文明中有一個普遍出現的代表性長度單位「肘」（cubit，腕尺），一般表示人的肘關節到中指指尖的長度，折合 45-55 釐米。其他的單位，通常也取自人體各個關節之間的距離。

一般來說，人們能找到的最小單位是指尖的寬度（通常用中指），英語裡稱為這裡可以翻譯為「指」；大拇指的關節也是個易於操作的單位，即英語的四根手指並起來，正是手掌的寬度，也就是「掌」（palm）位；如果把拇指也併進來，就又得到了一個單位，叫「拳」（fist）或「手」（hand）。

如果要得到比手掌更大的單位，可把併攏的手指分開到最大，拇指和中指（或小指）指尖的距離，類似中國「尺」的概念，英語稱為「。由於人的腳掌長度總比手掌的測量極限更大，所以又多了一個「足」（foot）單位。由於人的腳掌長度差異可以很大，以其為單位時，它就勢必已虛化了。同時人們不方便用腳掌放到案版上「比劃」，這時應已懂得將腳掌的長度「轉移」到另一個物體上，並製作成「標準足尺。在古希臘文明裡也存在如中國古人展開雙臂的「尋」單位，英語裡稱「fathom」。但古人很難把硬質的刻度尺做得這麼長，所以這個概念只是一個粗糙的量度，不容易具體化。

在換算上，其關係如下：1 palm = 4 digit，1 hand = 5 digit，1 span = 12 digit，1 foot = 16 digit = 4 palm，1 cubit = 24 digit = 2 span。

古代西方文明關於動態長度的量度大體上有兩種思路——使用工具或是用步伐。使用工具（一般是繩索或木棒）所產生的單位在英文裡叫「rod」或「pole」，可以達到 3-5 米。使用步伐產生的單位與中國傳統單位的「跬步」一樣，邁一次與兩次腿分別叫「step」和「pace」，一般 1 pace = 5 foot，約 1.5 米。古代西方面積單位大體上也分為兩派，一派與古代中國人的做法類似，將一定的長度單位直接規定為面積單位。另一派則是直接規定為長度與寬都設定好的長方形面積，同時也不會直接叫「平方長度」。至於容積，在西方單位裡基本都是表示實物的專有名詞。比較特別的是對於不同功能的容器還會有不一樣的單位，如盛糧食的是「乾容器」，盛液體的是「濕容器」，兩者各自有自己的名字，而且相互不一定能夠換算。重量單位上，與中國類似，通常不是十進制，而是因子為 2 或 3 倍數關係。

中世紀英國長度單位的基礎仍是古羅馬單位制裡的「足」（foot），古羅馬單位中源自拇指關節長度，但文字上意為「十二分之一」的次級單位「uncia」，在中世紀英國變成了**「inch」**。另外引進了一個本土概念**「yard（碼）」，定義為3「足」（foot）**，這個詞的本義是棍棒類的物體。其他較長的單位有 fathom（6 foot 或 2 yard，與中國「尋」同），**rod（棒，與碼換算不定），chain（鏈，等於4棒），furlong（浪，一頭耕牛不休息連續耕作的最遠距離，定義為40棒）**。基礎面積單位則是**「畝」（acre）**，表示**一頭耕牛一天內可耕完的面積**。同時，英國人仍保留了羅馬時期的長距離單位「mille」，在英語裡變成了**「mile」，長度為1,000「步」＝5,000「足」（foot）**。在容積方面，中世紀英國基本單位是一個法語裡的概念**「加侖」（gallon）**，「加侖」的名稱。用於液體和固體，但兩者的數量不一樣。「加侖」之下則是古羅馬的分數單位**「夸脫」（quart）和「品脫」（pint），分別代表四分之一和八分之一「加侖」**。前者類似現在英語中的四分之一（quarter），後者的本意是「顏料」（paint），可能來自人們在容器外用顏料塗的刻度線。表達固體容積則常用一個比較大的單位「蒲式耳」（bushel），等於8倍固體「加侖」。

英國的基礎重量單位是直接繼承自古羅馬的單位「libra」，其全稱是**「libra pondo」**。**「libra」是「秤」，「pondo」是「重量」**。部分國家繼承了前半部分「libra」，英國則繼承了後半部分「pondo」，**在英語裡變成了「pound」（磅），但符號是「lb」**。同樣是表示「十二分之一」的古羅馬次一級單位「uncia」，在英語裡變成了**「ounce」（盎司），後來英國將1磅＝16盎司的換算樹立為標準**。今天的英制單位還有一個**「液體盎司」（fluid ounce）**，是個表示容積的單位，他可能來自近代英美兩國的酒館。而為了表示一瓶酒能倒出多少杯（一般稱為「」），就參考了「盎司」的概念。「液體盎司」和「加侖」的換算在如今的英國和美國並不相同，但都與古羅馬單位

「uncia」的本意相差甚遠。

中世紀英國的度量衡體系一直延續到了工業革命之後，直到今天仍在世界範圍，存在。但「**英制單位**」**體系本身只不過是創造過輝煌的古羅馬帝國所使用的度量衡體系的一個變種而已**。後世的公制改革後，除了英國及其殖民地後裔，其他歐洲人全部放棄了這套古羅馬帝國時代的舊度量衡體系，以致**全世界只剩下了一套由中世紀英國人所創造的，揉雜了羅馬度量衡體系和不列顛本土單位的「英制」傳統單位體系**。

第3章　權力與規範

3.1精確度的難題

在古代度量體系裡，人們總是得「自己定義自己」，然而這種定義方式，如果基準改變了，如因為技術限制，對基準器難以複製出一模一樣的複製件，又如基準器自身出現鏽蝕、磨損或受大火焚毀，或如保管的人為了牟取私利加以改動，這些問題近乎無解。

古人在設置單位體系時，已經**有意的建立了「換算」體系**，可以在根本上減少測量的誤差。用到單位時，重點是指同一回事，而取得每個人的認可，在古代的決定因素就是——權力。「**權**」的本意是秤陀，**有能力製作，規定「權」的重量的人，也就有了統治整個社會的權威。而唯一的絕對數量，便掌握在統治者的手中。**「權」的另一面是「衡」，後者也是掌權者的另一項職能——主持公道，也就是執行法律。記載中國周代官制的《周禮》便提到了當時的「司事」和「質人」兩種官職。「**司事**」**負責管理市場，監督市場的度量衡體系，根據官方的標準訂價。**「質人」則負責監督市場秩序。見對古人而言，單位有沒有精確的數值不重要，重要的是對每個人公平，而且在產生糾紛時有人主持公道。

在英語世界，「ruler」表示測量長度的尺子，也表示社會的統治者。希臘神話中象徵法律與正義的女神「泰美斯」（Themis）的形象是左手持劍，右手舉著一個天平，同時遮蔽住雙眼，象徵權力與公正，可見無論在東方與西方，單位都是統治的象徵。

由於單位即權力，權力的管轄範圍與有效時間，也就直接決定了單位在人

們眼中認可的程度。中國歷史上，朝代的更替總會伴隨著社會度量衡體系的混亂。春秋戰國時期是中國歷史上的第一個度量衡體系大混亂時期，秦始皇雖然有統一度量衡的治績，到魏晉南北朝時期度量衡體系再次混亂。這一時期，地方掌權者徇私舞弊成風，私自竄改標準器，濫徵賦稅屢見不鮮，乃至造成中國度量衡史上最大的一次「膨脹」。

在中世紀歐洲，封建制度導致了各領地間度量衡的不一致，如神聖羅馬帝國，各領地間「足」單位最大和最小數值相差了一倍，加劇了地域的隔離，也阻礙了社會經濟的發展。

中國古代單位普遍有「膨脹」現象，以致在南北朝之後，國家的度量衡制只能被官方規定為「大小制」，「大制」為社會通用，「小制」則用於考訂秦漢以前的舊制度。到明朝時，長度單位更是分化為營造尺、裁衣尺和量地尺這三套系統，其中以裁衣尺最大，營造尺最小。**而「膨脹」幅度最大的是「升」，脹幅超過了 500%**。從人性的角度看，古代度量衡膨脹是難以避免的，掌權者同時有度量衡管理權和基於農業的徵稅權，自然容易造成腐化。因而和賦稅最緊密相關的古代量制（容積）也是中國歷史上膨脹最嚴重的單位。

另一方面，度量衡膨脹同樣也出現在古代西方國家。例如「英尺」（foot）的本意是人的腳掌長。然而，即便以現代成年男性，也很少有人腳掌長能超過 30.48 釐米，事實上，一般男性腳掌長只有 25-27 釐米，很顯然的，**如今的「英尺」在歷史上必然發生過膨脹。**

◀ 「單位」之事大矣！

「閱讀與寫作通識講義」讀後與筆記

2022 年 8 月 22 日　星期一

　　在教育普及年代，根據內政部統計，2019 年在年滿 15 歲以上人口中，識字率幾達 99%，但識字並不代表能善用語文，由於我們現在可為生活在語文中，拙於語文，會吃很多虧。**而如果將語文的定義擴及到凡是和生活相關、必須用到語言這個工具的「大語文」範疇。相比於一般對語文比較狹義的理解，「大語文」有較廣的延伸，以及非常豐富的內涵。**

　　美國名校資訊科學博士、著名暢銷書作家吳軍的新書《閱讀與寫作通識講義：紮實理解他人、表達自己的能力》[1] 雖然重點在對閱讀與寫作以講義的形式，針對「理解他人，表達自己」，梳理建構出一套實用有效的系統方法，而對「語文的重要」作了很詳盡但精闢的分析，很值得參考，摘要如下：

一、許多人學生時期過後甚至不再閱讀也不再寫作。但事實是，這些基礎能力不只是一堆知識，而是和我們日常的理解以及表達息息相關！**除了怡情養性或個人修為外，閱讀更能理解他人、認識世界，寫作更能表達自己、融入社會；比起專業技能，這兩項互為表裡的通識能力，不但與日常生活密不可分，更影響每個人的職場發展與人際關係，是**我們生涯路能不能走得更寬更廣更遠的關鍵優勢。

二、**在美國一些著名的大學和高中的通識教育中，語文教育涉及人的存在、生命意義，尤其是快樂情感的獲得和價值觀的構建。**如果從這個角度思考，我們其實是生活在語文中。說它內涵豐富，是因為它不僅包括基本的詞彙，還包括高級的語法、修辭等語言技巧以及表達能力。

---

[1]　吳軍，《閱讀與寫作通識講義：紮實理解他人、表達自己的能力》，日出出版，台北（2022）。

三、詞彙是語文最基本的元素。**詞彙量在某種程度上決定了人的智力水準、生活品質和職業發展。**美國許多研究顯示：一個孩子在四歲之前能和父母說多少句話、接觸到多少詞彙，很大程度決定了他今後的智力發展水準；而孩子長大後能使用多少詞彙，決定了他能夠從事多複雜的工作、思考多複雜的問題。可以想像，一個只能熟練使用幾千個詞彙的人，這些人通常也難以勝任大型組織內的複雜工作。

四、在詞彙之上，是語法、修辭等高級的語言技巧。**一般情況是，語言技巧、語文水準和人們身分地位一致。**在古希臘和古羅馬，上層人士在教育孩子時最重視修辭學。因為一個人要想從政擔任公職，需要非常高的修辭學修養。英美頂尖大學的任務是培養社會菁英，而菁英的特徵之一就是能優雅而準確地遣詞達意，也就是有很高的語文素養。

五、在語法、修辭之上，是書面和口頭的表達能力。美國國父一代的政治家裡，多是優秀的作家。他們的作品文辭優美、邏輯講究，具有很強的說服力，即便在今天，依然堪稱政治學和文學的範文。現在，**美國很多教科書都寫得非常好，被世界各國的大學普遍採用，主要原因就是各個領域的教授們本身寫作水準很高。在學術界，要想變得「有名」，就要能寫出令同行記得住的文章。**這些都是書面表達能力的重要體現。

六、**而在口頭表達方面，語文修養決定了一個人能夠調動多少資源、做多少事情，也決定了一個人在生活中受歡迎的程度。**在美國陸軍軍官學院（即西點軍校）和安納波利斯的美國海軍軍校每年各錄取的一千一二百名學生中，約六成的人參加過辯論比賽。這也證明了溝通和表達能力的重要性。

七、從個人生活的層面講，可以說一個人生活在什麼樣的語文環境，就有什麼樣的生活，因為**語文環境和生活環境是高度一致的。**

八、從國家層面講，雖然很多人覺得科技是決定國家強弱的硬實力，但一**個國家在時（歷史上）空（世界上）層面的影響力，更多的是由語言文化所決定。**古代希臘城邦和羅馬帝國之所以存在時繁榮無比，滅亡後依然有影響力，秘訣就在文化裡。更準確地講，是在希臘語和拉丁語的文化裡。英美後來能在很長時間內統治世界，到今天依然具有很

大的影響力，則和英語文化有很大關係。同樣，**中華文明能夠延續，也要感謝中文。**

九、**正是因為懂得了語文對文明進步的促進作用，很多國家或歷史上的文明在選拔人才時，都非常看重年輕人的語文能力。**

在法國，所有參加法國高中畢業會考的學生都要寫一篇很長的作文，考試長達四個小時。這篇作文的要求和中國的高考完全不同，有點像哲學作文，或者古代科舉考試的策論。這種考試考的可不僅是文學水準，更重要的是年輕人對哲學、思想和文化的理解。在法國人看來，這些內容就是語文的一部分。

在類似地，美國高中生申請大學時要寫一篇三百字的文章（common application essay），講述一件影響了自己一生（迄今為止）的事情。這其實是在考察學生對生活意義的理解。如果寫不好這篇文章，想申請上名校基本上沒有希望。

在上述國家在進行語文教學時，會把語文延伸擴展到由語言形成的文化，以及語文和未來生活的關係上，這也是它們的語文被稱為「大語文」的原因。

十、理解了語文和生活的關係，我們就會發現，語文學習是不受課堂和學校圍牆限制的，**語文的教室應該是廣闊的世界。我們可以在生活的背景下、在生命的長河中學習和理解語文。**

十一、大語文涵蓋的內容很多，但這並不意味著大語文教學沒有重點。實際上，只要把握住三個面向的線索，**分別是讀和寫、聽和說、觀察和視覺表達。它們的核心功能，都是讓我們更好地理解他人、表達自己。**

十二、「讀和寫」的內涵：**「讀」包括理解字面意思和深層含義，理解作者、理解外部世界、理解內在的文化和人性，這些是層層遞進的。**

「寫」則是將自己的思想和想法，通過某種形式的書面文字（文學作品、專著、研究報告、新聞稿、信件等），一句一句、一段一段地表達清楚。須注意的是，「讀」和「寫」的訓練是不可分割的：閱讀時，我們既要理解作者的思想，也要學習作者表達自我的方法；寫作時，我們既要把自我表達充分，也要考慮如何便於讀

者理解。

十三、由於每個人的時間都是有限的，要學習和閱讀的內容又太多，因而**有效閱讀是提高語文水準，甚至是學習各種知識的關鍵**。有效閱讀本身也屬於大語文的範疇。在閱讀、理解的基礎知識之上，我們每個人都須構建自己的知識體系和認知基礎。而如何有效地做到這一點，如何選擇好的閱讀材料，也是大語文學習的目的之一。

十四、「聽和說」看起來只是把「讀和寫」從書面的變成了口頭的，但實際上，它們涉及的語言藝術和方法是不同的。語文教學通常會忽略這方面的訓練，只有很少的口頭表達訓練，「聽」的訓練則壓根兒沒有。

　　「聽」和「讀」有很大的區別。「聽」透過接收單方向的線性資訊流獲取知識。如果一個人錯過或沒聽懂某一段訊息，後面的內容基本上也就跟不上了。而「讀」可以回過頭來反覆看那些沒理解的內容，還可以看參考書。因此，聽同一場報告或講座，有的人能接收 90% 的資訊，有的人可能就是坐在那裡浪費時間—不是不想聽懂，而是因為不會聽，所以接收訊息的效率太低。類似地，有些人開會收穫很多，有些人則就是「陪太子讀書」。甚至在聊天時，不同人的收穫也會相差很大。想要解決這個問題，就必須學習大語文，掌握透過「聽」來理解他人的技巧和藝術。

　　類似地，**「說」也並不是把書面的內容念一遍，而是有一套系統性的表達自我的方法**。很多人覺得自己天生笨嘴拙舌，但實際上，口頭表達能力是可以培養的，很多明星高中、大學還會設立專門的課程訓練學生這方面的能力。

十五、**「觀察和視覺表達」也是大語文學習的一部分**。我們通常認為語文是語言的藝術，但大語文的語言可不僅包括文字，還包括動作、圖形以及其他形式的語言。畢竟，無論使用哪種形式的語言，都是為了清楚、準確地表達思想、情緒和客觀訊息。因此，從文字之外的資訊源獲取知識，也是大語文學習的一部分。有些人透過讀小說瞭解百年前的社會和文化，有些人則透過看小說改編的電影接收到幾乎同樣的訊息。雖手段不同，但目的類似。

在美國，卡通故事的創作是大學和部分高中的一門語文類選修課。在這門課程中，學生們須系統地學習利用視覺工具表達思想的方法。

十六、比較美國與中國的教育，中國高中生的數理化比美國同齡人學得深，但美國學生語文水準比中國學生高很多，主要差別有三：**口頭表達、深刻了解閱讀的作者以及在生活中運用能力。**

十七、**在美國的課堂上，學生要講自己寫的東西、做的東西，或者對閱讀讀物發表看法，**而且所有課程都有約 5-10% 的成績是根據發表看法時的表現評分。在課外。還有許多場合，必須用口頭表達，也能鍛鍊學生這方面的能力。

十八、**人不是天生就有閱讀能力，閱讀嚴肅讀物的能力更須後天訓練、培養，這種能力會讓人受益終生。**哈佛大學開的書單包括大量一百多年的非虛構類、有思想的書，而哥倫比亞大學要求所有大學生必須學習的核心課程裡，就包括閱讀世界歷史上二十位著名作家和思想家的著作。

十九、**語文是語言的藝術，也是為生活服務的藝術，**學語文決不是為了應付有關語文知識的考試。美國小學一開始教學內容很重視實用性，與實際生活緊密相關。接著就是延伸思考，提出疑問並找出答案，再往高年級走，就必須透過閱讀培養嚴謹思考能力和批判性思維。到了中學、大學，語文學習仍然會和生活掛勾。許多前述內容都涉及語文在現實生活中的使用。

語文不是學校裡的一門課程，更不是考試後就可以扔掉的課本，而是每個人時時刻刻都需要的基礎技能。

二十、**語文為所有課程服務，所有課程都幫助提升語文水準。**寫作是美國語文教學的重點，但歷史與人文地理課也會進行。以歷史課而言，最後總成績有很大一部分來自幾篇評論，甚至考試中有一、兩個題目，請學生寫短文，因此，語文沒學好，一方面歷史成績就會受影響；另一方面，歷史短文和論文的

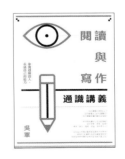

寫作，其實也有助於提高寫作能力。

　　　不僅人文課程如此，**數學與自然課學課也少不了寫報告**，有時會用要求製作小計畫的方式加強教學效果，而計畫報告也涉及規範嚴謹的寫作。

二十一、**美國的閱讀理解的教學通常聚焦於了解作者的寫作策略、技巧、風格與體裁**。然後老師會請學生根據人物、事件、主題和細節寫一篇作文。學完語文，能讀能寫，是目的所在。例如，請學生在讀完林肯在美國南北戰爭時作的《蓋茲堡演說》後，以一名南方士兵或北方士兵的身分，向家人寫封家書。

二十二、**語文教學常常混合文史哲，因為合在一起才能構成一個人真正的人文素養，並讓人在此基礎上形成價值判斷能力**。為了保證學生將來有健全人格，會強調多元化，課文的選擇會非常注意各種內容和觀點的平衡。

二十三、在教學時，不管是文學性的評論、劇本、小說、散文、傳記還是與生活有關的日記、書信、倡議書、研究報告、演講，甚至是廣告和旅遊宣傳冊，都會成為學生閱讀的內容。**相應的寫作作業，可能就是把小說改編成電影劇本，或根據劇本寫一則廣告。**

台積電赴美設廠：新型聊天機器人 ChatGPT試用記

2022 年 12 月 17 日　星期六

　　美國非營利人工智慧研究組織 OpenAI 在 11 月 30 日宣布推出新型聊天機器人 ChatGPT，目前為研究預覽階段，開放用戶免費試用，令人驚艷，短短一周內就吸引上百萬用戶試用。

　　ChatGPT 中 GPT 為（generative pre-trained transformer）之縮寫，意為「預習式文本生成器」，Chat 即聊天，資料庫部分來自維基百科，部分來自研究機構、分析師和詩人作品，能夠提供複雜、冗長甚至有趣的回應。

　　近日紐約時報專欄作家 Frank Bruni 撰文 "Will ChatGPT Make Me Irrelevant?"，以及 Kevin Roose 撰文 "The Brilliance and Weirdness of ChatGPT" 評論：「它是一個出奇能幹的作家，有時甚至是一位聰明的作家」，以至於早期用戶將其視為「軟件和魔法的某種結合」。在適當的情況與提示下，能產生具有相當巧妙並無缺漏的文章。

　　教育工作者對此感到震驚，認為以後將會難以判斷考試或作業是否有抄襲與剽竊情事。《大西洋月刊》中 Stephen Marche 撰文題為 "The College Essay Is Dead"，Daniel Herman 以題為 "The End of High School English" 發表文章，都是切實的反應。而在學術界，對於是否有相當一部分學生會提交由 AI 生成的論文的討論很快就會變成了教授是否會通過使用 AI 對這些論文進行評分的議題。

　　Bruni 進一步說：「在這個烏托邦中，機器可以為我們創作小說、起草我們的立法並撰寫我們的專欄文章」，「當我得到並接受比我想要的更多的幫助時，所有權的驕傲將不復存在。目的感會隨之消失。」、「ChatGPT 是巫師還是刺客？它和它的同類承諾為我們節省時間、汗水和錯誤，但可能要付出代

價。這叫做無意義。」警語連連。

由於 ChatGPT 正處於研究預覽階段，開放用戶免費試用，基於好奇，上網一試，針對目前台灣正夯的護國神山「台積電」赴美設廠議題來測試，首先提問：「implication of TSMC setting up plant in Arizona for Taiwan」，回應為（由 AI 驅動的 Google translate 協助翻譯）：

「台積電在亞利桑那州建造新製造廠可能會對該公司及其總部所在的台灣產生重大影響。

一個潛在的影響是，亞利桑那州的新工廠可以幫助台積電滿足美國和其他市場對芯片不斷增長的需求。近年來，由於電子設備的激增以及人工智能、機器學習和其他依賴先進半導體的技術的重要性日益增加，對芯片的需求一直在增加。通過在美國建立新工廠，台積電或許能夠更好地服務其在該市場的客戶，並有可能擴大其業務。

另一個潛在的影響是，新工廠可以促進亞利桑那州的當地經濟。該工廠的建設預計將創造數千個就業機會，並刺激該地區的經濟增長。

對台灣而言，在亞利桑那州興建新廠既有正面影響，也有負面影響。一方面，台積電的成功及其業務的擴張可以通過增加出口和公司對當地經濟的貢獻為台灣帶來經濟利益。另一方面，在台灣以外的新工廠投資可能會引發對國內就業和經濟發展的潛在影響的擔憂。」

四平八穩，但也有相當知識含量；再進一步問：「historical significance of TSMC setting up plant in Arizona」，得到回應為：

「台積電（TSMC）是一家主要的半導體芯片製造商，也是全球最大的此類公司。2020 年，台積電宣布將在亞利桑那州建立新的製造工廠，這是該公司首次在美國建立新工廠（註：第二次）。

在亞利桑那州建廠的決定對美國半導體行業和全球半導體市場都具有重大影響。對美國來說，台積電新工廠是對該國半導體製造能力的重大投資，近年來美國的半導體製造能力落後於其他國家。預計該工廠將在該地區創造數千個就業機會，並有助於振興美國半導體行業。

在全球範圍內，台積電決定在美國建廠可能會對全球半導體市場產生重大影響。該公司是該行業的主要參與者，其進軍美國市場的決定可能會改變該行業的力量平衡。它還可能導致半導體製造商之間的競爭加劇，並可能降低消費

者的價格。

總體而言，台積電決定在亞利桑那州建廠是半導體行業的重大發展，有可能對美國和全球市場產生重大影響。」

再問：「台積電在亞利桑那州設廠對台灣的歷史意義」，答：

「台積電（TSMC）決定在亞利桑那州建立新的製造工廠，這對公司和台灣來說都是一個重要的里程碑。台積電是全球最大的半導體製造商，是台灣經濟的主要貢獻者。

在美國建廠的決定被視為該公司邁出的重要一步，因為它擴大了全球影響力並增加了在美國市場的影響力。新工廠預計將在該地區創造數千個就業機會，並有助於進一步鞏固台積電作為全球半導體行業領導者的地位。

對於台灣來說，台積電決定在美國建廠被視為對該國科技產業實力及其在全球範圍內競爭能力的證明。這也被視為台灣在全球科技產業中日益重要的標誌，並可能導致其他科技公司增加對該國的投資。

總的來說，台積電在亞利桑那州建廠的決定對公司和台灣來說都是一個重大發展，並有可能對全球半導體行業產生重大影響。」

再一題：「historical significance of TSMC setting up plant in Arizona for China」，回應為：

▲ 台積電赴美設廠（利用AI Stable Diffusion繪圖）　▲ 台積電赴美設廠（利用AI Nightcafe繪圖）

「台積電（TSMC）決定在亞利桑那州建立新的製造工廠可能對中國產生重大影響，中國是全球最大的半導體芯片市場，也是全球半導體行業的主要參與者。

　　一方面，台積電決定在美國建廠可能會導致半導體市場競爭加劇，並可能降低消費者的價格，這可能有利於作為半導體芯片主要市場的中國。

　　另一方面，台積電決定在美國建廠也可以被視為對中國在半導體行業的主導地位的威脅。台積電是該行業的主要參與者，其進軍美國市場的決定可能會改變該行業的力量平衡。它還可能導致半導體製造商之間的競爭加劇，這可能對中國的半導體行業產生負面影響。

　　總的來說，台積電決定在亞利桑那州建廠是半導體行業的重大發展，有可能對中國乃至全球市場產生重大影響。」

　　大體而言，應是及格的答案，雖有小錯，但瑕不掩瑜，值得一試。

新冠議題

　　針對新冠肺炎「自主隔離」、「美式民主」、「全球化影響」等國際議題,及「初期防疫成功」、「入境篩檢」、「疫苗採購與接種」等台灣政府各階段防疫政策進行評論。以筆墨記錄國際時事與監督政府,同時提供己見,期盼台灣能早日建立防禦新冠的堡壘,使人民安全無憂。

防疫期間為何應自主隔離仍有人「趴趴走」？

2020 年 2 月 24 日　星期一

　　實驗室裡一位從澳門來的同學，2 月初度年假歸來入境，清華學務處衛保組建議他在居處「自主健康管理」14 天，避免到校上班上課；另一位同學，月中自新加坡參加活動回來，也應同學要求在家「自主管理」14 天，一時新冠病毒對實驗室產生了直接的影響。

　　在新冠病毒疫情日趨嚴峻的今日（2 月 24 日），常有報導應自主隔離的人到處「趴趴走」，最簡單的說法是這些人極度自私，不守法令，但也可能有較深層的心理因素。

　　韓國在 2015 年，約有五個月時間，整個社會都為「中東呼吸症候疫病」（Middle-east Respiratory Syndrome，MERS）恐懼與不安所苦，並創下全球最高致死率；期間有許多「自私」事件不斷上演。需要被隔離的人，卻任意離開自己的居住地。

　　韓國著名心理學家崔仁哲認為：「或許是低估了自己，認為不會傳染給別人，才做出這樣的行為」。他們沒有症狀，自認有良好衛生習慣，身體健康，抱持樂觀態度而缺乏風險意識，低估可能將病傳染給別人的可能。崔仁哲研究團隊在 MERS 疫情結束之前作調查，問民眾為了預防 MERS 是否會戴口罩，如果戴，又是為了甚麼？結果大家更在乎的是避免受到傳染，「保護自己」高於「保護他人」。人類低估自己影響力的心態，顯現在預防疾病感染方面。[1]

　　崔教授另一項研究發現，我們會認為「他人對自己影響力」大於「自己對他人影響力」；研究團隊請受試者想一位好朋友，評價那位朋友對自己的

---

[1]　崔仁哲，《框架效應》，陳品芳譯，遠流出版社，台北（2019）。

影響，包括興趣、喜好、價值觀、人生觀；同時，也要評斷自己對那位朋友的影響。

結果是，針對眼睛顯而易見部分，如興趣、喜好，相互影響力差不多。在價值觀與人生觀方面則認為「朋友起了顯著的影響」，自己對朋友的影響力沒有那麼大，顯示我們了解「他人對自己影響力」，忽略「自己對他人影響力」。這是因為對自己內在的變化，知道得一清二楚，但無法看到朋友內心，無法得知因我而起的改變。

世上有人說「聞君一席話，勝讀十年書」，但沒有人說「君聞我言，應獲益匪淺」這樣的話，這不是因為我們謙虛，而是看不清自己的影響力。

在街上對乞丐施捨、在公共汽車上讓座給孕婦，都會讓識與不識的人看在眼裡，產生一定觀感，都有可能影響他的想法與作為，所謂「動見觀瞻」；因此我們需要改變心態，不要低估自己的影響力。

崔仁哲更進一步引用心理學「框架」理論來探討人性；認為要更了解人的行為，需要均衡的交互使用「人為框架」與「狀況框架」。如濫用「人為框架」，則認為「趴趴走」的人本來就是那種不顧他人死活的人，過度批判彼此、追究個人責任。如誤用「狀況框架」就會將人視為被動的存在，認為問題的改善完全取決於個人以外的力量，個人可以不負責任。

人類對「人為框架」的依賴性遠高於「狀況框架」，具備使用「狀況框架」來看世界的習慣，敏感的察覺周遭狀況，尤其是他人力量，會變得比較寬容。要改善未來社會中類似當前「趴趴走」狀況，應當有適當的心理學教育，否則將難以阻止這種不幸的事件一再發生。

在新冠肺炎病毒蔓延時看美式民主

2020 年 3 月 28 日　星期六

　　到美國時間 3 月 27 日為止，全球新冠肺炎染疫人口直逼六十萬人，世界各國紛紛封城、封境、封國，由於新冠病毒傳染力強、致死率高，讓全球人類陷入一場噩夢中，夢醒時刻仍有高度不確定性。在這場抗疫戰爭中，美國新冠肺炎確診人數已超過十萬人，死亡人數超過一千五百人，同時眼看疫情將會急遽擴大，讓人不禁感嘆世界第一強國也是最高唱民主自由的國家的抗疫無方，美國的問題到底出在哪裡？美式民主有未來嗎？

　　美國的強大無疑是建立於西方資本主義的根基上，但也與其地大物博，孤懸於兩次世界大戰主戰場的歐亞地區之外的地緣政治有關，總產值、人均收入、科技、軍事與經濟實力均傲視全球，自二戰以來，稱霸世界。但近年來，產生不少問題，最明顯的是美式民主的弊病。

　　人類經幾千年的摸索，自由民主的制度被普遍認為是「不完美但最佳的制度」。但在美國，雖然各級政府領導是「一人一票」選出，據分析，主要還是贏在較富有白人的高投票率上，而川普即是其中之最。[1]

　　川普在 2016 年上任，同時也受惠於美國特殊的選舉人制；雖然輸了對手三百萬票，仍然在總統選舉中勝選。在選舉中，早可看出其人格低下，但依然受到廣泛支持，尤其得到以衛道者自居的福音教派信眾強烈支持。上任後，倒行逆施，謊言充斥，視基本道德為無物，處處以尋求連任勝選為最大考量，而

---

[1] 塔納哈希‧科茨，《美國夢的悲劇：為何我們的進步運動總是遭到反撲？》（*Ta-Nehisi Coates, We Were Eight Years in Power: An American Tragedy*）一書中敘述：

蓋洛普公司（Gallup）研究員喬納森‧羅斯威爾（Jonathan T. Rothwell）與帕布洛‧迪耶哥—羅塞爾（Pablo Diego-Rossell）檢視民調資料發現，「種族與族群在郵遞區號層級的集中程度，是判斷支持川普與否最強而有力的指標。」、「川普的強勢表現不但跨越了白人的階級界線，也跨越了幾乎每一項白人的人口特質。」、「如果我們只以『白人美國』的普選票（popular vote）來劃分 2016 年的總統選舉人票（electoral votes），川普將以 389 票對 81 票大勝希拉蕊。」

在新冠肺炎疫情開始在美國延燒以前，似乎已篤定連任，可見美式民主已趨荒腔走板。

對新冠肺炎病毒在美國流行所做的防疫工作是美式民主的試金石，先是選舉了一位不學無術、不信專業、不理科學與不負責任的總統，在武漢封城後之一個多月間，這位無知無能的領導人，不理專家警告[2]，到 3 月 5 日，仍在「推特」上宣稱新冠肺炎與普通流感相似，說「只有 129 例」，毫不在意；到 3 月 12 日，仍說「只有 1,200 例，比其他國家少」，低估損害，並疏於準備，美國疾病管制與預防中心（Centers for Disease Control and Prevention，CDC）則也失職的讓檢疫試劑短缺，到開放較大規模使用時，已錯失黃金時間。而川普政府到疫情牽動股市大跌後，才發覺不妙，又急於推卸責任，而在公開場合又經常釋放錯誤訊息。對這大流行病的因應措施可謂一無是處。

除了總統外，美國社會也呈現了極大的防疫漏洞；枉有先進的醫療水準，醫療費用卻極其高昂，有 3,000 萬人沒有醫療保險，約 4,000 萬人只有低度醫療保險，而政府很遲才推出的振興方案中，僅承諾測試免費，並不包括治療費用，等同置「低端人口」於死地，同時光是在加州，無家可歸的人即有十五萬人之多，一旦蔓延，就會有燎原之勢；觀諸近日，歐美各地顯貴紛紛中鏢，顯示病毒無分貴賤，一有缺口，大家一起沉淪，非常可怕。另一方面，由於準備不足，抗疫所需醫療設備極端缺乏，危及醫療體系運作；同時在習慣個人我行我素的社會，美國人的防疫觀念相當落後，許多人不認真看待州政府「待在家裡」、與人保持安全距離指令，甚至認為戴口罩是代表有病在身的行為，讓防疫效果大打折扣。另一層的問題是，很難想像美國聯邦政府能號召疫情比較不嚴重地區動用醫療資源來支援目前的重災區。

這些因素，導致美國至今抗疫無方，而更雪上加霜的是，美國政壇兩極化自川普就任後達到高峰，無法同心協力，採取果斷的因應措施來自救；而川普力推的「美國第一」、「唯我獨霸」政策，更讓美國喪失道德光環，在危機時刻以霸主自居卻無法領導世界各國共同抗疫，結果是大家力求自保，「各人自掃門前雪」或「以鄰為壑」，使全球抗疫成功之日，顯得遙不可及，如何發

---

[2] 關於全球範圍內的大流行和特別是冠狀病毒，已經有許多警告。2019 年的美國政府報告說：「美國和世界將繼續受到下一次流感大流行或傳染病大規模爆發的威脅。」去年，由「健康和公共服務部」對快速傳播的病毒爆發進行了模擬。一月初，資深政府官員開始發出有關冠狀病毒的警報。

展，尚在未定之天。

　　至於美式民主的外溢效應，在美國執行「美國優先」政策以後，更向負面傾斜。以美國安定社會、軍事強權支撐的金融霸權多年來主導國際社會的發展，一方面窮兵黷武，屢屢發動戰爭，以自由人權之名打擊異己、煽動顛覆，卻對親美專制政府所作所為視若無睹；另一方面導致 1997 年亞洲金融危機以及 2008 年世界金融災難。近年來眼看中國崛起，又處處予以打擊，川普掀起貿易大戰，更使中美兩國互信盡失，合作抗疫的機會也相對降低。

　　這場抗疫戰爭，演變至今，從中國延燒到歐洲以致美國，亞、非以及中、南美發展中國家前景堪虞，世界經濟必遭重創，全球股市重挫，航空、旅遊、餐飲、運輸、娛樂、體育等產業哀鴻遍野，影響層面超越金融海嘯，成千上萬人喪失寶貴生命，已釀成「百年未有之變局」。未來如何演變不容易釐清，但應是一檢討美式民主的契機；要說美式民主的神話已經破滅，可能尚早；川普是美國百年一見的災星，如果想像一位比較正常的領導人，表現如目前紐約州州長 Andrew Cuomo，不至於在大敵當前之際，未能料敵機先、屢屢誤判，耽誤寶貴戎機，又缺乏悲天憫人的領袖氣質，情況可能會好很多。但美式民主的深層危機，如選舉的基本不公平、兩極化政治、貧富不均、醫療昂貴等，在面對重大疫情時，顯得漏洞百出，是否能改弦易轍，是極其巨大的考驗。

在新冠肺炎疫情肆虐時看全球化的未來

2020 年 4 月 3 日　星期五

　　讀朱雲漢教授新書《全球化的裂解與再融合：中國模式與西方模式誰將勝出？》有感截至 4 月 2 日止，全球新冠肺炎確診者已破百萬人，死亡人數則已超過五萬，世界產生天翻地覆的變化，全球主要國家幾已全面封國，在塵埃落定之時，過去數十年的超級全球化必然一去不復返，全球化的未來在哪裡？

　　中央研究院朱雲漢教授在今年一月底所出的新書《全球化的裂解與再融合：中國模式與西方模式誰將勝出？》（ *The Future of Globalization: Fission vs. Fusion* ，天下文化），雖在新冠肺炎疫情爆發前出版，但其對全球化的深刻精闢分析、理性基本判斷，真知灼見，躍然紙上，仍是探討全球化的未來必讀，不僅開卷有益，而且領悟良多。

　　全球化在二戰後由美國主導的國際秩序中，是推動國際經濟整合的主要力量，同時也讓世界經濟達到前所未有的繁榮。但近年來，反全球化政治浪潮全面來襲，尤其美國在享盡全球化的好處以後，由於中國製造業的崛起，發現不能盡如人意，又片面採取許多措施，掀起中美貿易大戰，一時之間，全球化似有倒退之勢；全球化何去何從，對未來世界發展必有深遠的影響。

　　朱雲漢教授在本書中除了剖析全球化現況，特別是 1980 年代歐美新自由主義革命導致超級全球化的由來以及所遭遇的反彈；當前的全球政治經濟格局，正處於新舊秩序交替的黎明破曉時分。舊的觀念、規範與體制，正出現運作失靈與不勝負荷的疲乏凋零跡象；新的思維、秩序與模式正處於激盪、探索與醞釀階段，尚未破繭而出。

　　國際秩序由於中國的崛起，讓歐美各國感受到威脅，由美國帶頭採取圍堵打壓政策，有機會挑起強權間的熱戰，也就是落入學者所稱修昔底德陷阱，或者已經濟戰為主的金德伯格陷阱；因此世界面對的是全球化的裂解；但朱教授

認為全球化對以中國為首的發展中國家仍然有其重大意義與價值，動力仍極充沛，因此有相當大的韌性；尤其中國再興，揚棄西方殖民主義巧取豪奪路線，宏觀的協助亞、非、拉丁美洲發展中國家的開發，以「天下為公」的精神，促進世界大同，已斐然有成，但與歐美國家的衝突必會加劇，世界動盪將會持續相當時間。

作者列舉全球經濟與人類社會正面臨五個巨大的不確定性：一、全球化的前景，二、二戰後西方主導的國際經濟秩序之前景，三、中美關係前景，四、中國在建構後西方世界秩序中的角色與擔當，五、對於人類社會如何駕馭科技革命的巨大潛力。均有精闢的分析，並探討全球化的下一步是邁向滅亡，還是能進化成不同樣貌？曾經輝煌的西方模式，面對強勢崛起的中國模式，究竟該如何應對？他提醒讀者：全球化的裂解危在旦夕，國際秩序與人類命運將岌岌可危，唯有徹底理解美中關係與中國的發展道路，方能為全球趨勢的未來走向，理出清晰視野。

針對這些問題，朱教授有五個基本判斷：一、全球政治經濟大格局的變化，中國的角色最為關鍵，二、全球化的動力仍十分豐沛，全球化的融合能量仍遠大於裂解能量，將會演化，而非退化，三、中國模式與美國模式有機會進行一場良性競爭，四、美國放棄多邊主義與戰略收縮，正好給全球政治經濟秩序轉型帶來契機，五、得道多助，失道寡助。對於中美關係，朱教授說明美國菁英幾乎一致的看法，是必須壓抑中國的崛起，在這個背景下，煽動對抗易，理性處理難，可能不容樂觀。

本書的出版，是在武漢封城之前，而新冠肺炎疫情蔓延全球，引發「百年未見的變局」，可謂是橫空飛來的黑天鵝，對全球化的發展亦必有深遠的影響。在各國封城、封境、封國之際，去全球化變得益發真實。可以預見的是，在全球經濟大衰退趨緩之際，迄今受創最深的美國與西歐各國，除經濟因素外，必會在維安的考慮下，加速去全球化，譬如防護器材與設備、藥物原料等以及重要產業供應鏈等都要求分散或自給自足，保護主義更加抬頭；各國對於跨國行動及旅遊管制的升級可能長期化，走向「去全球化」的回頭路。

另一方面，以中國為首的其他地區，則會加強各種經貿關係，未來全球有可能大體上割裂成兩個板塊，直到美國與西歐各國體會到得不償失，而重加檢討，但也有機會行險，乾脆掀起熱戰，兩敗俱傷，後者雖然機會不大，也不

能完全排除，殺機重重，可能導致文明社會的滅絕，極為凶險。有專家認為：
「美中實質上已經進入了大戰，而疫情的全球大擴散，配以油價戰和併發的
金融危機、經濟生產斷鏈危機，整個世界都連帶捲入了美中戰局。雖然形式不
是熱戰，但它已經具備了『世界大戰』的大部分條件」。而這本來是可以避免
的，美國菁英們是否有此智慧與能力，力挽狂瀾，目前看來，有高度的不確定
性，是很需要世人全神關注努力拆除衝突引信，以免萬劫不復。

台灣新冠肺炎防疫「成功」之謎

2020 年 5 月 3 日　星期日

　　新冠肺炎疫情持續在全球範圍蔓延，確診病例已超過 346 萬，死亡人數超過 24.3 萬人，美國確診病例與死亡人數均居世界首位，分別超過 114 萬與 6.6 萬人，短短三個月間，死亡人數竟已超過連綿十年以上的越戰，災情慘重。

　　在台灣方面，據中央流行疫情指揮中心公布，到 5 月 3 日已有接連 21 日境內感染確診歸零的成果，確診病例有 432 人，死亡案例 6 人，從任何觀點看，防疫成績可謂傲視全球，台灣是怎麼做到的？

　　事實上，台灣做對了很多事，提醒民眾平時應做好手部衛生與咳嗽禮節；出門應與他人保持社交距離，或是戴上口罩，同時避免前往人潮密集處；但也有相當多的缺失，期間可謂險象環生，但總能化險為夷，到現在為止交出漂亮成績單，就一般對新冠肺炎病毒了解，相當不可思議，防疫「成功」之道成謎，只能做合理的猜測。

　　自疫情爆發之初，政府有些措施，或許過當，不近人情，但應有助於防疫則無疑，但由於政治考量，在美、日已成重災區，從兩地入境旅客，遲至 3 月 20 日才限制外籍人士入境，而其他人除非已有症狀，至今並未集中隔離，而為居家隔離，因而有所謂 3 月 30 日自紐約飛台「最毒班機」，4 月 1 日抵達桃園機場入境時，除了 5 人因為出現症狀，當場採檢外，其餘旅客和機組員共 331 人都沒有採檢。直接放回家「居家檢疫」，不料「居家檢疫」者後來竟陸續爆發確診，才決定儘速通知全機旅客全面接受採檢，最後高達 12 人確診，造成防疫大缺口。

　　另一方面，海軍敦睦艦隊 4 月 18、19 日有 24 名官兵確診，之後陸續增加到 31 人確診，700 餘官兵於返航後，4 月 15 日至 18 日曾在社區活動，遍及全省，指揮中心 18 日至 19 日已針對 3 艘艦艇官兵及其家屬親友發送提醒簡訊，

估計發送簡訊數量約 2000 至 3000 人，疫情指揮中心表示，20 日上午起陸續已針對 18、19 日確診的 24 名官兵 15 日至 18 日停留 15 分鐘以上的 90 多個場所，發簡訊提醒民眾，約有 21 萬人會收到，提醒民眾必須自我健康管理。但迄今似乎沒有因而感染確診報告，尤其確診官兵至少有十三人表示在其間與女友發生親密關係，女友均安然無恙，令人嘖嘖稱奇。

再者，清明四天連假，許多景區皆人潮滾滾，摩肩接踵，讓人捏一把冷汗，但警報期已過，亦未傳出任何新感染病例。

自義大利在二月底開始成為歐美國家第一個重災區，新冠肺炎疫情幾乎掩蓋了全球其他重要新聞，中國大陸原來備受嚴厲批評的禁足、停工、封城等降低社交接觸的作法，漸為各國體認為有效的做法，但病毒具高傳染性，仍席捲全球，造成生命、健康的重大傷害，且不論對百工百業與經濟的影響，台灣自始即能保持正常上班上課，在歐美先進國家對逐步「解封」仍高度遲疑的時刻，防疫成績顯得分外突出。

台灣做對了甚麼？除了有對抗 SARS 的經驗，很快成立中央流行疫情指揮中心，再加上近年日益嚴重的空氣汙染，國人較習慣戴口罩，並在有效宣導之下，勤於洗手，大抵能維持社交距離，自然有助防疫；但自國外入境人士，自主隔離期間，屢傳「趴趴走」，甚至「開趴」，有外籍確診者曾周遊各地，確診澳洲音樂家與樂團、聽眾廣泛接觸，有確診台商曾上舞廳，另有不明感染源確診酒店公關小姐接觸一百餘人，均未釀成群聚感染，而本土案例僅 55 人，同時絕大多數為家人之間相互感染。

如此佳績，除了「天佑台灣」外，是否仍有合理解釋？可能的方向是台灣至今沒有施行偵測病毒的普篩與快篩，在各界紛紛指責美國在普篩與快篩失掉先機，釀成巨災之際，疫情指揮中心以各種理由，不動如山，原因之一應是國內遲遲未能開發出試劑；由於中國大陸於一月初即於網上公布病毒基因序列，韓國與德國於兩周內即開發出試劑，韓國並因而由普篩新天地教會二十餘萬信眾並隔離處理，有效抑制已大爆發的群聚感染。台灣至今只篩檢六萬餘例，可謂反其道而行，效果一樣好，相對「佛系」防疫，成績斐然，甚為弔詭，那又是為何？

當然沒有篩檢，就沒有病例，但很難解釋歐美各國至今重症與死亡病例仍然激增，而台灣重症與死亡病例趨近於零；最好的情境是疫情指揮中心誤打誤

撞，由於大部分的患者都是輕症，隔幾天後即不藥而癒，再加上輕症患者病毒量少，在口罩、洗手、社交距離防護下，傳播力大為減弱。同時確診病例少，自然也有減少社會恐慌作用。

至於海軍敦睦艦隊，於 3 月 12 日至 15 日停靠當時疫情數據零確診之帛琉執行敦睦行程，回程時，於公海航行 24 天，最後累計確診共 35 例。感染源待釐清。首先確診比例（9%）與美國羅斯福號（24%）、法國戴高樂號（52%）航母官兵相比低了很多，因此似不能純以艦隊官兵年輕力壯，抗疫力強解釋，再加上官兵下船後，大批人馬各處走動，並未造成群聚感染，有一可能是毒株與歐、美不同，此說與劍橋大學研究指出毒株分 A、B、C 型，分在美國、東亞、歐洲流行相合。[1]

該研究探討新冠病毒從武漢到歐洲和北美的傳播軌跡。發現病毒毒株可分為 A、B、C 三種類型，而較為原始的版本「A 型」雖然出現在武漢，但在武漢樣本中更多的是變異的「B 型」毒株，A 型毒株在美國和澳洲研究樣本上更為常見。其中較為原始的毒株「A 型」與在蝙蝠身上發現的毒株最接近。「A 型」雖然也出現在武漢，但並非武漢最常見的毒株。總體而言，「B 型」在東亞更為普遍，而且較少在未變異的情況下傳播至其他地區。研究人員分析，原因可能是武漢出現了遺傳學上的「奠基者效應」，或是東亞以外的人群更能「抵抗」這一型的毒株。

由「B 型」變異而來的「C 型」主要出現在歐洲，在早期的法國、意大利、瑞典和英國患者身上能找到。雖然在研究中的中國患者樣本上沒有出現 C 型，但見於新加坡、香港和韓國。

關於為何「A 型」病毒沒有在武漢大範圍感染，第一作者 Peter Forster 分析「可能是『A 型』無法適應當地人的免疫系統，因此變異成『B 型』，另一方面『A 型』病株則適應了美國和澳洲人的免疫系統。」

此說也可適用於清明連假在景區遊玩的群眾等幾個令人擔憂的案例，因此

---

[1] Peter Forster, Lucy Forster, Colin Renfrew, Michael Forster, "Phylogenetic network analysis of SARS-CoV-2 genomes" PNAS April 28, 2020 117 (17) 9241-9243；first published April 8, 2020.
該文題為「新型冠狀病毒基因組譜系分析」（Phylogenetic network analysis of SARS-CoV-2 genomes）由英國及德國學者共同撰寫，於 4 月 8 日發表於「美國國家科學院刊」（PNAS）。研究人員通過基因網絡技術繪製出新型冠狀病毒在人體的早期「進化途徑」。該研究分析了從病患身上取得的前 160 份完整病毒基因組，得出新冠狀病毒通過突變產生的不同病毒譜系。

也許真的可以說「天佑台灣」，在台灣流行的是感染力較弱的「B型」，甚至是「弱B型」，除非在密閉空間長期相處，病毒密度達到一定程度，較難由飛沫感染，是否成立，亟待生醫界證實。

　　另一可能是台灣、香港與新加坡人民普遍在幼年接種卡介苗（Bacillus Calmette-Guérin，BCG），預防肺結核，大陸則遲至1986年才普遍為新生兒接種，也許可解釋其老年人偏高之致死率。美國從未使用過大規模接種卡介苗，災情更為慘重，對2019冠狀病毒病的研究中，紐約理工學院研究初步發現有施打卡介苗的國家2019冠狀病毒病死亡率顯著較低，有統計學上差異[2]，因此也值得進一步探究。

　　當今之計，正如台灣冠狀病毒之父賴明詔院士建議政府選擇一個區域進行大量篩檢，來決定下一步的防疫步驟。在最理想的情況下，本土流行疫病為「弱B型」，又有本土病例連21天歸零加持，此時可大幅放寬日常生活限制；但同時必須加強境外移入管制，初步在各國尚未放寬旅遊限制之前，至少讓所有入境旅客集中隔離14天，達到拒敵於境外的效果，再視世界疫情的發展，滾動式調整，也許能名副其實地成為世界典範。

---

[2]　Aaron Miller, Mac Josh Reandelar, Kimberly Fasciglione, Violeta Roumenova, Yan Li, and Gonzalo H. Otazu, "Correlation between universal BCG vaccination policy and reduced morbidity and mortality for COVID-19: an epidemiological study," medRxiv (which was not certified by peer review).

台灣新冠防疫「成功」之謎

2020 年 5 月 6 日　星期三

　　新冠疫情持續在全球蔓延，確診病例已超過三六一萬，死亡超過廿五萬人。台灣方面，據中央流行疫情指揮中心公布，到五月五日累計廿三天無本土病例，確診病例僅有四三八人，死亡案例六人。從任何觀點看，防疫成績可謂傲視全球，台灣是怎麼做到的？

　　事實上，台灣做對了很多事，提醒民眾做好手部衛生與咳嗽禮節；出門應與他人保持社交距離，或是戴上口罩，同時避免前往人潮密集處；但也有相當多的缺失，期間可謂險象環生，但總能化險為夷，到現在為止交出漂亮成績單，相當不可思議，防疫「成功」之道成謎，只能做合理的猜測。

　　除天佑台灣外，是否仍有合理解釋？可能方向是，台灣至今沒有施行偵測病毒普篩與快篩，各界紛紛指責美國在普篩與快篩失掉先機，釀成巨災之際，疫情指揮中心以各種理由不願進行；原因之一應是國內遲遲未能開發出試劑。由於中國大陸一月即公布病毒基因序列，韓國與德國兩周內即開發出試劑，韓國因而由普篩新天地教會廿餘萬信眾並隔離處理，有效抑制已大爆發的群聚感染。台灣至今只篩檢六萬餘例，可謂反其道而行，效果一樣好，相對「佛系」防疫，成績斐然，甚為弔詭，那又是為何？

　　當然沒有篩檢，就沒有病例，但很難解釋歐美各國至今重症與死亡病例外仍然激增，而台灣重症與死亡病例趨近於零；最好的情境，是疫情指揮中心誤打誤撞，由於大部分患者都是輕症，隔幾天後即不藥而癒，再加上輕症患者病毒量少，在口罩、洗手、社交距離防護下，傳播力減弱。同時確診病例少，自然也減少社會恐慌作用。

　　至於海軍敦睦艦隊，累計確診共卅六例，感染源待釐清。首先確診比例（九％）與美國羅斯福號（廿四％）、法國戴高樂號（五十二％）航母官兵

相比低了很多，因此似不能純以艦隊官兵年輕力壯，抗疫力強解釋；再加上官兵下船後，大批人馬各處走動，並未造成群聚感染。有一可能是毒株與歐、美不同，此說與劍橋大學研究指出毒株分 A、B、C 型，分在美國、東亞、歐洲流行相合。

　　此說也可適用於清明連假在景區遊玩群眾等幾個令人擔憂的案例，因此也許真的可說「天佑台灣」，在台灣流行的是感染力較弱的 B 型，甚至是弱 B 型；除非在密閉空間長期相處，病毒密度達到一定程度，較難由飛沫感染，是否成立，亟待生醫界證實。

　　另一可能，是台灣、香港與新加坡人民普遍在幼年接種卡介苗，預防肺結核，大陸則遲至一九八六年才普遍為新生兒接種，也許可解釋新冠確診者老年人偏高之致死率。美國從未進行過大規模接種卡介苗，災情更為慘重，對新冠肺炎研究中，紐約理工學院研究初步發現，有施打卡介苗國家新冠肺炎死亡率較低，有統計學上差異，因此也值得進一步探究。

　　當今之計，正如台灣冠狀病毒之父賴明詔院士建議，政府選擇一個區域進行大量篩檢，來決定下一步的防疫步驟。最理想情況下，本土流行疫病為「弱 B 型」，又有本土病例連廿三天歸零加持，此時可大幅放寬日常生活限制，節省社會成本；但同時必須加強境外移入管制，初步在各國尚未放寬旅遊限制前，至少讓所有入境旅客集中隔離十四天，達到拒敵於境外的效果，再視世界疫情的發展，滾動式調整，也許能名副其實地成為世界典範。

　　　　　　　　本文刊載於 2020 年 5 月 6 日「聯合報」民意論壇

新冠入境篩檢與莫非定律

2020 年 8 月 8 日　星期六

　　根據新冠疫情統計數據顯示，到台灣時間八月八日，全球確診病例病例已突破一千九百萬例，且以每日超過二十萬例速率增加、死亡人數則已超過七十萬人，災情仍在持續延燒，終點難以見望。

　　台灣在近幾月與世界大部分災區似乎處於平行宇宙，島內到處可見報復性旅遊與消費，受到國外朋友普遍艷羨；但近週來，屢見自台赴國外者，抵達當地後確診，讓人開始擔心國內防疫措施是否仍存在很大漏洞。

　　有人將台灣政府防疫措施稱為「川普式」，因為川普認為不篩檢，就沒有確診，而台灣則至今不僅在境內沒有普篩，對如美國等高風險地區入境旅客，只篩檢有症狀者，其餘則規定十四天居家檢疫。

　　觀諸台灣至今防疫成果，防疫指揮中心「惜篩如金」似乎頗有幾分道理，雖然最近案例顯示，境內存在社區感染應無疑義，由採檢可疑接觸者來看，出境確診者似乎皆為輕症。考量目前疫情，也可推論社區感染也都屬於甚為輕微者，因此台灣至今存在新冠毒株較弱，也可能有幼兒普遍施打卡介苗加持，再加上國人不排斥戴口罩的優良習慣，造就以防疫成果而言的當世模範，可謂「天佑台灣」。

　　新冠病毒肆虐全球，部分原因是其甚為狡猾難測；無症狀、輕症狀或重症狀感染程度未明，「超級傳播者」有何特徵也不清楚，韓國新天地信眾、美國貴婦開趴、學生浪遊、各地葬禮弔唁者、養老院、監獄、遊民群聚感染屢見不鮮，台灣有幸至今未見「超級傳播者」，也可推斷境內無憂，唯一破口，就是境外輸入。

　　據交通部資料，今年四至六月入境人數不到一萬四千人，鎖國之下，境外輸入風險自然大減，就篩檢而言，目前國內篩檢能力已超過每日數千人，防疫

指揮中心不願普篩顯然不是因為費用與能力問題，而是認為無效或甚至有反效果；其根據是篩檢正確性不高，可能有偽陽性與偽陰性，偽陽性造成虛驚，偽陰性則引致居家檢疫時心理鬆懈，兩者均有一些道理。

　　但讓人擔心的是，如有尚無症狀的「超級傳播者」入境，居家檢疫時導致大規模社區感染，國內防疫之功可能「一夕崩盤」，同時現在市面上僅有篩檢正確性高的試劑，也可有請受篩者自付費用的配套辦法，同時每日數百萬元篩檢費用與迄今紓困數千億元經費相比，可謂「小巫見大巫」。

　　有名的莫非定律告訴我們「凡是可能出錯的事就一定會出錯」，在許多前一波疫情獲控制的地區紛傳疫情再爆之際，事關不可承受的災難性後果，不可不慎。

　　與此相關者，幾月來屢見各單位召開記者會，宣稱發展篩檢試劑成果，至今未見國產試劑，在防疫上大顯身手，似乎也應給國人一個明確交代。

本文刊載於 2020 年 8 月 8 日「聯合報」民意論壇

部桃群聚擴大……看楊志良，想李文亮

2021 年 2 月 1 日　星期一

　　新冠疫情自去年一月從武漢延燒，迄今全球已有超過一億人確診，逾兩百廿萬人死亡，而且方興未艾，堪稱百年大疫，人類浩劫。

　　台灣在近一年來，不論從確診與死亡人數來看，都無疑是抗疫模範生。大家除在公共場所須戴口罩外，大致過的是平常生活，經濟成長也表現不俗，是全球豔羨的對象。

　　全民正鬆口氣，打算過個平安年之際，不料平地一聲雷，部桃醫院傳出集體染疫問題，至今已導致十九人確診，一人死亡，確診從醫護到病患、陪病之人以及家屬，如今更添第二家醫院感染事件，似有滾雪球之勢，讓人憂心忡忡。

　　部桃染疫事件剛發生之時，前衛生署長楊志良認為醫院防疫「標準作業程序」（SOP）執行有漏洞，首患醫師有症狀卻缺乏警覺心，自行處理之外，並與女友出外購物等，延誤通報，嚴重到可開革；一時引來府、院、黨嚴辭圍剿，網路鄉民甚至翻出約半年前楊前署長在公共交通工具上不戴口罩用手機通話之舊檔案照。執政當局一方面以為醫護叫屈手法轉移焦點，一方面由側翼極盡醜化之能事，意圖讓批評者噤聲。

　　楊前署長的遭遇讓人想起武漢醫師李文亮；李是在新冠疫情尚未爆發前的吹哨者，卻遭到強力壓制，最後自己也染疫身殉；在百年大疫持續肆虐之際，李也成為讓人懷念的指標性烈士。「前事不忘，後事之師」，古有明訓，不可或忘。

　　李文亮事件給人的教訓是，在有關生死高度傳染性病症大事時，千萬不能輕忽，心存僥倖，或者「關關難過關關過」的心理；台灣以往防疫成功仍有許多謎團待解，不容易「識敵於機先」，戒慎恐懼，謙卑以對是絕對必要的；一

味打壓批評者，除砸了自詡「自由民主」的招牌之外，如有誤判與閃失，在篩檢試劑與疫苗兩缺的情況之下，萬一有重大破口，星星之火足以燎原，情勢極為險峻。

目前看來，楊前署長雖難說有「先見之明」，但也是「苦口婆心」，在「院內群聚」、「社區群聚」染疫大防逐一失守之際，指揮中心不應在面對批評之時，仍一意孤行，而需抱持「有則改之，無則勉之」態度，察納雅言，虛心檢討，才不致自毀長城，空留讓整個社會陷於不能排除封城險境的驚懼之中。

本文刊載於 2021 年 2 月 1 日「聯合報」民意論壇

疫苗接種　刻不容緩

2021 年 5 月 17 日　星期一

台灣自去年初全球性新冠疫情爆發以來，穩居防疫模範生，經常「嘉玲」，歷經鑽石公主號郵輪、磐石號軍艦、部桃等事件，都有驚無險，原因雖眾說紛紜，但病毒確實傳不出去；一年多來，大家除在公共場所須戴口罩外。生活大致如常，對照歐美韓日等國病毒都曾肆虐一時以及最近的印度慘況，有如處於平行宇宙，幾近神話。

讓國人幸福破表的防疫神話最近似有破功之勢；五月十四日社區感染造成的本土案例達廿九例，十五日暴增一八〇人，十六日再增二〇六例。雖然來源尚未明朗，但最大破口似在放寬機組員防疫措施以及航空公司防疫旅館未認真執行防疫規定；而以往未見的「超級傳播者」，由於交遊廣闊，活動力強，一人到五月十四日已知群聚感染廿四人，讓大家神經緊繃。

台灣現時所以會產生「超級傳播者」應與其傳播的病毒屬英國變異株有關；美國研究發現，英國變異株傳染力比原在美國流行的病株強百分之六十，以致美國現在約有四分之三的感染病例屬英國變異株。而台灣民眾在飽受二〇〇三年 SARS 疫情驚嚇所養成不排斥戴口罩的良好習慣，一度似「百毒不侵」，在師老兵疲，稍微鬆懈之際，就讓英國變異株長驅直入；在已全球化的世界，要隔離病毒於境外，幾乎是不可能，而有英國官員表示，現在印度流行的病株似乎傳染力更強，使人憂心忡忡。

另一方面，世界衛生組織專家表示，對少數患者進行的研究表明，雖然來自疫苗的抗體或感染其他變體的抗體可能並不完全對印度變異株有效，但是疫苗可能仍然具有足夠的效力，可以提供保護，使其免受嚴重疾病和死亡的影響。同時據美國與英國研究結果，施打疫苗確實挽救了許多生命，並防止了多人患重病，這從最近各該國發布的數字可清楚看出。美國甚至有專家認為：疫

苗救了美國。

　　台灣因各種因素，在疫苗取得方面失了先機，目前得到兩批即將到期 AZ 疫苗，第一批是十一點七萬劑在三月三日突襲到貨，第二批十九點九二萬劑是在四月四日由世界衛生組織配送。由於需打兩劑的 AZ 疫苗防護力比其他領先廠牌低，也同樣可能有各種副作用，在大家仍沉浸於防疫神話時乏人問津；而在國內這波嚴峻疫情爆發以後，已有搶打潮，也因此，加總不到卅二萬劑疫苗遠遠不足所需。

　　如今之計，政府應盡一切可能，即使以數倍價錢，取得疫苗，民眾也應有認知，在現階段盡可能先對至少部分人提供至少部分保護，減少重病與死亡，至為重要，有機會則盡早接種疫苗，才可讓台灣脫離烽火四起、人心惶惶困境。

　　　　　　　　　　　本文刊載於 2021 年 5 月 17 日「聯合報」民意論壇

像極了義和團的防疫指揮中心

2021 年 5 月 30 日　星期日

　　一百二十年前的辛丑年，清廷簽訂了喪權辱國的辛丑和約，起因是聽信打著扶清滅洋旗號的義和團，妄與多國宣戰，引來八國聯軍，迅速潰敗而求和，被迫簽訂城下之盟。

　　義和團善於裝神弄鬼，自稱能引來天兵天將，刀槍不入，如果是真實的，豈能不百戰百勝，最後證明一切都是假，禍國殃民不淺。

　　在新冠疫情於台爆發之際，回頭看台灣的疫情指揮中心，像極了義和團，過去十幾個月，靠著台灣人民警覺性高，多遵循指揮，在公共場所戴口罩，並勤洗手，遇到不甚犀利的病毒，再加上指揮中心惜篩如金，得以蓋牌成功，確診與死亡人數低到幾乎可以忽略，對照施打疫苗以前歐美等所謂先進國家疫情肆虐，台灣有如處於人間天堂。

　　這美好景象在指揮中心將航空機組人員集中檢疫時間從十四天放寬為三天居家檢疫加十一天自主健康管理後破滅；機師的趴趴走以及防疫旅館的疏忽讓來勢洶洶的英國變異病毒找到破口，由於未妥善因應，順勢長驅直入；在無法繼續蓋牌之下，迅速有數千人確診，並在一星期內造成四十二例死亡，三級防疫解除茫茫無期。

　　疫情指揮中心一年多來幾乎天天對全國聯播，一方面浸浴在防疫模範生光輝下，一方面經常奢言超前部署，一副老神在在之樣，完全沒有警覺到大敵當前，大難將至。

　　從雙北展開快篩以後，確診激增，重症累累，多人因染疫在家猝死，才發現所謂超前部署純是大話與空話，沒有部署更接近事實。

　　根據常識，在疫情擴大之際，一要有足夠的篩檢能量，藉以區分染疫與否，而台灣目前篩檢能力嚴重不足，現在才想到補助醫檢單位購置快速自動篩

檢儀器；二要有足夠的醫治能量，至少能做到讓不幸染疫之人在隔離環境下得到醫療照護，不致如現在要輕症病人滯留在家易感染他人，甚至猝死；最後要脫離疫情需要的讓六成以上的人接種疫苗，指揮中心在取得疫苗方面先是認為非當務之急，而在時程上一再跳票，目前仍是「只聽樓梯響，不見有人來」。

有醫師認為，目前的缺篩檢、缺病床、缺疫苗，是因為指揮中心缺德，甚為貼切。台灣有一年多的時間，在不缺資源等有利條件下，可為對付嚴重疫情而整備，真正考驗到來，卻一敗塗地，期間自大自滿，一戳就破，許多人無辜枉死，更多人生計受損，誤國誤民，像極了義和團。

疫情爆發以後，只見指揮中心仍然大耍官威，似乎三缺都不存在，對自身已淪為失職無能與霸道的形象毫不自知，「爾俸爾祿」來自託付你們的人民，「好官我自為之」將為民眾所唾棄。大敗的指揮官鞠躬下台是最好的選擇。

空話治國　天堂變煉獄

2021 年 5 月 30 日　星期日

　　一二〇年前的辛丑年，清廷簽訂喪權辱國的辛丑和約，起因是聽信扶清滅洋的義和團，妄與多國宣戰，引來八國聯軍，迅速潰敗而求和，被迫簽訂城下之盟。

　　義和團善於裝神弄鬼，自稱能引來天兵天將，刀槍不入，如果是真實的，豈能不百戰百勝，最後證明一切都是假，禍國殃民不淺。

　　新冠疫情爆發之際，回頭看中央疫情指揮中心作為，似曾相識。過去十幾個月，靠著人民警覺性高，多遵循指揮，在公共場所戴口罩，並勤洗手，確診與死亡人數低，對照歐美等先進國家疫情肆虐，台灣有如人間天堂。

　　這景象在指揮中心將航空機組員檢疫時間放寬後破滅；機師趴趴走及防疫旅館疏忽，讓變異病毒找到破口長驅直入；無法蓋牌下，確診人數大增，疫情爆發至今造成九十九例死亡，遠超當年 SARS 紀錄，三級防疫警戒不得不延長，雙北更超前部署，為升四級預作兵推。

　　一年多來，疫情指揮中心幾乎天天全國聯播，一方面沉醉在防疫模範生光輝，一方面奢言超前部署，老神在在之樣，完全沒警覺大難將至。從雙北快篩後，確診激增，多人因染疫在家猝死，才發現超前部署純是空話。

　　根據常識，疫情擴大要有足夠的篩檢能量，台灣目前篩檢能量嚴重不足，大學與中研院更主動請纓想贊助 PCR 設備；二要有足夠醫治能量，不像現在輕症在家猝死；最後，指揮中心在取得疫苗方面，先是認為非當務之急，在時程上一再跳票，目前連民間宗教團體或企業更主動想購捐疫苗，政府仍強調「中央統籌」，不食人間煙火。

疫情爆發以後，只見指揮中心仍大耍官威，要求「三個一致」、「中央統籌」，「爾俸爾祿」來自託付你們的人民，如只是「好官我自為之」，這讓支持您們的廣大民眾，情何以堪。

　　　　　　　　　　本文刊載於 2021 年 5 月 30 日「聯合報」民意論壇

天災與人禍　換將不容再拖

2021 年 6 月 6 日　星期日

　　民國九十八年「八八水災」，由於颱風莫拉克侵襲台灣挾帶破紀錄的降雨量，重創南臺灣，包括高雄山地小林村滅村，共造成 681 人死亡、18 人失蹤，直接導致劉兆玄內閣於同年 9 月初宣布總辭，為天災及後續救援未能盡如人意擔負政治責任。

　　台灣自五月初轉惡的新冠疫情，每日確診與死亡人數節節上升，三級防疫警戒解封遙遙無期，對民生經濟的傷害，將遠遠超過「八八水災」，是很明顯的人禍，但主事者似仍老神在在，每天在記者會中照唸冰冷數字，卻拿不出具體解決辦法。

　　當美國在川普前總統為去年底大選刻意淡化與掩蓋之下，成為新冠疫情最嚴重國家之時，去年四月首先傳出華盛頓州長照中心群聚疫情，讓三分之二的長照民眾與數十醫護人員染疫，三十五人死亡，指出長照中心是防疫的極端脆弱點，需要特別警戒；到今年五月十三日，據統計全美有約三分之一，十八萬餘人，染疫死亡案例發生在長照中心，美國疾病防治中心於今年一月訂定長照中心防疫指南，特別將其列為防疫重點；而據紐約時報報導，自去年十二月底被列為重點施打疫苗後，到今年二月初，僅一個多月期間，長照中心染疫確診與死亡各減少了約五分之四與三分之二，改善程度遠比尚未普遍接種疫苗的一般民眾高。

　　美國的例子告訴我們，長照中心年長者是染疫死亡最高等級風險群，但在接種疫苗後得以大為紓解；反觀台灣此波疫情，與世界其他地區同樣，絕大多數染疫死亡者多發生於高齡族群，而長照中心也淪為重災區。

　　由一年多來，全球逐漸對新冠病毒的了解，長照中心是超高風險區已成為常識，但台灣防疫指揮中心似乎見不及此，在五月中前，手握極有限的疫苗，

還開放給民眾自費施打，到此波疫情爆發，才匆匆喊停，至今還沒有將長照中心施打疫苗順序提高。

　　現代資訊發達，各國防疫經驗都被廣為報導，有很多值得借鏡的地方，防疫指揮中心卻似乎總是自以為是，在開大門引病毒入關後，抗疫整備又遠遠不足，闖了大禍後，還不知亡羊補牢，讓人氣結。

　　約兩千兩百年前，長平之戰中秦國大敗趙國，成為戰國形勢轉折點，經此一役，六國皆不再有力單獨對抗秦軍，四十年後，秦滅六國。長平之戰趙國主將是趙括，長平之戰前，趙括之母上書趙王，說趙括不足為將，然而趙王不聽，終至大敗；台灣防疫指揮在上半場坐享高水準民眾主動記取 SARS 教訓配合防疫下，成為模範生光環之後，昧於世界大勢，讓台灣防疫成為國際媒體笑柄；在各界撤換領軍大敗的指揮聲中，執政者如果只知以現在不是檢討時候搪塞，防疫之戰恐成為現代長平之戰。

解盲在即　疫苗審查寒蟬效應？

2021 年 6 月 10 日　星期四

　　中研院院士陳培哲日前被爆料已在五月底辭去食藥署國產新冠疫苗療效評估方法專家會議委員一職，對於某名嘴揭露他為疫苗審查委員身分，陳培哲感到相當不解，他說，為了保持客觀公正，食藥署不會對外公布疫苗審查委員名單，但為何有人拿到名單，還對外爆料「請辭閃人」，「這確實相當奇怪，值得深究背後動機」。

　　擔任中央公部門重要案件審查，是屬於「錢少、事多、責任重」的工作；在公正廉明的政府機關，重要審查案除少部分內部人員，邀請審查委員多具專家身分，越重要案件，專業與公正性要求越高，通常要做到讓同儕無話可說；同時審查委員一般不支審查費。而出席費之支給，以每次會議新台幣二千五百元為上限，因此有足夠資歷的委員多在諸事繁忙之際或以職責所在，或義不容辭接下審查工作。

　　另一方面，也常見政府單位為施政方便「打假球」，找一些雖專業但好講話的審查委員背書；食藥署當初能延攬如陳培哲這樣重量級而敢言的專家擔任委員，顯示專業掛帥，否則也不須多位政治人物預告結果及強力推薦。但如此鋪天蓋地的壓力陷審查委員們於兩難，不通過國產疫苗審查是冒政治的大不韙，即使本於良知從專業立場通過公信力已大損，「欲速則不達」，「愛之反而害之」，值得未來政治人物警惕。

　　正如陳院士所說，為了保持客觀公正，政府機關不會對外公布審查委員名單，在此疫苗二期臨床即將解盲的敏感時刻，為何有人能拿到名單，還對外爆料，動機可疑，是想造成寒蟬效應，讓人不敢講真話嗎？

　　陳培哲院士因擔心疫苗審查委員會難以秉持獨立性及專業性而請辭審查委員，評論國產疫苗是「有道理才講的」；某名嘴指控陳院士為疫苗審查委員之

一，發言違反專業倫理，「東窗事發」而請辭閃人，純屬無的放矢，也由審查小組召集人鄭重澄清：「保密範圍為會議討論內容和決議，陳培哲表達個人觀點，不至於涉及法律問題。」

對於審查委員身分及意見保密，一般是有高度默契，也是常識；另據法務部文書處理手冊（文書保密規定），即使一般保密事項都不應加以洩露，何況是正在審查中的疫苗審查大事，否則即觸犯（公務機密保密規定），應當予以嚴加追究。

本文刊載於 2021 年 6 月 10 日「聯合報」民意論壇

同島一命　靠疫苗救命

2021 年 6 月 28 日　星期一

　　台灣經這一波新冠病毒肆虐迄今，已有一萬四千多人確診，六百多人喪生，三級警戒期將至少持續八周，嚴重影響經濟民生，讓國人慘受病毒要命又要錢的荼毒。

　　台灣防疫的最大短板，當然還在有希望控制疫情的疫苗取得與施打嚴重落後；根據聯合報統計，除了美日捐贈給台灣的四七四萬劑疫苗以外，台灣還自行採購二九八一萬劑，但截至六月廿六日，自行採購加上美日捐贈的數量，總到貨量為四八五點六六萬劑。而國產疫苗部分，高端於 EUA 審查中，聯亞也才公布二期臨床期中報告。由於尚無確定完成三期實驗，遑論解盲日期，是否達標也有高度不確定性；雖然政府已向高端與聯亞各訂購五百萬劑，目前頂多只能當作無奈情境中救命之用。

　　因此到目前為止，扣除國產疫苗，台灣連外購與美日捐贈一共二四五五萬劑，如照一般估計，要脫離疫情，以台灣二三五○萬人七成每人二劑，共須三千三百萬劑，所以尚缺約一千萬劑；近日喜見鴻海集團、台積電與慈濟各擬捐贈五百萬劑，如果成真，可補不足。但不管政府採購或捐贈，到貨日期是關鍵，以政府年來幾度奢言，屢屢跳票，十月底前達成施打六成民眾目標，並不樂觀。

　　以簡單算數計算，指揮中心曾宣稱如有足夠疫苗規劃每周施打一百萬劑，到十月底也只足讓八百萬人打二劑，也就是加總只有約三分之一國人接種兩劑。如今破壞力更大，傳染力更強的 Delta 變異株已侵門踏戶，觀諸施打疫苗比率超高的英國與以色列都窮於應對此強大病毒，怎不讓人憂心忡忡。

　　如果台灣到十月底還不能解除三級警戒，整個社會將難以承受龐大的人命與生計損失。歐美生產疫苗，何時到貨是未定之天，最樂觀也是緩不濟急，

現時我們必須嚴肅考慮經世界衛生組織認證的兩種大陸產製疫苗；根據公開資料，大陸在境內從去年底迄今已施打十一億劑，而目前更加速每天施打超過兩千萬劑，由於是利用以往世界公衛界熟悉的病毒滅活或減活技術，安全性較高，雖然一般認為有效率略遜於歐美生產疫苗，但確能有效控制疫期也是事實，同時所有經世衛認證的疫苗至少都足以救命。

如果拋開意識形態束縛，在國台辦已多次表達願協助台灣取得疫苗下，政府正好順水推舟，對岸口口聲聲「同文同種，血濃於水」，說不定可「震」出美、日為戰略部署提供足夠疫苗，也可藉此測試對岸誠意，緩解現在劍拔弩張的緊張情勢，或可成為兩岸關係否極泰來的契機；須知兵凶戰危，生命財產損失將為最不利疫情百十倍。

死生大事也，人命關天；所謂超前部屬就是要考慮最險惡的情況，凡事不如救命急，政府至少要以確保及時取得陸產疫苗為備案，在萬一疫情失控之緊急狀態，化解危機，才不負選民所託；否則誤國誤民，莫此為甚。

本文刊載於 2021 年 6 月 28 日「聯合報」民意論壇

疫苗接種後嚴重不良事件不容蓋牌

2021 年 7 月 11 日　星期日

　　新冠病毒在台肆虐以來，由於疫苗短缺，患寡又患不均，造成各種亂象，人心惶惶，搶打殘劑如百米賽跑，讓人哭笑不得。

　　雪上加霜的是，目前政府掌握的七百餘萬劑疫苗中，有過半數是 AZ 疫苗，據 7 月 8 日衛福部疫苗接種統計資料，累計接種約兩百萬劑 AZ 疫苗，疑似疫苗接種後嚴重不良事件達八四八件，其中死亡達三四三人，與之相較，接種莫德納疫苗約一百一十萬劑，疑似疫苗接種後嚴重不良事件為五十三件，其中死亡八人，因此以比例而言，疑似疫苗接種造成死亡人數，AZ 疫苗是莫德納疫苗的二十三倍多。

　　由於 AZ 疫苗是最初施打的疫苗，每天造成十人以上的死亡，防疫指揮中心總以接種者年紀大，或有慢性病解讀，虛應故事，其實已讓人疑問重重，有莫德納疫苗接種對照組後，足證大有問題。因此當務之急是釐清施打 AZ 疫苗所以致死率超高的原因，豈料 7 月 9 日衛福部疫苗接種統計資料，不再有疫苗接種後不良事件通報，恐有蓋牌之嫌。

　　自五月初爆發的這波疫情。由於造成確診與死亡人數急速升高，民眾對疫苗的需求如大旱之望雲霓，在政府怠政之下，到貨疫苗如杯水車薪，遠遠不足所需，此時日本捐贈的一百二十四萬劑 AZ 疫苗，於六月運抵，可謂及時雨，也造成搶打風潮，不幸的是自六月十五日起開始施打後，通報疑似 AZ 疫苗接種後嚴重不良事件頻傳，讓優先施打各類對象面臨打與不打的困難抉擇。

　　AZ 疫苗是經世界衛生組織認證對原始新冠病毒有相當效力的疫苗，但在安全性方面也不斷受到質疑，包括美國與日本，都沒有核准施打，另一方面施打 AZ 疫苗的致死率，在與有接種 AZ 國家，如德、英、法、義等比較。台灣的數字也高了數倍到十倍以上。此時此際，衛福部應嚴肅以對，針對陸續自各

國到貨疫苗是否在製造、分裝、運送、儲存甚至施打上各個環節出了差錯逐步嚴格審視；所謂「不怕一萬，只怕萬一」，人命關天，不可等閒視之，必要時，應拿出壯士斷腕精神，暫停施打 AZ 疫苗。

　　由於對於施打 AZ 疫苗高死亡率的疑慮，在莫德納疫苗開打前，民眾接種 AZ 疫苗意願已大幅降低，目前則遠遠落後於莫德納疫苗，這其實是理性的抉擇；另一方面，已接種第一劑 AZ 疫苗民眾，由於政府限制混打，在十到十二周到期後，面臨繼續接種第二劑 AZ 疫苗問題，此時資訊透明，讓人了解接種第二劑是否相對安全，至為重要，否則徒增疑慮與困擾。在疫苗接種統計資料中，不再通報疫苗接種後不良事件，最不可取。

再怎麼野蠻與疫苗接種亂象

2021 年 7 月 24 日　星期六

　　台北市長柯文哲在 7 月 23 日防疫記者會上表示，疫苗現在中央自己控制打，並指出前幾天台北市疫苗庫存就有二十萬劑。至於快過期的疫苗，根據市府統計，至 8 月 3 日前，約一萬三千劑。柯文哲表示，由中央聯絡各醫院造冊，再去施打疫苗，速度變慢，現在一大堆快到期的疫苗。

　　在全民視疫苗為溺水時的浮木之際，如此亂象是「天理不容」，而始作俑者就是中央政府。根據公衛常識，全球性大規模疫情要靠接種足夠疫苗才有希望控制；目前被世衛認證的六種疫苗，自去年底陸續在各地開打；台灣卻因中央防疫指揮中心的失策與私心自用，據聯合報統計，迄今到手疫苗不到九百萬劑，而且大多是由美、日捐贈，遠低於覆蓋全民百分之七十兩劑所需的約三千三百萬劑。

　　雪上加霜的是，明明有近一年的時間準備，在號稱天才的政委主持下，並不複雜的公費疫苗接種預約網路平台於台灣開始施打疫苗三個月後，遲遲於六月中才上線；因為又與原先預約接種系統沒有銜接，屢屢出包，造成各種亂象。據報載「原列第七類優先施打對象的基層工作人員，因預約平台出現後，形同被放生。而第二類的官員倒是愈打愈多。」同時已接種第一劑 AZ 疫苗民眾，以為政府會在十周到期前通知，卻不知也需經過預約平台，接近到期後才發現平台已經關閉，慘被丟包，由於不明白第一劑效期能撐多久，有浪費之虞。

　　民進黨在野時，曾嘲諷國民黨立委通過許多未達共識的法案，喊出「再怎麼野蠻」口號，選舉時也收到一時效果，執政後，反而真正讓人領受到什麼叫野蠻。

　　就字面直接解釋，野蠻就是放縱強橫，不通情理；首先是一意孤行迅速通

過未得到國際認可在三期人體試驗未完成前高端疫苗的緊急授權，並以高價預購五百萬劑，欲以全民當白老鼠來接種；而以現有進口疫苗接種而言，台灣獨創高達十類優先施打對象，其中第二類中央及地方政府防疫人員，第四類維持國家安全正常運作之必要人員，由於是黑箱作業，標準不明，最有爭議，光從浮上檯面的，包括第二類的行政院負責網軍作哏圖的機要丁怡銘，第四類的研製空軍教練機與維修戰機的民營漢翔公司員工上千人，可一窺其浮濫與不公。

　　台灣目前防疫的根本問題，是疫苗嚴重不足，在患寡問題解決之前，最重要的是不能不公，另一方面，要迅速補正有了預約平台反而造成施打變慢，甚至讓稀缺的疫苗過期導致浪費，以及引致放生、丟包等缺失；如果長期讓人民感覺「有政府，不會做事」，「再怎麼野蠻」，下次選舉必會「加倍奉還」。

再怎麼野蠻也不該放疫苗過期

2021 年 7 月 25 日　星期日

　　柯文哲日前爆料，疫苗接種由中央主導速度變慢，現在北市剩一堆疫苗快到期。全民視疫苗為溺水救命浮木時，如此現象真是「天理不容」。

　　民進黨在野時，曾嘲諷國民黨通過許多未達共識法案，喊出「再怎麼野蠻」口號，選舉時也收到一時效果；不想執政後，反而真正讓人領受到甚麼叫野蠻。

　　就字面解釋，野蠻就是放縱強橫，不通情理。疫情嚴重警戒升三級時，突然發現沒有足夠疫苗，只寄望二期未解盲前的國產疫苗，「護航」並高價預購，執意以全民當白老鼠；如今有進口疫苗，台灣又獨創高達十類優先施打對象，其中第二類中央及地方防疫人員，第四類維持國家安全正常運作之必要人員，猶如「黑箱作業」最有爭議，光從浮上檯面的，如第二類行政院機要人員，第四類研製空軍教練機與維修戰機的民營漢翔公司員工，即可一窺其浮濫與不公。

　　目前防疫的根本問題，是疫苗嚴重不足，在患寡問題解決前，最重要的是不能不公；另方面，要迅速補正施打變慢，甚至讓稀缺的疫苗過期導致浪費，才不致發生放生、丟包等缺失。如果長期讓人民感覺「有政府，不會做事」，「再怎麼野蠻」，下次選舉選民必會「加倍奉還」。

本文刊載於 2021 年 7 月 25 日「聯合報」民意論壇

防疫關頭勿繼續讓鬼拿藥單

2021 年 8 月 14 日　星期六

　　台北市由於疫苗短缺，副市長坦言自即日起到二十三日，等於有十天時間，大量接種疫苗出現空窗期，在全球疫情吃緊，全民企盼儘早接種疫苗以度過難關之際，台灣公衛首善之區竟無疫苗可打，防疫前景堪憂。

　　民間對遇事所託非人，導致嚴重後果有「請鬼拿藥單」的說法，也是有如請大夫到家裡看病開藥，如果不幸託負「鬼」取藥，「藥到命除」是可想而知的比喻；台灣的防疫總指揮，近期所作所為暴露出其缺乏專業，顢頇卸責，並且不知反省的重大缺失，如果繼續讓其指揮防疫，將是重大災難。

　　這波疫情從五月中防疫三期警戒施行以來，僅是染疫已要了約八百條人命，施打疫苗致死又奪去六百多人生命，血跡斑斑。所以至此，可歸咎於防疫指揮失誤連連，先沉浸於先前虛幻的「防疫模範生」光環，在即使外國媒體於年初起均紛紛警告台灣超低疫苗施打率，必導致未來爆發慘重疫情之時，仍漫不經心；一旦更犀利毒株入侵，惜篩如金的蓋牌法失靈後，才發現防疫部署嚴重落後，枉送許多寶貴生命，再加上疫苗嚴重短缺，全民陷於恐慌之中，經濟民生遭到重擊，災情慘重，迄今已達三月之久。

　　在疫苗方面，指揮中心先打錯如意算盤，一方面希望能繼續如五月前太平度日，一方面享有積極扶持「國產」疫苗美名，對進口疫苗一直消極以對，在無情病毒進擊後，變得騎虎難下；對於民間以捐贈方式採購，先宣稱「民間買不到疫苗」，冷眼相待，慘遭打臉之後，才勉強放行，仍耽誤了寶貴「救命」時間；如今在疫苗空窗期，迅速以「護航」方式通過未完成三期實驗的高端疫苗 EUA，在疫苗有效率以及是否能與世界衛生組織核准的疫苗混打數據兩缺之下，匆匆上陣，以全民做白老鼠；猶憶當初陳時中極力反對篩檢，主要理由是可能有偽陰結果，導致已染疫之人仍放心「趴趴走」；同樣邏輯，如果打了

高端疫苗保護力不高，豈非有同樣問題；而綠營側翼反在營造打高端才愛國的氛圍，令人瞠目結舌。

在顧頇卸責方面，「三加十一」是這波疫情防疫破口，是近年美國領導「抗中」大環境下對台灣相當友善的西方媒體幾乎「口徑一致」的看法，在可謂「鐵證如山」之下，陳時中可以由「沒有主持會議」、「沒有會議記錄」、「會負責任」轉到「三加十一非破口」所以可以不負責任，也讓人嘆為觀止。

在台灣民俗中，七月是鬼月，全民對防疫並沒有請現今信用已完全破產的指揮官掌舵，目前已到不容其繼續「屍位素餐」而「誤國誤民」的時刻。

防疫關頭　勿再請鬼拿藥單

2021 年 8 月 18 日　星期三

　　台北市由於疫苗短缺，副市長坦言自即日起到廿三日，等於有十天時間，大量接種疫苗出現空窗期。在全球疫情吃緊，全民企盼盡早接種疫苗以度過難關之際，台灣公衛首善之區竟無疫苗可打，防疫前景堪憂。

　　這波疫情從五月中防疫三期警戒施行以來，僅是染疫已要了約八百條人命。所以至此，可歸咎於防疫指揮失誤連連，先沉浸於先前虛幻的「防疫模範生」光環，在即使外國媒體年初起均紛紛警告台灣超低疫苗施打率，必導致未來爆發慘重疫情之時，仍漫不經心；一旦更犀利毒株入侵，惜篩如金的蓋牌法失靈後，才發現防疫部署嚴重落後，枉送許多寶貴生命，再加上疫苗嚴重短缺，全民陷於恐慌之中，經濟民生遭到重擊，災情慘重。

　　在疫苗方面，指揮中心先是打錯如意算盤，一方面希望能繼續如五月前太平度日，一方面享有積極扶持「國產」疫苗美名，對進口疫苗一直消極以對，在無情病毒進擊後，變得騎虎難下；對於民間以捐贈方式採購，先宣稱「民間買不到疫苗」，冷眼相待，慘遭打臉之後，才勉強放行，仍耽誤了寶貴救命時間。

　　如今在疫苗空窗期，迅速護航通過未完成三期實驗的高端疫苗 EUA，在疫苗有效率以及是否能與世界衛生組織核准的疫苗混打數據兩缺之下，匆匆上陣，以全民做白老鼠。猶憶當初陳時中極力反對篩檢，主要理由是可能有偽陰結果，導致已染疫之人仍放心「趴趴走」；同樣邏輯，如果打了高端疫苗保護力不高，豈非有同樣問題；而綠營側翼反在營造打高端才愛國的氛圍，令人瞠目結舌。

　　在顢頇卸責方面，「三加十一」是這波疫情防疫破口，是近年美國領導「抗中」大環境下對台灣相當友善的西方媒體幾乎「口徑一致」的看法，在可

謂「鐵證如山」之下，陳時中可以由「沒有主持會議」、「沒有會議記錄」、「會負責任」轉到「三加十一非破口」所以可以不負責任，也讓人嘆為觀止。

民間對遇事所託非人，導致嚴重後果有「請鬼拿藥單」的說法，也是有如請大夫到家裡看病開藥，如果不幸託付「鬼」取藥，「藥到命除」是可想而知的比喻；台灣的防疫總指揮，近期所作所為暴露出其缺乏專業，顧預卸責，並且不知反省的重大缺失，如果繼續讓其指揮防疫，將是重大災難。

本文刊載於 2021 年 8 月 18 日「聯合報」民意論壇

塔綠班防疫　失政不問責

2021 年 10 月 12 日　星期二

今年八月底阿富汗神學士（也譯塔利班）政權趁美國倉皇撤軍之際，捲土重來。神學士政府在二〇〇一年因庇護「九一一」事件首謀賓拉丹被美國出兵推翻前，以扭曲的古法教律治國，如不准婦女上學、婦女出外只能露臉、公開施行斷手斷腳酷刑等，讓「塔利班」成為以意識形態治國，橫行霸道政府的代名詞。

最近坊間以塔利班諧音「塔綠班」謔稱民進黨政權，配以大家熟悉的廣告曲調所譜的歌謠，風行一時，除了有趣以外，也相當程度反映當前執政黨本質。

即以攸關大眾生命與生計的防疫來說，政府在疫苗取得、確診篩檢、醫療整備、疫苗施打等方面，處處都顯得荒腔走板。防疫無方所暴露的缺失，無一不是民間有識之士早就聲嘶力竭地提醒，但見指揮中心從來就置若罔聞，我行我素，有時見了棺材還不落淚，不思反省，枉送許多人命，影響數百萬人生計。對策除了鎖國之外，就是過分限制民眾活動自由，或撒錢平息部分民怨，完全不見前瞻部署跡象。

廣泛施打有效的疫苗是終止疫情不二法門，是基本常識，而台灣在疫苗取得上遠遠落後；到今年五月中，因為「三加十一」破口，造成疫情大爆發，才在延誤一個多月後，勉強同意民間企業與慈善團體緊急採購一千五百萬劑BNT疫苗，現今若不是這批疫苗源源穩定到貨，在全球「防疫韌性排名」已落居接近末座的台灣，將置於何地。而早該鞠躬下台的防疫指揮官，仍每天自拉自唱「五漢廢言」，民主國家的問責制，蕩然無存。

再看疫情篩檢，指揮中心自始「惜篩如金」，在較強毒株入侵，造成大規模確診，不得不進行篩檢之際，「蓋牌」迅速破功後，仍大耍權威，強拆金門

縣政府在機場所設檢疫站，同時遲遲批准自用快篩試劑，極為荒唐。

　　在疫苗仍嚴重短缺之際，施打順序又是毫無邏輯章法可言，首創八類優先施打對象本已多含不公不義；同時罔顧效率，讓許多人第一劑莫德納打完超過三個月，卻等不到第二劑。而為順應民進黨派系壓力，竟可一夕改變方針，讓自認為其票源的十九至廿四歲年輕人優先施打，而讓每日在外奔波的服務業青壯年族群施打無門，是赤裸裸的遷就一黨之私，連遮掩都不屑。

　　在一個正常的民主國家，政府至少要能聽到民眾的聲音，有所回應，對失政勇於問責，從一年多來政府防疫措施的種種來看，台灣很難可稱為一個正常的民主國家，塔綠班防疫，僅是冰山一角。有人說：「民主是自作自受」，為了不容塔綠班繼續橫行霸道，台灣人民必須覺醒，才能在下次大選中撥亂反正。

　　　　　　　　本文刊載於 2021 年 8 月 18 日「聯合報」民意論壇

時事針砭

　　發表對台灣高等教育、中台兩岸關係、藍綠黨爭等時政觀
點與評騭，並藉烏俄戰爭及裴洛西訪台等國際互動省思台灣軍
事與國家安全。部份文章以投文「聯合報民意論壇」方式展現
公民對台灣社會的關注與力量。

潘文忠辭職文……
滿紙荒唐言　一把辛酸淚

2018 年 4 月 15 日　星期日

　　看到教育部長潘文忠辭職獲准消息，以為他不願繼續「傷天害理」，後來再看到潘發表近千字請辭聲明，只能以《紅樓夢》名句「滿紙荒唐言，一把辛酸淚」形容。

　　潘在聲明中說：「遴委會及校務會議對各項爭議的處理，或以模糊帶過，乃至以擱置方式不處理；而當選人面對各項爭議則選擇不對外界公開說明，任憑疑義蔓延，不但延緩校長聘任時程，更造成教育與社會的紛擾，這已經衝擊了社會對教育以及台灣大學校長的期許，這是令我最深感遺憾的。」

　　事實上是，遴委會在教育部無理要求下，再召開冗長會議，由身為遴選委員的教育部次長主導議題下，得到「毫無疑義」的結論；台大也配合教育部要求召開臨時校務會議，認為校長遴選是遴委會職責，而擱置所有質疑的議案，同時在部分師生見大勢已去，運作流會，以致無法通過「要求教育部依法行政，盡速聘任校長」提案，立場再明白不過。豈如潘所說「對各項爭議的處理，或以模糊帶過，乃至以擱置方式不處理」，強詞奪理；而要求當選人面對「莫須有」的指控，公開說明本人清白，豈非滑天下之大稽。

　　教育部以意識形態掛帥，刻意「延緩校長聘任時程，更造成教育與社會的紛擾，這已經衝擊了社會對教育以及台灣大學校長的期許」，反而變成最令潘深感辛酸遺憾，顯示其毫無是非觀念，真所謂「假睡的人叫不醒」。

　　潘滿口「依法行政」、「尊重大學自治、學術自由，是我們堅守的信念，而實踐這些信念必須建立在誠實、法治的基礎上」，但面對台大校長遴選案，帶頭違法枉法，矛盾百出，造成對「大學自治、學術自由」的深重打擊，潘幾曾誠實，幾曾講求法治，反以受害人自居，倒令人為其悲哀。

潘文忠辭職不足惜，但臨去還發表一篇混淆視聽的聲明，而行政院長賴清德更也無識的要管院士出面自清，讓人對台灣教育未來更為憂心。以這兩年的經驗，民進黨政府作為，「沒有最差，只有更差」。

　　　　　　　　　　本文刊載於 2018 年 4 月 15 日「聯合報」民意論壇

全盤皆輸的高教學費政策

2021 年 7 月 2 日　星期五

　　日前台北高等行政法院就三所私立大學向教育部申請調漲二○一八年學士學雜費遭否准，提告撤銷原處分，判三校勝訴；法院認為，教育部否准理由未指明具體的情事，指摘並不明確，而且既然認為三校學雜費使用情況，以及調整理由有說明不足之處，未給三校補充說明，直接否准申請，已違法，有裁量怠惰之虞。

　　這項判決對台灣高等教育具有指標性的意義；關心國內高教人士，都了解如提告大學校長表示：大學學費凍漲近廿年，早已趕不上物價，調漲學費有其合理性，也屬大學自治範疇。教育部管控各大學調整學費一向要求各校先與學生溝通，擬調漲的學校自然盡力而為，但常遭以「溝通不足」等理由回絕。

　　大學學費凍漲事實上是台灣高教普遍的沉疴；長年以來，政府對高等教育的投資，並未因學生人數的增加，而相對成長。而教育部對公私立大學學費都嚴格管制，以致近二十年來學費幾乎未曾調漲。根據教育部的資料，公元兩千年迄二○二○年，公立大學平均學費漲幅共約百分之十三，也就是每年不到百分之一，而私立大學則更低。相對於許多先進國家，台灣的大學學費偏低，同時如美國二○○三－二○一三年間，大學學費平均共調漲約百分之八十，遠高於其物價指數增幅。大學經費與其競爭力有相當的正對應的關係，而台灣的大學在學術指標以及世界排名表現均不理想，也相當程度反應了經費成長落後的情況。高品質的高教昂貴，適度反應成本其理甚明。在政府財力無法充分支援情況下，對學費的管制，尤其需要解除，才有可能維持在世界舞台的競爭力。

　　台灣的大學學費，即使考慮平均收入，也要比先進國家低很多；低學費政策，無法反應教研成本、有害教研品質與競爭力，降低大學與大學生素質。尤其讓人嘆息的是不受家長與學生珍惜，延畢風行，空耗薄弱的大學資源。同時

另一奇異現象是，私立大學學費約為公立大學的一倍，而根據多項資料顯示，私立大學學生來自中低收入戶的比率遠高於公立大學，是相當嚴重的「反分配」社會不公現象。教育部的高教學費政策，一方面是由於保守心態積習，很大一部分是受到民粹氛圍的影響。超低學費政策，無法反應教研成本，而遷就均貧社會氛圍。

以低資源的社會主義國度心態經營高教，導致有益社會民生的優質高教進步停滯，一般大學，士氣低迷，後段班大學，招生困難，學位貶值，面臨倒閉危機，可謂沉苛甚深，亟待整治。一項強制執行的政策，沒有贏家，不僅是怠政，堪稱虐政；教育部在敗訴後，應從善如流，調整學費政策，是撥亂反正的第一步。

兩岸戰爭其實不是選項

2021 年 8 月 23 日　星期一

最近阿富汗政府從「兵敗如山倒」到總統出亡，首都喀布爾守軍不戰而拱手讓人，前後不過十天光景；陷於絕望的阿富汗人，緊抓美國撤離飛機支架不放，從空中掉落慘死之照片與影片呈現在世人眼中，讓人不禁想起一九七五年，美國「西貢陷落時刻」悲劇場景；由於阿富汗與越南都是在美國支持下，與敵對勢力長期鏖戰，與現今中美台三角關係上有其相似處，因此在台灣多有「今日阿富汗，明日台灣」論述。

兩岸關係當然與美國扶持的阿富汗與越南政府對神學士與越共大不同；目前台灣貿易對大陸依存度高達百分之四十三，去年順差超過八百五十億美元，據估計有百萬台商，約兩百萬台灣同胞在大陸生活，而他們是自由選擇較好機會而非被迫出走；合理的看法是在中美針鋒相對劇烈競爭的大架構下，如果不是我方刻意挑釁，大陸在中、短期內無心也無力空出手來解決統一問題。同時我們也不應刻意忽略大陸即將成為世界第一大經濟體，各項建設已遠超台灣，大陸眾多人民生活從四十年前的「一窮二白」明顯改善到有超越台灣中產階級水準之勢。

由於台灣民進黨政府近年來對兩岸採取「敵中依美」政策，一方面與對岸幾乎完全斷絕「準官方」關係，一方面全面向美國靠攏，百般屈從，購買大量美製武器裝備，似乎寄望一旦台海發生戰爭，美國會派兵馳援；忽視即使美國來援，根據美國國防部和智庫蘭德公司過去多次對台海戰爭進行兵棋推演，美軍屢屢戰敗，何況美國曾對中華民國於一九四九年與一九七九年兩次丟包，讓人刻骨銘心；其在越南與阿富汗原先都打著捍衛自由民主旗號，最後不堪兵力與財力的損耗，決定一走了之紀錄也使人憂心。

蔡英文對阿富汗變局於民進黨中常會致詞表示，「台灣唯一的選項，就是

讓自己更強大、更團結、更堅定保衛自己」，問題是民進黨政府連兵役改回徵兵制都不敢碰，並在各方面壓抑反對聲音，以各種分化動作爭取選票，所以實際上是「高大空話」。美國拜登總統在辯解喀布爾逃難亂象時，甩鍋「阿富汗人不願保護自己」，如台灣年輕人不願意當兵，美國自然有充分理由在遭遇強敵時，袖手旁觀或在損耗太大時始亂終棄。更由於兩岸軍力懸殊，兵凶戰危，戰爭其實不是選項。

　　蔡政府在兩岸關係上先假設對方是急於謀我、勢不兩立的敵人。而事實上兩岸完全沒有必要因為民進黨的的敵中意識形態，弄得劍拔弩張，只要看馬英九執政八年時，兩岸三通無礙，在執政末期甚至有「馬習會」，「親美、友日、和中」三面逢源；為全民福祉，選民要睜大眼睛，下次選舉時做最好的抉擇。

公投在即……獵巫清大　操弄抗中保台

2021 年 11 月 10 日　星期三

　　上周末清華大學音樂系公演《薩勒姆風暴》歌劇音樂會，講述一場發生在十七世紀末美國麻州薩勒姆鎮的獵巫事件，鎮上主要是年輕女孩被指控為害人的女巫，由於法官兼執政官不問是否違背了自由真理，助長了小鎮盲從迷信、無理迫害的風氣，震撼全場。

　　不料隔周清大本身也捲入現代版獵巫事件。先是以「鎖定台灣高教科研成果，中共組織滲透進清大」聳動標題報導：據云：「國安單位掌握，台灣的清華大學校友會與中國廈門市政府、北京清華大學共設『清華海峽研究院』，在未經官方許可下，違法於新竹清大校內設立『清華海峽研究院新竹辦公室』，為其總部在台從事技術研發、攬才、投資等業務，涉違反兩岸人民關係條例。」接著國安會證實已有掌握，教育部則配合表示有違法，將要裁罰。

　　另一方面，清大校方表示，該研究院不屬於清大，僅透過基金會租借辦公室，校方也未參與運作。

　　國民黨立委林思銘則認為，這其實單純就是辦公空間的租用，在各校育成中心行之有年，根本沒有必要無限上綱到「挖角台灣人才」。

　　對「清華海峽研究院」背景稍有了解即知道，是當初北京清華為加強與同根同源的新竹清華合作，在廈門成立，但新竹清華校方即使在馬政府鼓勵兩岸合作氛圍下，仍格於法令，無法參與；新竹清華校友會則樂見兩岸清華密切合作，又因需要地方政府配合，因此於清華海峽研究院由北京清大、台灣清大校友會與廈門市人民政府共同簽訂組建協議，二〇一五年在廈門揭牌。「清華海峽研究院」實質上是北京清大的分支機構。

　　報載：二〇一六年，該研究院透過清華校友捐建的「自強工業科學基金會」，向清大承租校內育成中心五樓設立「清華海峽研究院新竹辦公室」。如

果知道該辦公室並無北京清華常駐人員，除由新竹清華校友擔任執行長外，僅有一、二位本地行政助理，即可推知正如林立委所說，其實就是單純辦公空間的租用。

北京清華與新竹清華在世界大學排名上，在十年前屬於同級，但由於兩岸政府支持力道的懸殊，北京清華早已躍身全球廿大內，而新竹清華則在奮力維持在兩、三百名內，如果要回溯當年楬櫫的「兩岸清華攜手合作，打遍天下無敵手」信念，目前很可能要多靠北京清華。

有趣與可悲的是，「清華海峽研究院」早就受到立法院與教育部的關注，清華也多次回函說明，目前相關單位如陸委會與教育部等，突然像「撿到槍」，升高到國安層級，讓人不能不懷疑四大公投在即，「抗中保台」大戲正在揭幕，是否仍然有用，端看選民智慧。

本文刊載於 2021 年 11 月 10 日「聯合報」民意論壇

抹黑栽紅清大　查水錶　意在寒蟬

2021 年 11 月 11 日　星期四

　　11 月 8 日綠媒針對清華海峽研究院辦公室租屋案以「鎖定台灣高教科研成果，中共組織滲透進清大」報導吹響號角：幾個月前尚對清大說明未表意見的教育部迅速「舊案新辦」，表示有違法，將要裁罰，接著國安會證實已有掌握。

　　次日，教育部、陸委會與經濟部以罕見的速度組成「專案調查小組」到清大調查，並於當晚表示發現該辦公室由清大校友捐設自強工業基金會向清大租賃，接著轉租廈門清華海峽研究院，並由該基金會代管空間，初步研判有違反兩岸條例，將請該基金會主管機關經濟部進行裁罰，最高裁罰金額 50 萬元。在視對岸為敵人之先設條件下，何患無詞。

　　緊接者，急於表功的綠營側翼也沒閒著，在立委主持下，於周三召開記者招待會，從新聞稿中，可見亟盡抹黑栽紅之能事，滿紙荒唐言，集可鄙、可悲、可笑之大成，分析起來，其卑劣的手法，包括：

一、混淆視聽：北京清大 2019 年合法來台參訪各大學、大學支持校友發展辦活動、以及大學是否參與校友所創辦的事業經營運作，是完全不同的三件事。相關團體與個人將前兩者自動連結到第三者，實屬無理構陷、抹紅鬥爭。

二、憑空捏造：利用一張新竹清華校長接待北京清華執行副校長照片，「看圖說故事」，指控清華校長與前校長陪同參訪海峽研究院，而兩人甚至連該院辦公室都未去過。

三、扭曲羅織：利用一張新竹清華前副校長參加海峽研究院揭幕式，指控新竹清華「曾為知悉或參與其中業務運作」，讕言公然說謊，跳躍式邏輯讓人嘆息。

四、誣妄誅心：根據前校長著書與部落格登載在其卸任後五年第一次參加海峽研究院活動致詞文章，期許該院能聚集兩岸人才發展一帶一路等基建，創造互利雙贏用語，無限上綱為中共同路人，並要其辭卸其專業工作，暴露出側翼「塔綠班」心態，政治立場不同，「其心必異」，完全視民主時代應有思想與言論自由於無物。

其實這正是民進黨政府淪為雙標黨的縮影；一方面自詡外貿興旺，刻意掩蓋與視為敵人的對岸貿易額節節升高，是順差的主要來源，並多仰仗台商在對岸打拼，如要無限上綱，豈不個個台商都在「資匪」，釀成嚴重國安問題。

另一方面，教育部以清大疑遭中共滲透，通令全面盤點大專院校；在兩岸交流已在民進黨政策下趨於停擺之際，大舉普查水錶，自然會造成寒蟬效應，將我方視學術交流為對方統戰以及竊取機密良機心態暴露無遺。

由綠營連續三天推出綿密的抹黑栽紅清大攻勢，應屬操弄「抗中保台」以求取四大公投勝利之一部分，希望台灣的選民能看破既壞又傻政黨的伎倆，由選票好好教訓，以正政風。

〔附錄〕國立大學校院協會暨私立大學校院協進會聯合聲明

11 月 12 日

大學的存在，是為社會探索未知，以使全體社會長期獲益，因此憲法特別賦予大學較社會各部門更大的自由保障。故政府對大學的管理，應以低密度為原則。如果嚴刑密法，大學必然動輒得咎，而其咎往往就是大學所需要的自由。若大學只能執行行政機關的意志，就失去了大學的天職。

如果因政策轉變，而將大學多年前公開合法的活動，編排入罪於今日，對大學將造成傷害。政府對於所使用的法律，必須明辨其適用性，並審慎其保留與比例原則。

政治是一時的，學術是永遠的。古今中外，學術經常不見容於一時的政治環境，那就是考驗社會是否進步、文明能否永續的時刻。過去的殷鑑俱在，因政治需要而壓迫大學，歷史證明那些壓迫都是錯誤的。擁有政治權力者要三思。

國立清華大學說明

2021/11/8

清華大學表示,清華海峽研究院為部分校友成立的服務校友之推廣教育及創業機構,向自強基金會轉租在學校的空間作為辦公室。該機構非屬清華大學,清華大學也未曾知悉或參與其中運作。

2021/11/10

清華大學重申,從未以校方立場參與或推動清華海峽研究院工作,更不可能知悉國安單位近日所稱的中共滲透情事。學校一貫清楚的原則是,支持校友發展的活動,但不參與運作。

針對經民連及台學聯今日記者會指控及提出所謂的證據,清華大學表示,海峽研究院是由校友發起組成並轉租校內空間。八九年前的兩岸交流頻繁而開放,各大學校友的跨海活動與發展本屬常見,學校在當時的支持亦屬正常。現今兩岸劍拔弩張,這些交流幾乎都已喊停。在這種氛圍之下,兩岸大學交流難以進行,如過去兩岸之間有許多交換學生,現在幾近趨零,本校也已經令海峽研究院離開學校的空間。

清華大學進一步說明,校內教授與主管經常應邀參加本校遍佈社會各界的校友所舉辦的開幕剪綵、球賽、論壇、餐會等各種活動,表達鼓勵支持校友之意,是各大學尋常的事,並不代表學校知悉辦理活動的團體或公司的營運情形或參與其中運作。這類邀請非常多,學校通常都是由校長或主管分工參加,儘量滿足校友與各界的期待。

清華大學指出,經民連及台學聯在臉書指稱「2019 年 10 月 31 北京清華副校長王希勤參訪新竹清大,就是由新竹清大現任校長賀陳弘及前校長陳力俊接待,並一同參訪清華海峽研究院」係捏造事實。當天校長賀陳弘在台北參加科技部慶祝 60 周年國際高峰論壇及歐盟代表處等公務,根本不在校內。前校長陳力俊也從未參訪海峽研究院的新竹辦公室。經民連及台學聯所稱已屬抹紅鬥爭,請其立即停止誣陷的行為,公開道歉,學校將保留法律追訴權。

前校長陳力俊也回應,幾年前的時空環境,兩岸正常交流活動頻繁,他作為校長,支持校友發展及兩岸學術交流,但未以校方的立場參與清華海峽研究院的運作,這兩者間有極大差別。他於 2014 年卸下清華校長一職,之後應校友之邀於海峽研究院的活動致詞則在 2019 年,已經是他卸任 5 年之後。

11 月 10 日

針對立委范雲辦公室提出照片，清華大學補充說明如下：

經民連及台學聯與立委范雲今日召開記者會，指稱「2019 年 10 月 31 北京清華副校長王希勤參訪新竹清大，就是由新竹清大現任校長賀陳弘及前校長陳力俊接待，並一同參訪清華海峽研究院」，本校已確認並非事實。當天校長賀陳弘在台北參加科技部慶祝 60 周年國際高峰論壇及歐盟代表處等公務，根本不在校內。前校長陳力俊也從未參訪海峽研究院的新竹辦公室。

經查，立委范雲辦公室提出的照片取自對岸清華大學網站（https://www.tsinghua.edu.cn/info/1178/29066.htm），為該校副校長王希勤 2019 年 10 月 16 日至 18 日訪台，與清華大學、台灣大學及文化大學交流所攝。北京清華參訪團是在 16 日下午約 3 點拜訪本校校長賀陳弘，雙方晤談約二十分鐘，離去之前在旺宏館七樓的電梯間，由北京清華隨行人員拍下這張照片。北京清華大學 2019 年來台，是向政府申請並經核准的合法學術交流活動。由北京清華網站可以看到，他們一行還拜訪了台大副校長周家蓓及台大醫學院，文化大學校長徐興慶。清華大學質疑，特定團體將不同時空背景的照片張冠李戴，欲入人於罪，到底有何目的？

清華大學表示，北京清華大學 2019 年合法來台參訪各大學、大學支持校友發展辦活動、以及大學是否參與校友所創辦的事業經營運作，這是完全不同的三件事。相關團體與個人將前兩者自動連結到第三者，實屬無理構陷、抹紅鬥爭，請其立即停止此類行為。

經民連在記者會上還要求曾出席過海峽研究院新竹辦公室揭牌儀式的清華大學前副校長吳誠文應退出半導體學院監督委員等所有職務，也引起參與產業的不安。力積電董事長黃崇仁目前擔任清華半導體學院監督委員會主席，他表示，半導體學院監督委員會強力支持吳誠文，外界不應該無根據地誣陷。

覆巢下無完卵　國民黨須警惕

2022 年 1 月 13 日　星期四

上周日立委補選與罷免，國民黨雙輸，延續上月公投「三連敗」。雖說民進黨動用府、院、黨、媒體、側翼、網軍「六軍齊發」，勝之不武，輾壓完勝對手則無可否認；面對橫行霸道的執政黨，既未能在公投一戰打敗民進黨昔日的「神主牌」，又在罷免有負選民所託並被厭棄的立委投票中「應勝未勝」，國民黨幾有滅頂之虞。

在最近幾場投票兩軍對峙中，但見民進黨卯足了勁，無所不用其極，充分發揮狼性，國民黨則顯得有氣無力，首尾兩端；在公投一役中，演化成「政黨對決」，但有力諸侯各有盤算，或作壁上觀，或若即若離，甚至「扯後腿」，讓本在民意占上風的議題，無法激起選民熱情，逆轉結局，讓支持者灰心喪志。

在罷免失職立委中，同意比不同意罷免票多約一萬一千餘票，少約四千票未能通過廿五％門檻，使罷免案宣告失敗。此役敗在國民黨定調是由民間人士發起，未能積極動員；反觀民進黨同樣「大軍壓境」，讓國民黨的領導孱弱暴露無遺。

在中二立委補選中，當初罷免陳柏惟固然大快人心，但有否適當人選補進，似欠考慮；顏家在當地經營多年，又有宗廟助力，仍不敵匆匆披掛上陣、本身也多有爭議的對手；期間「國家通訊傳播委員會」（NCC）放任綠媒成為「議顏堂」，連番轟炸兩個多月，雖經舉發，到選舉結束仍未做有效處理，嚴重失職。各獨立機關由民進黨總攬豈是新鮮事，應早在廟算之中，而國民黨中央配合顏家怕炒熱選情，未全力反擊，事後來看，也是一大失策。

這幾次投票中，國民黨有力諸侯，以為目前的高民調，可保年底選舉輕鬆連任，似乎忘記以往與民進黨對壘中，「殺到割喉」、「刀刀見骨」、「撇步

盡出」，屢見不鮮，「唇亡齒寒」，如果再讓同黨人士寒心，能夠慘勝已是幸運，事實上早就有人放話等著看好戲，「加倍奉還」。

在約一千八百年前東漢末年，大才孔融因得罪丞相曹操而遭殺身之禍，惟希望兩個兒子得以保全，他兒子說「覆巢之下，豈有完卵」，果然最後都被曹操所殺。國民黨當權人士應想清楚，在民進黨行政、立法、司法權一把抓，甚至把重大法案，都可仗人數優勢，逕送二讀，倒行逆施，已有為所欲為、大步走向威權統治之勢，再不振作，國內僅餘的有組織性的制衡力量將有泡沫化危機，造成災難性的後果。

有人說：「民進黨壞，國民黨笨」，雖近戲謔，不失中肯；要民進黨改弦易轍猶如天方夜譚，國民黨則必須洗心革面，面對「抄家滅族」，加緊腳步，團結無私，才有希望浴火重生，不負國人期望。

本文刊載於 2022 年 2 月 13 日「聯合報」民意論壇

俄烏之戰　翻動世界棋局

2022 年 2 月 28 日　星期一

　　自去年十二月起，俄羅斯陳重兵於俄烏邊境，主要訴求是為了阻止北大西洋公約組織（北約）東擴吸納烏克蘭，但美國與北約於一月底以書面正式拒絕俄方所有訴求。美國則於今年二月起不斷聲稱根據情資，情況已至危急狀態，歐盟領袖德法兩國領導人奔波於俄烏兩國首都莫斯科與基輔間，極力斡旋，情勢似有緩和；未料俄國先在烏東頓巴斯地區執行特殊軍事行動，俄軍隨即於廿四日對烏克蘭展開全面攻擊，這是二戰後歐陸最嚴重的戰事；何以致此？孰以至此？各方盤算如何？

　　烏克蘭危機的導火線，是烏克蘭在二〇一九年修憲，將加入歐盟與北約寫入憲法：俄人認為烏克蘭與俄羅斯在血緣文化係出同源，蘇聯解體後宣布獨立，又積極想加入北約與歐盟，有損俄國尊嚴，甚至危及安全。但進兵頓巴斯地區換來西方微弱反應，即有相當效果，仍悍然直接向烏克蘭開戰，顯然是要敲山鎮虎，逐步破解北約的包圍圈。

　　烏克蘭無疑是戰爭的苦主，面對虎視眈眈的強鄰，無視強弱懸殊，不知以小事大以智，一再觸動俄國敏感神經，而所恃的僅是歐美各國的口惠以及無關大局的援助；西方大國雖然作態逐步將烏克蘭引入北約，一旦俄國大軍壓境，首先聲明因為烏克蘭不是「北約成員國」，不會直接派兵援助，無異開門揖盜，待俄軍長驅直入，徒留苦主叫天不應，只能任憑宰割。

　　美國在此局中絕非無辜旁觀者，自蘇聯解體後，一再促成原蘇聯衛星國如波蘭、匈牙利等及多個加盟國，如波羅的海三小國加入北約，依約有軍事同盟關係，即在目前，正在波蘭距莫斯科僅一千公里地方建飛彈基地，咄咄進逼，對俄國形成包圍之勢，不招致軍力強大的俄國反彈也難。

　　美國有著悠久的入侵和干預他國歷史，顯例有伊拉克、阿富汗、利比亞

等，同時內政不修，負債超過卅兆美元，國力已不足擔任世界警察角色，但美國最有動機促使俄烏交戰，因為歐洲如有戰亂，股匯雙跌，物價高漲，資產流向美國，是能源與糧食出口大國的美國收割良機，另外可乘機凝聚已對美國霸道作風不滿的西歐盟國向心力。

歐盟領導國家法國與德國最不希望開戰，不僅兵凶戰危，而且高度依賴俄國提供的能源，前有兇悍的俄國熊，後有偽善的美國狼，但受美國慫恿，一再讓烏克蘭有逐步融入北約之勢，事到臨頭，兩國領導嘗試斡旋，終告無功，慘吞苦果。

俄烏戰爭，短期內應會以烏克蘭落敗，以某種形式稱臣，暫告一段落。長期效應則翻動世界大國博弈棋局，製造歐陸緊張局勢。台灣雖處於萬里之外，但與烏克蘭相似，都在同文同種的強鄰之側，應密切觀察局勢發展，並深切反思自處之道。

本文刊載於 2022 年 2 月 28 日「聯合報」民意論壇

像極了烏克蘭　台灣防被丟包

2022 年 3 月 17 日　星期四

　　看兩個人像不像，如果沒有人比他倆更像，那就是像極了。在世界所有國家中，與強鄰處境沒有台灣與烏克蘭更像；

一、與強鄰同文同種，

二、原屬一國，晚近才分裂，

三、原本相安無事，近年才交惡，

四、大小、軍力懸殊，

五、烏克蘭／台灣均有反俄／反中民粹政府，極力打壓反對聲音，對方則有極權政府，

六、本來都有在東西方「左右逢源」的機會，近年被民粹消磨殆盡，

七、兩地民粹的底氣，來自寄望於沒有同盟關係的外援，烏克蘭已慘吞苦果，

八、兩地都有唯恐天下不亂的美國在後撥弄：俄烏戰爭進入第三週，已見能源糧食以及各種基本物資價格大漲，歐元貶值，原本與美在對俄立場若即若離的歐盟大國，迅速歸隊，美國「軍工複合體」在販賣軍火上大行其道，拜登政府在對俄強硬但不出兵立場獲得選民認同，並贏得認知作戰，促使聯合國大會通過譴責俄國，可謂成果輝煌。

　　由此觀之，台海如有戰事，本就一意打壓中共「大國崛起」的美國，安處萬里之外，如俄烏之戰的紅利固可照單全收，說不定還可大大打擊中共銳氣，可謂一本萬利，穩賺不賠，一向力行「霸權政治」的美國，怎會不見獵心喜，極盡挑撥之能事？

　　另一方面，台灣或尚有機會扭轉乾坤，主要是台灣「不自由的民主」以及人均所得仍較大陸佔有優勢，台灣藍綠陣營難得地都有要本地居民同意才與對

方談統一的共識，而大陸以「和平發展」為優先，只要維持清醒，不致弄得戰火烽起，生靈塗炭。

以綠營來說，很明顯喊獨立是玩假的，否則府、院、黨、側翼、媒體、網軍「六軍齊發」，可能弄假成真，導致兵凶戰危，成為如烏克蘭執政黨一樣的罪魁禍首，缺乏中心思想的藍營除了認同中華文化或有「大中國」情懷外，則毫無統一的本錢甚至願望：如果大家能體認中共在實力未足之際，無意在危及「大國崛起」努力下，急於在中短期解決台灣問題，台灣政客以蒼生為念，儘可在民生經濟議題上做良性競爭，克制以口號迷惑大眾，換取短期政治利益，則庶幾能化險為夷。

一如預測的，俄烏之戰交戰雙方與歐盟是大輸家，美國是唯一贏家。從地緣政治上來看，自詡為「善霸」的美國，儘管本身問題叢生，決不會輕易甘於失去「獨霸」地位，因此可以預期會持續在台海製造緊張，如果得到台灣政府的充分配合，讓大陸沉不住氣，則西方得以其侵略為口實，發動如俄烏戰爭對俄國的大規模制裁，而無視台灣戰場飽受戰火摧殘。滿目瘡痍：以美國多次在世界各地「丟包」的紀錄，以史為鑑，今後台灣人民必需要睜大眼睛，不容繼續為美國馬前卒，而陷自身於萬劫不復的地位。

本文刊載於 2022 年 3 月 17 日「聯合報」民意論壇

雙標政府　人民無所適從

2022 年 4 月 9 日　星期六

　　蔡英文總統因在四月四日與新冠肺炎確診者一起用餐，照防疫中心規定，即使初步採檢陰性，將居家隔離到十四日，再加上七天自主健康管理，到二十一日才能恢復正常生活；同時居家隔離將不能與他人接觸，如果遵行，對大權在握的總統，除生活不便之外，也會很大程度的影響政務的推動，相對於近月來政府對重要外賓屢次實施的「防疫泡泡」，事前事後都越過正常防疫規範，突顯現行防疫規定的不夠周延。

　　另一方面，蔡總統在被隔離前的四月六日邀集重要官員商議防疫目標，照規定「接觸者的接觸者」須自我健康監測，由地方衛生局宣布期限為三至七天，期間避免出入人潮眾多公共場所，避免參加大型活動、外出用餐、聚餐及聚會。但指揮中心卻以蔡總統檢驗陰性為由，火速取消相關規定，讓包括陳時中本人的重要官員都可立刻到處趴趴走，使應適用於「王子與庶民」的法治精神蕩然無存。

　　同時，蔡總統於四日召開的防疫會議，邀請民進黨籍的桃園市長鄭文燦和高雄市長陳其邁與會，而未邀疫情延燒正烈的他黨雙北市長，又讓人質疑即使防疫也雙標。總統府雖以桃園與高雄為國門辯解，但基隆、新北與台中均位有國際港，府方應有更好的解釋才能化解群疑。

　　其實在民進黨當政以後，「換了位置，就換了腦袋」，「雙標黨」如影隨形；最明顯的是在執政前高喊黨、政、軍撤離媒體，如今以各種手段幾乎讓絕大多數媒體成為黨政傳聲筒或以「檢討在野黨」為專務，讓應保持中立的「國家通訊傳播委員會」獨立機關成為「御用機關」，一方面強行下架不聽話的「中天」有線頻道，又曲意維護公司治理不當情節遠為重大的「鏡電視」上架，同時以側翼與網軍打壓異議聲音，因而在去年十二月四大公投，即使在執

政前後立場做了一百八十度轉彎，仍然大獲全勝；「罄竹難書」的雙標當道，自然食髓知味，隨時可以加以運用。最近放出意欲將對其有利的「修憲公投綁大選」風聲，無視上次公投還極力反對「公投綁大選」，豈止讓人「見怪不怪」，簡直使人瞠目結舌。

　　兩千多年前，孔子就說為政之道以「信」為最根本，「民無信不立」；一個政府如果「一朝權在手，便把令來行」，雖失於鴨霸，但前後標準一致，人民尚勉可忍受，如為謀求短期政治利益，恣意雙標，導致政府信用破產，除讓人無所適從外，長此以往，更會讓社會大眾對誠信的價值存疑，上行下效，社會風氣大壞，那就真正是禍國殃民，危害深遠。

　　　　　　　　本文刊載於 2022 年 4 月 9 日「聯合報」民意論壇

以烏為鑑　台慎防被戰爭

2022 年 4 月 28 日　星期四

以色列籍歷史學家哈拉瑞（Y. Harari）於二〇一五年出版新書《人類大命運》，暢銷全球。該書開宗明義即說，人類發展至今，歷史上的「黑暗三騎士：瘟疫、戰爭、饑荒」已成過去式，頗能得到共鳴；但目前全球正陷於新冠疫情深淵中，歐陸二戰後最大戰爭開打，由於俄烏兩國皆為世界糧倉，接下來，尤其是在貧弱國家中，大規模的饑荒將不可避免，全球的未來陷入一片愁雲慘霧中，哈拉瑞慘遭打臉。

從著名歷史學家不久前還為人稱道的預言僅幾年即遭到翻轉，使人反思，過去六十多年來，實際上是和平發展時代，台灣不僅「西線無戰事」，而且在二〇一六年政黨輪替前兩岸來往頻繁，交流熱絡，也因此，台灣在世界貿易組織、世界衛生組織等國際組織「走得進去」，台灣人可在世界各地，包括大陸，自由發展；不旋踵卻被去年五月一日出刊的英國經濟學人雜誌稱為「世界最危險的地方」。

反觀台灣內部，除新冠疫情發展讓人憂心忡忡外，其他生活如常。即使四月二十日上午華視新聞跑馬燈顯示，「新北市遭共軍導彈擊中，台北港艦艇爆炸、設施、船舶損毀」發生了絕不應該有的大烏龍，似乎也沒有造成民眾普遍驚慌。這並非台灣人處變不驚，而是多認為兩岸尚不致兵戎相見，島內外看法落差極大。

常言道：「事出蹊蹺必有妖」，此妖是美國就地緣政治零和思維針對中美爭霸的產物。觀諸美國各界，包括政府，媒體與學界，近年對中國種種措施及言論，這種看法具有相當的可信度。

最近俄烏大戰，由於美國領導的北大西洋公約組織，二十多年來違背多位西方領導人信誓旦旦的諾言，不斷東擴，此番進逼到與俄國同文同種的烏克

蘭，導致俄國於二月底悍然出兵，鏖戰兩月下來，名義上美國未出一兵一卒，藉著有史以來最嚴厲的經濟制裁，與多年提供烏克蘭武器、人員訓練以及目前戰場情資，使戰情膠著，大耗俄國元氣，不論最後結局如何，美國已達戰略目的。

美國另外靠著強大的話語權影響民意，只見歐盟與德、法等國雖明知美國是唯一贏家，只有無奈地尾隨，而在美國重量級學者聲稱「只要美國保證北大西洋公約組織不接納烏克蘭，戰爭會在十五分鐘內結束」可能下，忍見烏克蘭在戰火下，滿目瘡痍，生靈塗炭，美國仍使勁煽風點火，絕不提及如何止戰。司馬昭之心，昭然若揭。美國要遏制中國，亦可能發生俄烏之戰的「台海版」，台灣人應慎防「被戰爭」。

本文刊載於 2022 年 4 月 28 日「聯合報」民意論壇

藍營桃園之亂　可以休矣

2022 年 6 月 9 日　星期四

　　桃園在目前台灣政壇是兵家必爭之地，原屬藍營大本營，由於人口結構改變，八年前原在當地大型選舉中屢敗屢戰的鄭文燦在國民黨氣勢低迷之際，當選桃園市長，因為經營得法，四年前輕鬆連任，頗有將藍天化綠地之勢；另一方面，國民黨基層實力仍在，去年十二月四大公投之役，藍營雖然在全省範圍慘敗，在桃園卻有全勝佳績，顯示今年年底市長選戰，尚可一搏。

　　毫不令人意外的，每當情勢看好時，藍營總有辦法弄得一團亂。先是經營多時身兼黨部主委的議長，因見去年底台中補選立委時，民進黨府、院、黨、媒體、側翼與網軍「六軍齊發」，硬生生讓國民黨在地長期經營之實力派原立委苦嘗敗績，知難而退，改推同派系立委出戰；同時原台北市議員羅智強以戰將之姿，展現高度企圖心，亦打算代表藍營披掛上陣，一時上演「在地」與「空降」相持不下戲碼，讓支持者大感憂心，深恐兩敗俱傷，拱手讓人。

　　由於自去年年底國民黨在新北罷免立委、四大公投與中二立委補選之役「三連敗」，全黨士氣低迷，現任黨主席落入「塔西陀陷阱」，也就是威信盡失，動輒得咎，在國民黨「內鬥內行」、不弄得「魚死網破」，決不干休的宿疾下，自然不易協調適當人選，眼看又要再嘗「親痛仇快」苦果。

　　幾乎在所有人意料之外，國民黨中央於五月十八日徵召張善政參選桃園市長；張善政曾任馬政府時期行政院長，在政府單位與民間企業歷練豐富，一般能力與操守風評甚佳，但在黨內已有兩強相爭之下，橫空出世，強勁反彈力道可以預期；果不其然，在地立委聲稱震驚與不解，不願表態支持，外來強龍在已辭去台北市議員，破釜沉舟之餘，大感失落，更以「共犯」相稱，預測「不會贏」，讓藍營支持者再度慨嘆「一手好牌打到爛」、「歹戲拖棚」，深恐「噩夢重演」。

客觀來說，張善政不僅是「能勝」人選，而且是桃園百里侯理想人選，但在藍營一向「見好個個爭先」、「捨我其誰」，吝於為人抬轎，善於「扯後腿」積習下，選情不容樂觀；所幸羅智強已宣布退選，在地立委旋即跟進，至少不致「自相殘殺」，讓平息「桃園之亂」，露出一線曙光，但相關政治人物往後的表現，仍是選舉成敗的關鍵；觀乎民進黨政府六年來各方面的作為，只能以「倒行逆施」來形容，國民黨如果不想「永遠在野」，在選舉方面反而要向民進黨學習，也就是「儘管先期廝殺激烈，一旦人選底定，必定團結一致」；目前代表藍營參選桃園市長人選已定，原欲參選人士儘管感覺委曲，是選擇放下時候了，如此國民黨才有再度執政希望可言。

藍愛互扯腿　成敗看團結

2022 年 6 月 30 日　星期四

根據聯合報六月廿九日公布針對年底選舉的民調，發現桃園市長選情戰況膠著，林智堅獲二成九選民支持，二成七力挺張善政，平分秋色。由於張善政曾任馬政府時期行政院長，在政府單位與民間企業歷練豐富，能力與操守一般風評甚佳；而林智堅在新竹市長任內雖然頗受肯定，但強推「大新竹」不成後，不惜背負「機關算盡」、「落跑」惡名，接受徵召，轉戰桃園，初步民調顯示，實力仍不容低估。同時由於仍有三成八選民未決定支持意向，未來鹿死誰手，尚難斷言。

桃園在目前台灣政壇是兵家必爭之地，原屬藍營大本營，由於人口結構改變，八年前原在當地大型選舉中屢敗屢戰的鄭文燦，在國民黨氣勢低迷之際，當選桃園市長，因為經營得法，四年前輕鬆連任，頗有將藍天化綠地之勢。另一方面，國民黨基層實力仍在，去年底四大公投之役，藍營雖然在全台範圍慘敗，在桃園卻有全勝佳績，顯示今年年底市長選戰，尚可一搏。

民進黨勇於提名爭議人選，或許是看透過去藍營每當情勢看好時，總有辦法自亂陣腳。先是經營多時身兼黨部主委的議長懼戰，改推同派系立委出戰；同時原台北市議員羅智強以戰將之姿，展現高度企圖心，一時上演「在地」與「空降」相持不下戲碼，讓支持者大感憂心，深恐兩敗俱傷，拱手讓人。

國民黨自去年年底在新北罷免立委、四大公投與中二立委補選之役「三連敗」，全黨士氣低迷，現任黨主席落入「塔西陀陷阱」，也就是威信盡失，動輒得咎，在國民黨「內鬥內行」、不弄得「魚死網破」，決不干休的宿疾下，自然不易協調適當人選，眼看又要再嘗「親痛仇快」苦果。

張善政獲徵召參選桃園市長，不失為一著好棋，但在黨內已有兩強相爭之下，橫空出世，強勁反彈力道可以預期；果不其然，在地立委遲遲不願表態支

持，外來強龍在已辭去台北市議員，破釜沉舟之餘，大感失落，更以「共犯」相稱，預測「不會贏」，讓藍營支持者再度慨嘆「一手好牌打到爛」、「歹戲拖棚」，深恐「噩夢重演」。

在藍營一向「見好個個爭先」、「捨我其誰」，吝於為人抬轎，善於「扯後腿」積習下，選情不容樂觀；所幸羅智強已宣布退選，在地立委旋即跟進，至少不致「自相殘殺」，讓平息「桃園之亂」，露出一線曙光，但相關政治人物往後的表現，仍是選舉成敗的關鍵。觀乎民進黨政府六年來各方面的作為，只能以「倒行逆施」來形容，國民黨如果不想「永遠在野」，在選舉方面反而要向民進黨學習，也就是「儘管先期廝殺激烈，一旦人選底定，必定團結一致」，才有再度執政希望可言。

本文刊載於 2022 年 6 月 30 日「聯合報」民意論壇

設立「課程碩士」值得商榷

2022 年 7 月 9 日　星期六

　　新竹市長林智堅在接受民進黨徵召,擬辭去現職,全力投入參選桃園市長前夕,突然爆發在民國九十七年獲得在地的「中華大學」碩士的「碩士論文抄襲案」,接著又被檢舉在民國一零六年獲得「台灣大學」國發所碩士的類似情事,喧騰一時,由於「台灣大學」與「中華大學」均已受理正式展開調查,真相「水落石出」應不困難,當然事關兩校校譽,必須嚴守調查的公正、嚴謹性,才會具有「公信力」,同時在時程上,或許不須如台灣大學所宣布的「兩個月」,以早釋大眾之疑。

　　根據內政部統計,民國一一零年台灣碩博士畢業生已多達一百三十萬人,如扣除博士,碩士人數約達一百二十萬人,雖不致「碩士滿街跑」,但也非「稀有物」,為何許多政治人物仍「趨之若鶩」,是一個值得探討的社會問題。最簡單的答案,可能是一般民眾仍然看重學歷,有高學歷代表「有企圖心、有能力」的迷思。

　　不知是否為了聲援,有政務委員在此際發言,認為寫論文是學術研究訓練,台灣不應該再有「碩士班一定要寫論文」這種落伍迂腐觀念。如果「不以人廢言」,確有商榷餘地。

　　「碩」有廣、大之意,「士」根據《說文解字》為「從十從一」,孔子說:「推十合一為士」,萬事始自從一到十之數,由博返約,意為有睿智之人,「碩士」的原始意義即為學識淵博之人,但由於近年來的研究所教育普及化,目前的認知大致窄化為「有研究訓練」的學子:與大學畢業生不同的是,碩士需要針對特定問題,確定目的,參考文獻,進行研究,處理資料或數據,得到結論,經過指導教授與口試委員認可,在過程中,培養分析與解決問題能力,這也是受用人單位青睞之處。

另一方面，在歐美先進國家，確實是「碩士班不一定要寫論文」，筆者在美國通過博士班資格考後，收到通知「如有需要，可申請碩士學位證書」，後來在教務處職員手中接過一紙證書，頗有「含金量不高」失落感；同時近年許多美國名校，也許受到財務壓力，大開「課程碩士」專班，吸引國外願意付高昂全額學費學子入學，僅須修足約一年即可滿足的學分，碩士學位完全不涉研究，所以與「要寫論文」的碩士有很大差別。

　　台灣政治人物，每天處理政事之外，跑攤不暇，要專心研究，是強人所難，如果設立「課程碩士」，讓部分「好學不倦」之士，有進修機會，而不致身涉「論文門」，敗壞「學術倫理」，說不定還可提高施政或問政品質；但教育是「經國的大事」，教育部必須嚴格把關「論文碩士」與「課程碩士」的差別，如果再度上演當年廢除「一般碩士」與「在職專班碩士」畢業證書樣式區隔規定戲碼，則「惡莫大焉」。

論文門 急驚風遇慢郎中

2022 年 7 月 18 日　星期一

民進黨徵召提名參選桃園市長人林智堅，在七月三日經爆料，涉及其在民國九十七年獲得新竹市「中華大學」碩士的「碩士論文抄襲案」，接著又被檢舉在民國一零六年獲得「台灣大學」國發所碩士的類似情事，現「台灣大學」與「中華大學」均已受理正式展開調查，但均以「兩個月」為期，隨後教育部則「加碼」，宣稱最多「四個月」要完成調查，由於十一月二十六日「九合一大選」在即，事關大眾高度矚目的桃園百里侯之爭，讓人有「急驚風碰到慢郎中」的感覺。

觀諸約兩年前，高雄市長補選，國民黨參選人經爆料碩士論文涉抄襲案，中山大學四天內即召開審定委員會初步認為該參選人論文內容「與他人著作高度相似」，並於一個月內確定結果，此次涉案兩大學審定時程應可大幅加速進行。

另一方面，與林智堅同黨政治人物則迅速出面滅火，口徑一致，聲言是選舉抹黑，但既然國民黨「言之鑿鑿」，其實要解救「智堅大兵」，只要找同黨多位具有相當學術地位學者，成立調查小組，作公正的內部調查，由於現在市面上有許多論文比對軟體，可迅速判定論文雷同度是否在合理範圍，是否具有相當原創性，再加上當事人能「坦誠以告」，不需一周，應可「水落石出」；假定當事人確實無辜，大可由這些平素「愛惜羽毛」的學者一字排開，一致為其背書，化危機為無形，如果連具「公信力」的自己人都難以認同，則可「快刀斬亂麻」，「亡羊補牢，尚未之晚」，以民進黨的精於選舉操作，不為此圖，只一昧喊冤，讓人高度懷疑可能另有內情。

同時，國民黨方雖然一再聲稱雷同度高，但似未見說明以何種比對軟體得到的結論，建議就以「台灣大學」甫要求的「所有碩、博士畢業生經『原創性

比對』後，才得以離校」規定要使用的軟體比對，並將結果公布，以昭公信，同時也可順便協助「台灣大學」加快調查時程。

台灣多個頂尖大學為防止學術抄襲，提升研究生論文品質，幾年前，就明文規定碩、博士生都要先完成「論文原創性比對」，通過各系所訂的論文相似度標準比率，才可申請學位考試；要注意的是因領域不同，各系所訂的論文相似度標準比率可能有小幅度的差異，但如果超過合理範圍，也就是「人人心中一把尺」的尺度，無異與常識作對，必定得不償失；畢竟「今日作弊，明日舞弊」，政治人物地位越高，舞弊對國家社會危害越大，是人人都懂的道理。有林智堅支持者聲言：「就算林智堅真的抄襲，也不必用大砲打小鳥」則是荒謬至極。

本文刪修版刊載於 2022 年 7 月 18 日「聯合報」民意論壇

美國友人佛里曼觀點：裴洛西不宜此時訪台

2022 年 8 月 2 日　星期二

　　美國眾議院議長裴洛西在各方議論紛紛之際，預定於八月二日晚抵台，做短期訪問，在炎炎夏日捲起千堆雪，目前來看，會造成台、美、中三輸局面，因此一向親台而反中的美國紐約時報專欄作家佛里曼在其行前撰文：「不宜此時訪台」。

　　佛氏認為裴洛西如果真的違背拜登總統的意願訪問台灣，她將做一件完全魯莽、危險和不負責任的事情。首先台灣不會因為這次純粹象徵性的訪問而變得更安全繁榮，而且可能會發生遭遇包括中國的軍事反應，很多不利的事情。也可能導致美國同時陷入與擁有核武器的俄羅斯和擁有核武器的中國的間接衝突。

　　從美國觀點，在國際關係中，目前最重要的是必須確保烏克蘭能夠有效抵抗俄羅斯的入侵，而關鍵就是美國政府一直在警告，甚至懇求北京不要向俄羅斯提供軍事援助。由於美國和北約一直在向烏克蘭提供情報支持和大量先進武器，這些武器對俄羅斯的軍隊造成了嚴重損害，而中國是世界上最擅長製造無人機的國家之一，也正是普京軍隊目前最需要的，但種種跡象顯示，中國並未向普京提供軍事援助。在烏克蘭戰爭還還沒有結束，還沒有穩定之際，萬萬不應由眾議院議長任意而輕率的訪問引發與中國在台灣問題上發生衝突的風險。

　　美國總統整個國家安全團隊——從中央情報局局長到參謀長聯席會議主席——都認為這種外交策略是不明智的。國家安全團隊曾向裴洛西明確表示，為什麼她現在不應該去台灣。但拜登總統並沒有直接打電話給她，勸阻她來台灣，顯然是擔心他會對中國表現出軟弱的態度，從而為共和黨人在中期之前攻擊他留下了機會。

佛氏非常欽佩台灣及其自二戰結束以來建立的經濟和民主，但他認為，台灣應該要求裴洛西此時不要來。畢竟台灣是一個有 2300 萬人口的小島，面對離中國大陸海岸大約 100 英里，擁有 14 億人口，而聲稱台灣是中國祖國的一部分，如輕率以對，會遇到很大麻煩。雖然他本人相信，在中國無端入侵的情況下，捍衛台灣的民主是美國至關重要的國家利益。但是，如果我們要與北京發生衝突，至少讓它在我們的時機和我們的問題上。

　　對中國大陸來說，現在是中國政治的敏感時期。習近平即將在中國共產黨第 20 次代表大會上無限期延長其中國領導人的角色，預計將於今年秋天舉行。中國共產黨一直明確表示，統一台灣和中國大陸是它的「歷史任務」，而自 2012 年上台以來，習近平不斷地、不計後果地強調他對這一任務的承諾。另一方面，習近平治下正遭遇許多難題，裴洛西攪局實際上會給習近平一個機會來轉移人們對他治理能力質疑的注意力。裴洛西訪台，讓習近平的中國越來越多的共識是，台灣問題只能通過軍事方式解決，但中國希望按照自己的時間表來解決。我們的目標應該是阻止中國按照我們的時間表進行這樣的軍事行動——這是永遠的。

無良政客導致莫名台海危機

2022 年 8 月 5 日　星期五

　　美國政壇長青樹裴洛西在政治生涯謝幕前夕，不顧各方質疑，展開以訪台為重點的「任意之旅」，以滿足自己歷史定位，連狂人川普都認為「她瘋了」！果然掀起台海滔天巨浪，各方政客為一己私利，以人民為芻狗，讓人痛惜。

　　俗語說：「一個巴掌拍不響」，沒有蔡政府配合演出，裴洛西的大戲就無法施展，蔡政府在明知不會為台灣帶來任何實質好處，但可能後患無窮的情況下，仍然豪賭一把，而在事後，面對中共種種制裁措施，反而異常低調，顯示大事恐怕不妙，只是再一次證實執政黨可以不顧民生福祉，一切以「大內宣」保衛政權為重，同時對中色厲內荏，坐實讓台灣成為「世界最危險地方」。兩岸實力懸殊，即使有敵意也貴在「鬥而不破」，留下迴旋餘地，略留顏面，民進黨一再行險，弄得「大軍壓境」，卻要全民承受，罪莫大焉！

　　在中國大陸方面，面對美國近年來不斷在各方面打壓，又刻意挑起台海緊張情勢，得到民進黨的曲意配合，早已百般不耐，只是囿於實力，又怕落人口實，無奈展現「戰略定力」，此次裴洛西無視嚴重警告訪台，「是可忍，孰不可忍」，只有拿台灣出氣，採取一連串對台軍事、外交、經濟、政治等全方位制裁措施，最嚴重的還是宛如「圍島三日」的軍事演習，嚴峻程度甚於一九九六年因李登輝訪美引起的第三次「台海危機」，當時大陸國力尚弱，如今已是世界第二強國，力道大增，如何發展，讓人屏息以待。

　　如跳過兩岸百般糾結，裴洛西雖是美國總統繼承順位的第三人，但已註定在十一月後卸職，在美國行政部門於俄烏戰爭正酣，不願與核武大國俄羅斯與中國同時撕破臉而反對下，為個人榮光訪台，中國大陸的反應則顯得過於激烈，如不適可而止，又沒有準備好在沒把握時與美國公然對戰，未來可能會

讓自己更「進退維谷」；擺在眼前的是，今秋美國期中選舉，眾院很可能由共和黨拿下，屆時與民主黨主政的行政單位不同調，新的議長說不定又會來台灣攪局，屆時大陸當局恐騎虎難下；再看兩年後，狂人川普也有相當可能班師回朝，刻意激怒中國的戲碼不會少，在川普當政時的國防策略主要起草人之一柯爾比（E.A. Colby）在去年十一月出版的《否定戰略》一書中，公然提出誘導台海發生戰爭來遏制中國，情境猶如俄烏之戰的「台海版」，讓人怵目驚心；兩岸萬不可忽略此美版「教戰守冊」，洞察狼子野心，慎防「被戰爭」。

中共近年一再宣稱，「盡最大努力爭取和平統一」，如今對強權挑釁莫可奈何，卻霸凌自己口口聲稱的「同胞骨肉」，只會讓台灣人民越行越遠，不可不慎。須知只有真心展現「同胞愛」，才會讓兩岸關係有「柳暗花明」的一天。

林智堅論文門台大認定合乎期待

2022 年 8 月 10 日　星期三

　　經過一月餘的紛紛擾擾，台灣大學於昨日（八月九日）上午召開記者會，宣布論文審定會認定林智堅抄襲且情節嚴重，建議撤銷林生碩士學位，並由台大教務處核定撤銷林智堅學位。

　　林智堅旋即於下午舉行記者會喊冤，他表示，無法理解為何他提供人證物證，都沒辦法得到學倫會採納。關於審定會期間邀請林智堅、陳明通三次出席說明，兩人均未出席，他說作為一個市長參選人，「我怎麼可能隨時配合學倫會的時間」。似乎忘了自己曾因指控台灣大學論文審定會召集人偏藍而不迴避，所以不願意出席台大學倫會。

　　由於當事人林智堅與余正煌的論文電子版全文在網路上早已廣為流傳，其相似度極高是毫無疑義：台大審定委員會經過逐章逐節逐段逐小節比對，兩篇論文從一開始就產生高度重疊，兩本論文相似度超過百分之四十，並查證兩篇論文高度相似處，都是余生先寫，並發表在前，加上相關證據，所以判定林生抄襲餘生。

　　台大的認定事實上與學術界普遍的期待相符，任何人看過兩本雷同度極高的論文，都無法說沒有抄襲，問題當然是誰抄誰，說發表在前者抄襲後者，是違反常識，必需要提供強烈反證，而這是林智堅未能做到的。如果學倫會做了相反的認定，台大的金字招牌也就該拿下了。

　　中華大學與台灣大學雙重抄襲案發展至今，種種訊息與跡象均顯示極不利林智堅，綠營雖號稱「全黨救一人」，至今未見平日親綠而有一定聲望的學者出面背書，可謂對論文案以沉默代發言，已無狡辯餘地，同時「棒球門」讓林「施政能力強」的人設毀壞，恐已到其本人嚴肅思考參選桃園「急流勇退」的關鍵時刻，先不必妄想桃園市民會接受一個被認定嚴重抄襲的市長，徒作困獸

之門。事實上綠友友們也不可能如此「愚不可及」，一起陪葬，林本人則不需要苦嘗「倒數計時」的滋味。

　　台大校長管中閔在記者會後指出，林智堅抄襲案對學校名譽傷害甚鉅，但「冰凍三尺，非一日之寒」，林智堅的指導教授在其間屢次提出各種謬論為其澄清，且與林同樣三次拒絕出席學倫會，台大表示，校方已接到檢舉，一樣會依照學術倫理辦法，來做後續的調查及審定。重要的是，陳明通在台大國發所曾指導一百七十三名碩博士論文，在國家圖書館「台灣博碩士論文知識加值系統」中僅有比率不到百分之五開放電子全文授權免費下載，這與研究者希望研究受到重視的普遍觀念背道而馳，同時教育部曾明確宣示：「論文以公開為原則，不公開為例外，並要求各大學對於不公開或延後公開之論文，應有審核機制。」值得學倫會仔細探究，是否和林智堅論文有類似情事。

　　　　　　本文刊載於 2022 年 8 月 10 日「聯合報」民意論壇

張善政也抄襲？綠潑髒水抹黑打泥巴戰

2022 年 8 月 31 日　星期三

　　林智堅在八月九日由台灣大學認定碩士論文抄襲且情節嚴重，並由台大教務處核定撤銷學位，導致其退選桃園市長。半月後，中華大學亦對林碩士論文做了類似的判定，讓民進黨顏面盡失；又由於「走了抄襲的，來了挺抄襲的」，在桃園市長選情很不樂觀。

　　善於選舉的民進黨如果「坐以待斃」，恐怕有負其「除了選舉，其他都做不好」的名聲。果然藉由親綠媒體先指稱張善政十五年前在擔任宏碁副總時，主持農委會研究計畫報告涉嫌抄襲，再同步由該黨立委大加抨擊，桃園市長鄭文燦並加碼宣稱由於事涉政府研究計畫，張善政有 A 錢之嫌；側翼人士則進一步鼓譟，指張善政誠信盡失，恐外溢禍及全台國民黨選情，一時眾聲喧譁，似乎煞有介事。

　　張善政在當日（八月卅日）上午也針對此事回應，蒐集資料標案和學術論文不同，沒有抄襲和退選問題，且除蒐集資料以外，當時還在全國各地農政研究單位辦座談會，為政府蒐集地方意見，因此這個研究計畫有很大的部分是在宣導、座談。同日宏碁也發出聲明力挺，另一方面，已退休十一年的時任農委會資訊中心主任提出兩點澄清，盼摒棄抹黑。

　　綠營藉特定媒體指稱：「總研究經費達五七〇〇萬元，產出的報告卻集各種抄襲樣態之大全，手法包括英翻中、簡轉繁、抄雜誌、抄論文，甚至在未標註的情況下抄用農委會資料，這份報告至今還掛在農委會網站。」綠營用盡骯髒難聽的字眼，意圖將張善政擔任主持人的十二人研究團隊合作遞交的委託案報告，與林智堅個人正式學術學位論文相提並論。

　　首先，正如親綠媒體所說：「這份報告至今還掛在農委會網站」，顯示十五年來張善政歷經部會首長、行政院長以及副總統候選人歷練，一貫對公開得

以檢視的報告坦然負責，同時在歷經三年執行委託案時，不只是寫報告，還要蒐集各國資料實地考察、建立實驗機制、辦研討會、座談會、跨部會溝通、各國考察、發行電子報、系統開發、農委會相關計畫輔導等，所謂「英翻中、簡轉繁、抄雜誌、抄論文，甚至在未標註的情況下抄用農委會資料」，也極可能是一個充實報告須具備的旁徵博引，而綠營在不顧前言後語情境下，稱產出的報告集各種抄襲樣態之大全，這種潑髒水手法只能以惡劣形容。

綜觀全案，綠營對張善政的指控可謂「張飛打岳飛」，亂了套，明眼人或可一笑置之，但綠營很明顯的是在打泥巴戰，對異己候選人潑髒水，意圖造成「我不乾淨，你也不清白」印象，來魚目混珠，國民黨必須正視，努力向選民「說清楚，講明白」，當年岳飛以「莫須有」的罪名含冤而死，可為殷鑑。

本文刊載於 2022 年 8 月 31 日「聯合報」民意論壇

秀才遇流氓　張善政如何回擊

2022 年 9 月 19 日　星期一

　　綠營在八月三十日藉由親綠媒體指稱張善政十五年前在擔任宏碁副總時，主持農委會研究計畫報告涉嫌抄襲。張善政在第一時間回應，同日宏碁也發出聲明力挺；另一方面，已退休十一年的當年農委會資訊中心主任提出兩點澄清，盼摒棄抹黑。

　　本以為綠營用「張飛打岳飛」的荒唐之舉，在短期內即會自動煙消雲散，不料三周下來，仍是打擊張善政的主軸。早已不務正業的農委會，竟故意緊咬張善政主持的研究報告，指經比對六篇有疑義，要求宏碁與張善政書面說明，玩「間接影射殺傷力最強」的東廠把戲。

　　之前關於保密條款，被揭穿後，農委會先玩沒有「終身」保密約定的文字遊戲，又遲遲不肯自動解密，似乎想誘使當事人「知法犯法」，再來指控違法；同時不敢公布該案人事費中張善政沒有拿一毛錢，擺明是想就張善政被影射 A 錢，繼續混淆視聽，希望拖到宏碁與張善政應違背常理的「不情之請」來函要求解密後公布，再以當事人自己延誤來說嘴。而在農委會釋出初步比對結果大動作後，桃園民眾信箱立刻塞滿民進黨的質疑抄襲文宣。令人慨嘆的是，陳吉仲主委不顧官箴並非新鮮事，農委會多位事務官也沆瀣一氣，讓文官中立成為笑話。

　　同時，在碩士學位被台大、中華大學雙雙撤銷後，林智堅不認論文抄襲，十七日還公開登場為沈慧虹造勢，並與蔡英文同台，更聲稱「誠信比選市長還要重要」，讓人啼笑皆非外，也對蔡英文是非觀念的淡薄感到悲哀。

　　在桃園方面，最挺林智堅抄襲的鄭運鵬與鄭文燦，則火力全開，不斷雙標猛攻「研究報告抄襲疑雲」的稻草人，樂觀來看，綠營已經「黔驢技窮」，原先想打的「緋聞牌」、「炒地牌」等都還摸不著邊，只能繼續「指鹿為馬」，

希望選民被洗腦，誤認鹿就是馬。

　　全案至此，看似荒謬，張善政仍不可輕忽綠營企圖製造天下烏鴉一般黑的氛圍的選舉策略，精於選戰的民進黨如果不是認為抹黑有效，不會如此長久糾纏。

　　雖說「秀才遇到流氓，有理說不清」，面對泥巴戰，張善政除沉穩以對外，可以製作「懶人包」方式，明載時間點、何人以什麼手法企圖混淆視聽，一言以蔽之，讓稍有常識的人一目了然。譬如列舉農委會種種迫害手法中，明明有保密條款，某月某日陳吉仲說沒有；被揭穿後，某月某日又改口沒有「終身」保密約定。此處可加註「如有保密條款，未解密前自然無法揭露」說明等，放在張營官網上，在適當時機，也可以平面文宣方式，摘要說明，重點是要能接觸眾多選民，讓「討厭民進黨」再度成為最大黨，認清「改朝換代」是台灣唯一出路。

　　　　　　　　本文刊載於 2022 年 9 月 19 日「聯合報」民意論壇

政務官官箴　比參選人誠信重要

2022 年 10 月 10 日　星期一

農委會主委陳吉仲面對國民黨對其研究計畫抄襲案指控，回應「我又沒有要選舉」，似乎認為只有參選人的誠信須要被質疑，政務官的官箴則不足掛齒。

參選人是否當選尚在未定之天，政務官則已大權在握，對品德誠信的要求，自然應高於參選人。農委會主委手握豐厚資源，施政的良窳，影響極大，主委長期不務正業，導致農漁產銷嚴重失調，「爾俸爾祿，民脂民膏」，不知愧怍，反而自甘淪為政黨打擊異己前鋒，動見觀瞻，敗壞社會風氣，凸顯官箴的重要。

陳吉仲研究計畫所以受到檢視，肇因其在處理張善政被指控十幾年前農委會委託研究計畫報告涉嫌抄襲案的曖昧態度，身為委託案主管機關首長，能夠掌握所有資訊，反而刻意不即刻澄清不實指控，包括先說沒有保密條款，到媒體明白揭露有此條款，又改口說沒有終身保密條款，企圖混淆視聽。

陳吉仲明明知道張善政在該計畫中沒有領取人事費，不代為澄清不說；又故意忽略研究報告與學術論文的差異，放話委託研究計畫報告，有數篇與參考文獻高度重疊；同時捨棄「快刀斬亂麻」的機會，延遲解密動作，意圖讓「子彈再飛一會兒」，極盡扭曲能事，玩弄東廠影射手法，確實忝為政務官，以「其人之道還諸其人」，以正矯頑，端正選風，誰曰不宜。

由陳吉仲素來的言行，應不難推斷其誠信蕩然。他在擔任政務官以前，曾經在學界接過的許多政府委託案，也開始受到檢視。

果不其然，陸續看到報載對其研究報告的質疑。

先是國民黨高雄市議員參選人白喬茵指出，陳吉仲十年前撰寫的農委會報告，跟之前他人的兩篇報告有許多雷同之處，要求陳吉仲說清楚是否涉嫌抄

襲。而陳吉仲此番倒是反應明快，聲稱根據其用軟體工具比對，只有百分之三相似；但由白喬茵公布的畫面，整段整段文字和他人的內文一模一樣，但系統卻抓不出來，顯然是比對系統裡擁有的是公開論文，而政府的委託報告，很多文章不在比對系統裡。

另一方面，陳吉仲將附圖用完全相同數據由他人之折線圖改成棍棒圖，但標明為「資料來源：本研究整理」，也有意圖矇混之嫌。所以可以預測，國民黨如繼續循線以進，詳加審視，必有收穫。果然國民黨後來又揭發更多可疑案例。

在「正常」的政府裡，陳吉仲之流的政務官早遭斥退。讓人痛心的是誠信在民進黨政府裡，並不受到重視，選民只有在選舉中自救，才有希望撥亂反正。

本文刊載於 2022 年 10 月 10 日「聯合報」民意論壇

低端操作高端　敗壞政風

2022 年 11 月 8 日　星期二

　　國產新冠疫苗自去年五月底二期臨床即將解盲的敏感時刻，中研院院士陳培哲被爆料辭去食藥署國產新冠疫苗療效評估方法專家會議委員一職後，爭議不斷，接著在六月底，高端於緊急授權（EUA）審查中，聯亞也才公布二期臨床期中報告，但政府已向高端與聯亞各訂購五百萬劑。

　　同時於去年七月，在各界強烈質疑聲中，逕行通過高端疫苗的 EUA，附帶條件為一年內檢送保護效益報告。由於高端疫苗即使在政府營造打高端才愛國的氛圍下，打氣仍然不旺，又經美、日等境管單位打臉，形同白打。高端所須提交的保護效益報告，在政府壓力下，於十月廿八日「壓線」補件後，於十一月三日迅速通過公信力可疑的食藥署專家會議審查，外界一度懷疑該報告是政府要求高端繳交的資料，質疑涉及倫理、個資爭議，後來發現是疾管署「越俎代庖」，親自送至專家會議審查的資料，頗為離奇。

　　另一方面，陳時中在擔任衛福部長與防疫指揮官時，冒大不韙將疫苗採購合約封存卅年，並被列為密件，引起軒然大波；雖經審計部早於八月五日發文立法院「COVID-19 疫苗採購執行情形專案查核報告」，明白指出應研議於不違反保密條款下，適時公開疫苗採購執行情形，讓採購資訊公開及透明，而指揮中心始終不為所動，反而由民進黨立委與側翼大肆攻擊默讀出未及遮掩英文文件中有「保密例外條款」的蔣萬安。由於情勢不利，突然在十月卅一日由高端公布疫苗每劑價格，種種跡象都指向為陳時中在十一月五日台北市長辯論會中「拆彈」。而現任衛福部長薛瑞元解釋說，高端是秘密資訊提供方，保密協議是約束接收方而非提供方，高端主動公布並無問題，如此難以解釋既有「保密例外條款」，當初百般隱蔽，所為何來。

　　高端疫苗原為針對新冠原始毒株而開發，在世界上已有容易購得針對屢經

變異毒株有效次世代疫苗之際，是否續作三期試驗以及有效性都已與當前防疫無關宏旨，但整個事件在政府打著「扶持」國產疫苗旗號下，處處曲意維護，讓高端疫苗股價一度高漲。對照政府先不盡力購買國際間有效疫苗，在國內疫情趨嚴，但疫苗短缺，人心惶惶之際，反極力阻擋民間捐贈，並一再遮掩疫苗採購內情，難怪有人譏為「萬般皆失敗，唯有股價漲」，種種作為，沒有弊端是違反常理。

而原指揮官反被賦予角逐台北市長重任，上行下效，政風敗壞侵蝕蔓延，以致防疫各級文官均不以「政治凌駕專業」為恥，在民進黨政府擺明「全面執政，全面不負責」下，不知反省，「俟河之清」已無日，只有由選民下架是正辦。

本文刊載於 2022 年 11 月 8 日「聯合報」民意論壇

小案大辦　司法成側翼？

2022 年 12 月 19 日　星期一

　　立委高虹安涉詐領助理費案，在新竹市長選舉期間，由有心人士爆料，即鬧得沸沸揚揚，孰料高虹安越打越旺，順利當選；本月十五日檢調在高就職前十日大動作兵分八路搜索，包括立委辦公室、高父母住宅，並約談高虹安，長達二十小時，最後諭令六十萬元交保，由於事涉搜索立委辦公室，又事先走漏消息給媒體「大公開」，讓高在眾目睽睽之下，由檢調帶走，動作之大，引起社會一片譁然，由於高案爭議已經進入調查階段，在尊重司法獨立與偵查不公開原則下，非特定人士無從知曉全部案情，但即使根據言之鑿鑿的爆料與指控，很明顯的是「小題大作」、「小案大辦」，不符比例原則，與近年屢見事涉綠營人士「大案小辦」，「延辦」甚至「不辦」，大異其趣，讓人益發懷疑配合的司法單位已成綠營側翼。

　　在選前即有民進黨有力人士放話：「即使當選也無法就職」，檢調在此敏感時刻，無視社會上許多大案的偵辦遲遲不見動靜，甘冒大不韙，對即將上任新竹市長的現任立委可能犯的微罪，大張旗鼓出動，讓人不解，一時「陰謀論」四起；坊間臆測，一是想讓高不能就職，另一則是蒙汙名上任，減其威風，以掩護新竹重大弊案的揭發，同時摧毀柯文哲繼續從政「橋頭堡」，事件如何發展，不久即可見真章。總之，是綠營不甘選舉挫敗，如施明德所說：「選輸起痟呴」，不管是對民進黨或配合的司法單位，形象絕對是重傷，弄得「人神共憤」，「討厭、教訓、下架」民進黨之風再度大熾，得不償失。

　　民意代表助理費運用不當多年來是台灣政壇痼疾，因此屢見民意代表因而涉案，甚至喪失職位；這當中固然有冒用人頭等明顯貪瀆行為，但也有容易觸犯的灰色地帶，如加班費是否如實報銷，「公積金」可能為不樂之捐但並非私用等，雖「情有可原」，但嚴格來說，「法所不容」；然而「微罪不舉」，

合乎社會公義，尤其「現行刑事訴訟法」賦予檢察官權，得為「職權不起訴處分」或「緩起訴處分」，可顧及公平正義，也避免浪費司法資源。

羅馬帝國凱撒大帝有名言：「皇后的貞操不容懷疑」，林洋港先生在當司法院長時曾說：「司法像皇后的貞操，不容懷疑」；如果民眾對司法高度「存疑」，是社會秩序崩解前兆；另一方面，政治人物在面對法律邊緣的事務，須要格外戒慎恐懼，雖然《論語》中有言：「大德不踰閑，小德出入可也。」是針對平民百姓，對公職人員來說，要避免操守受質疑，就要遠離灰色地帶，畢竟不僅「誠實是上策」，也可免於飽受攻訐，甚至為人構陷觸法，「大業為小節折損」，也是從政的憾事。

本文刊載於 2022 年 12 月 19 日「聯合報」民意論壇

筆墨名人故居

　　走訪殷海光、胡適、梁實秋、林語堂及錢穆等名人故居，除追憶感念文人才子與清華或文學教育的關係，同時銘記大師們在故居安樂行思的陳跡。在故居的探訪中，沈浸人文洗禮與反思。

殷海光先生故居

2019 年 11 月 27 日　星期三

　　在台北有紀念館的「清華人」中，殷海光較為特別，因為殷先生是英年早逝的異議份子，而非如胡適、錢穆、林語堂與梁實秋等馳名文壇而高壽的人物，但其在台灣約二十年的時間，對台灣的反威權與民主化，仍留下不可磨滅的影響。

　　殷海光先生 1919 年生，1969 年去世，今年恰是其百年冥誕。他是台灣自由主義的開山大師。早年求學於西南聯大哲學系、清華大學哲學研究所，1949年來台。曾任《中央日報》、《自由中國》主筆，台灣大學哲學系教授。殷海光是 1950-1960 年代台灣最有影響力的知識份子之一，他深受羅素、海耶克、波柏等哲學大師的影響，極力宣揚反抗權威、追求自由思想。著作極豐，他的著述以深刻的思想、縝密的邏輯，以及充滿激情的文字，影響海外的知識界與民眾，代表著作有《海耶克和他的思想》、《思想與方法》、《邏輯新引》、《怎麼判別是非》、《中國文化的展望》等。

　　故居位於離台灣大學很近的溫州街小巷內，屋舍為一層樓之日式木造房屋，原為台大教授宿舍，經擴充改建而成。大門為淺藍色，屋舍則漆藍綠色，基地為三角形，與周圍其他宿舍相連。臺北市政府於 2003 年 5 月正式指定此故居為市定古蹟，內保存了殷海光先生重要的文化資產。台灣大學近年來開放殷海光故居供學校做校外教學之用，並於 2008 年 11 月委任「財團法人紀念殷海光先生學術基金會」經營管理。現為台北市文物遺產。

　　進入屋內，但覺全屋似比當年一般教授宿舍寬敞，經基金會郭執行秘書說明乃因後來配住該宿舍之梁榮茂教授加蓋所致。正對門口長桌上有簽名簿，郵戳紀念章、故居簡介摺頁以及包括殷先生著作《思想與方法》、翻譯作《到奴役之路》以及相關著作，另一角則有「獨立店家故事展」，牆上懸掛許多生平

照片。展示書櫃邊錄有殷先生名言：「自由的倫理基礎有而且只有一個：把人當人」，在殷先生所處威權時代，意義更為突顯。

右前方為圖書室，書架上陳列《殷海光文集》、《雷震全集》、《思想與方法》、《中國文化的展望》等，中有可供閱覽用桌椅。書本皆有編目，同一本書藏有多冊，供人隨意取閱，顯可外借。

邊牆上有「基金會」最近活動海報，包括「《被遮蔽的燭光》殷海光誕生百年紀念國際研討會」、「《被遮蔽的燭光》殷海光誕生百年紀念特展」，切合「基金會」成立兩項宗旨：一、表達後起者對於先行者不敢或忘的尊重與感念，二、根據自由主義的原則，思考台灣社會的走向，並協助社會發展自由開放的制度與文化，長期而有系統地展開工作。「殷海光誕生百年紀念特展」海報錄有殷先生名言：「言論自由是一種天賦的基本人權」。

左前方則為一小型教室，可容約二十人。右牆上有生活照片，活動集錦，包括林毓生院士講話與殷夫人夏君璐女士發言，另有剪報，2011 年 5 月 23 日聯合報標題為〈83 歲夏君璐：我 17 歲倒追殷海光〉，2012 年 2 月 24 日聯合晚報報導〈殷海光全集，收錄 222 封給妻情書〉，頗饒趣味，2011 年 8 月 24 日聯合報專文〈殷海光故居，明燈依舊，半掩庭院深深〉。

再次則為陳列室，三面牆上有「殷海光教授大事年表」，有關清華部分，1935 年：因閱讀清華金岳霖教授之《邏輯》，開始與金教授通信，1936 年：得金岳霖教授協助，赴北京，始與北京哲學、邏輯界名流接觸，1938 年：往昆明，入西南聯大哲學系，1942 年：大學畢業，考入清華研究院文科研究所，念哲學研究生課程，1945 年：金岳霖提議讓他在聯大任講師，因馮友蘭反對未成。另一牆則有「胡適參加自由中國社成立九周年會時合影留念（1958 年 4月 19 日）」放大照片。

另一較小陳列室，第一部分包括殷先生留影，除了放大照相，配合殷先生警句，懸掛於展場各壁外，置於展場首櫃，包括先生個人獨照、家族生活照與來往友生合照，演講、上課背景為台大教室，生活照則大多為「故居」的庭院。

第二部分展有來往書信手稿、新詩「燈蛾」手稿，台大聘書等，「燈蛾」全詩為：「只為貫徹畢生的願望，毅然地奮力撲向火光，千百次迴旋也不覺疲憊，是光明激起了無窮的力量？直至火花燃去了翅膀，倒下了，也不悲傷。掙扎中還再三叮嚀同伴，一定要撲向火光！」似為夫子自道。

另有隨筆：

1）Gifted with charismatic character (M, Weber)

2）在眾生迷茫中指示出一條光明大道

3）有絕不動搖的意志；有絕不放棄的理想

4）給人信賴感，和安全感

5）不自己逞能，但能使人呈能；不自我表現重要，但能使接近的人自覺重要

6）能夠自律：不該說的不說，不該做的不做

7）危難關頭當先；名利關頭退後

8）猛勇如獅，狡滑如狐；負重如駝，迅捷如鳥

9）目光遠大而不流於空疏；處事縝密而不泥於瑣細

10）有識人的智慧，有容人的氣量

想想看：你有幾條合格

一九六二年六月二十六日　殷海光製

自得 7.5

令人動容。

展覽第三部分為發表在報章雜誌為自由、民主、科學熱情呼籲及冷靜析理的部分文章，以及「愛因斯坦」、「羅素」回函，悼念已逝台大校長傅斯年文章等。

庭院中枝葉扶疏，綠意盎然，尚遺有殷先生手植花木，包括番茉莉、咖啡樹等，高聳的大王椰則為後植，以及手堆「孤鳳山」、鑿溝為「愚公河」等。

〔後記〕

感謝基金會郭于禎執行秘書於閱讀本文後，補充關於植物的敘述資訊：

目前庭院中當初殷教授種植的植物為台灣二葉松、楊桃、番茉莉、桂花和茶花，咖啡樹是當初殷老師種植植栽的後代，柳樹和睡蓮是當初有、但現有是重新種植的。

麵包樹和亞歷山大椰子則是殷教授搬來此地時就有的植栽。

同時本人也經基金會臉書轉載，已與大眾分享。

基金會臉書專頁連結：https://www.facebook.com/yinhaiguang/

▲ ①原為台大教授宿舍　　　②台灣自由主義的開山大師
　③極力宣揚反抗威權　　　④自由的倫理基礎是把人當人
　⑤言論自由是天賦基本人權　⑥目光遠大而不流於空疏
　⑦臺北市政府正式指定市定古蹟

胡適故居（一）：安徽績溪故居

2019 年 11 月 29 日　星期五

　　胡適（1891 年 12 月 -1962 年 2 月），安徽績溪人，是「清華」第二屆直接留美生，獲得哥倫比亞大學博士學位，民國六年返國任北京大學教授，協助籌劃成立「清華國學院」，長年參與管理「庚子賠款清華基金」的「中華教育文化基金會」工作，1962 年 2 月逝於「中央研究院院長」任內。胡先生興趣廣泛，著述豐富，在文學、哲學、史學、考據學、教育學、倫理學、紅學等諸多領域都有深入的研究。

一、安徽績溪故居

　　2016 年 1 月，曾有安徽旅遊之行，旅程稱為「安徽文人墨客之旅」，胡先生度過童年、少年時期的安徽績溪故居自是行程中之上選。

　　一日下午自以製作「宣紙」出名的宣城來到績溪縣上莊鎮，首先在街口見到胡先生雕像、安詳肅穆，頗能掌握神韻。「故居」為一典型徽式建築，灰瓦白牆，門口有著名書法家沙孟海親題的「胡適故居」燙金黑底直式牌匾，門楣以及牆頭上雕飾甚為精緻，磚雕上刻有各種戲文典故。

　　「胡適故居」是胡適先生父親胡鐵花所造的兩進通轉式結構居所，胡適在此生活了 9 年。總面積約為 200 平方米。進門院落前方中央位置，亦有一胡先生雕像，身著西裝打領帶，英挺俊拔，西裝為三件式，掖下挾有公事包，可能反應其擔任駐美大使的背景。底座雖為積雪所蓋，仍可清晰看到「胡適」兩個大字，只是以簡體字呈現。

　　大堂中懸有沙孟海親題的「胡適故居」燙金黑底橫式牌匾，中堂為一幅「山水畫」，右下繪有文人雅士在山中小亭中聚會情景，兩旁有「山光水色自

成圖，秋月春雲常得句」楹聯。長案桌上擺設徽州民俗常用的「東瓶西鏡」，即東邊放一花瓶，西邊放一面鏡子，中放一時鳴鐘，象徵：終（鐘）生（聲）平（瓶）靜（鏡），為協調起見，在時鳴鐘兩旁各放一隻瓷帽筒。也反映當地男人回家或外出串門將帽子取下置放帽筒上之風俗。前並置有八仙桌、太師椅，古色古香。客廳挑高，兩牆懸掛字畫，備有招待賓客桌椅。

後堂擺設與大廳相仿，中有胡先生年輕時著西裝畫像，兩旁有「家多和樂乃長祥，日暮起居方養壽」楹聯。上書「持節宣威」四字，是當年胡適出任美國大使時，國民政府所贈。亦有「東瓶西鏡」、八仙桌、太師椅、懸掛字畫、待客桌椅。

前庭另一陳列室，介紹胡適的父母，正中木牆上掛著一幅人物畫像，畫像的左右兩側掛有字幅，寫有「躍馬揮戈驅賊寇，除弊興利挽狂瀾」，可推知人物為胡適父親胡鐵花，字幅讚揚其事功。

胡適先生當年結婚新房裡，有張「月宮床」，朱漆描金，富麗典雅，鏤徽派雕刻各種戲文及花鳥。兩廂陳列胡適家書，還有許多現代社會名流題贈的字畫。

懸掛於陳列室家族照片中，包括 1958 年在南港寓所與長子胡祖望、媳曾淑昭、孫胡復合影，胡適族叔胡近仁以及表妹曹誠英照片。胡適曾稱胡近仁為「桑梓文人魁傑」，也是一位才華橫溢，不同凡響的人物。故居現今管理人正是胡近仁的孫子女。曹誠英則曾與胡適有一段戀情。

故居內現陳列著胡適生前的部分著作，書信手稿以及有關介紹胡適的文章。販賣部則有販售部分與胡先生相關書籍。

〔附記〕

續溪縣瀛洲鎮下轄龍川村。是原中共中央總書記胡錦濤的祖居之地。該村胡姓歷史名人眾多，如明代胡宗憲、胡富，清代胡開文、胡雪岩。龍川村境內有多處胡姓祠堂，為古徽州文化的代表。龍川村被稱為名人故里、風水寶地，正是安徽極負盛名的進士村，也是徽商蹤跡遍現之地，有古雅徽派建築，胡氏宗祠有木雕之美、尚書牌坊呈現青石之精。

首先見「奕世尚書坊」，石坊建於明嘉靖四十一年，該坊是為戶部尚書胡富、兵部尚書胡宗憲而立。主樓正中裝置豎式「恩榮」匾，是明代正宗的牌

樓！少保府，現闢為「胡宗憲抗倭紀念館」，是展現胡宗憲抗擊倭寇，平定海疆的光輝歷程！

　　胡氏宗祠大門有兩門神守衛，大廳中有胡宗憲（1512年11月4日－1565年11月25日）戎裝雕像。胡氏以掃蕩倭寇聞名，戚繼光曾為其麾下武將。明世宗時，胡宗憲因嚴嵩事件牽連下獄，並在獄中自盡。明神宗追諡襄懋。雕像後圖為胡宗憲率領大明水師出征倭寇的情景。兩邊詩句為「島夷雲擾奮天歌，十年經營平海波！」氣勢非凡。

　　績溪「古孔靈區」汪家大院「涅坡地主莊園」為民居瑰寶，宋賜「江南第一家」，面積約有3,600平方米，依山傍水，面臨街巷，粉牆黛瓦，鱗次櫛比，濃綠與黑白相映，形成特色的風格。內設景點有莊嚴肅穆主屋峻德堂、臨書別院、南屏讀書、涅坡別墅、蘭香書屋等，「涅坡別墅」有胡適題字，「東瓶西鏡」處處可見，木雕極為精緻。

▲「故居」為一典型徽式建築

▲ 與故居現今管理人合影

▲ ①山光水色自成圖
　②家多和樂乃長祥
　③「月宮床」朱漆描金，富麗典雅
　④英挺俊拔
　⑤部分與胡先生相關書籍

胡適南港故居與墓園

2019 年 12 月 13 日　星期五

　　2016 年 1 月，曾有「安徽文人墨客之旅」，造訪胡先生度過童年、少年時期的安徽績溪故居，記有「胡適安徽績溪故居」一文：（https://lihjchen1004.blogspot.com/2019/11/blog-post_28.html）。最近趁到「中研院」開會之便，再訪其「南港故居」，補照了一些照片，以供本文之用。

一、「胡適紀念館」

　　胡適先生於生命中最後幾年，是在位於南港的中央研究院度過。1957 年，胡適當選「中央研究院」院長，同年返台定居。1962 年 2 月 24 日，胡適於臺北參與中央研究院第五屆院士歡迎酒會中，因心臟病突發去世。

　　政府將胡適於中央研究院的宿舍改建為「胡適紀念館」。於 1962 年 12 月 10 日設立。「胡適紀念館」也時常推廣許多的相關活動，例如舉辦巡迴展覽或是胡適先生文章的介紹等等，服務人員也能隨時為遊客介紹胡適，「胡適紀念館」已成為一個完善的場地，讓民眾能更清楚的瞭解胡適。

　　「胡適紀念館」現由故居（1958.11.5-1962.2.24）、陳列室和墓園三部分組成。坐落「中研院」內的故居，一層平房，白牆藍窗，室內陳設保持胡適在世時的原貌。與故居相鄰的陳列室，係 1964 年其美國友人史帶（C.V. Starr）先生捐建。

　　「陳列室」分成常設展和專題展兩個展室，常設展共展出「胡適的情感世界」、「學術文化成就」、「胡適與近代中國」、「晚年歲月與台灣」四部分，以文字和圖片敘述胡適生平和影響，也陳列出部分胡適生前使用物品、文稿、信箋等。

初入「陳列室」，即見巨幅胡適執筆作書照片，面帶慈祥笑容但不掩疲態。門左側柱上為周質平先生所述胡適的精神為：「自由與理性」，下為「胡適年表」。

「胡適的情感世界」包括「譜系表」、學文字發音的「反切直圖」、「我的母親－身教與言教」、「婚姻與親情」、「終身的友誼」等。

「學術文化成就」包括「但開風氣不為師」、「考取庚款留美」、「留美生涯」、「新文化運動」，子項有「文學革命」、「史學革命與新典範的建立」、「中國文藝復興運動」以及「博士學位」等。

「胡適與近代中國」包括「不畏浮雲遮望眼」、「師友關係」、「創辦刊物」、「從文化到政治」，子項有「書生論政」、「在動亂中堅持民主」以及「學者大使」等。

「晚年歲月與台灣」包括「寓居美國」、「為『自由中國』爭自由」、「『雷震』案的無奈」、「中央研究院院長」，子項有「重視新院士選舉」、「協助各所發展」、「助學與睦鄰」以及「夢想延續」，子項有「支援學術研究」、「建立學術發展體制」、最後則是「身後哀榮」、「胡適紀念館」等。

一九六一年，雷震在監獄中度過六十五歲，胡適抄錄宋楊萬里的詩祝賀他的生日，詩文說「萬山不許一溪奔，攔得溪聲日夜喧。到得前頭山腳盡，堂堂溪水出前村。」牆面上有胡適所寫這首詩的複製品，字體就像他這個人，一筆不苟，傲然挺立。

二、故居

胡適在南港故居是由蔣中正總統拿出自己《蘇俄在中國》的英文版稅，配合政府預算作建築費；胡適 1958 年 4 月 10 日就任中央研究院院長，1958 年 11 月 5 日遷入新建平式小洋房，占地約 165 平米。有客廳、書房、兩間臥室等。故居入口有個六坪大的前廊，當客廳坐滿時，後來的客人就在前廊向裡面眺望，前廊原本沒有門和窗，增建以後，多了間接待室。

書房書櫃中整齊排列簡中書籍，據說胡適不喜歡待在書房，因為設計成格狀的外牆，雖然迎入光線，但有如坐監牢，他寧可在餐桌看書寫字。

三、胡適墓園

　　另外，將位於研究院附近的個人私地闢建為胡適公園，作為胡適的墓地。墓園位於與研究院一條馬路相隔的青山坡上，與故居遙遙相望。現為胡適公園一部分。原先僅是胡適先生與妻子江冬秀女士合葬的墓園。後來，與「中央研究院」內的胡適紀念館一併，由臺北市政府闢為公園。於 1973 年 11 月 12 日正式開放，園內面積達 16000 平方米。胡適墓旁有胡適長子胡祖望為幼弟胡思杜所立之紀念碑，胡祖望 2005 年身故後，也從其遺命歸葬於此。

　　胡適墓園路旁有「胡適公園」標誌，由拱門進入園內後，會看到不遠處的一座小山，首先映入眼簾的是一座噴泉，還有鬱鬱蔥蔥的樹木，胡適先生的墓地就葬在小山上。沿著邊上小路上山，沿途風景清幽、草木扶疏，未幾便可看到由藝術大師楊英風所雕塑的胡適銅像，就矗立在墓區左側的平台上。胡適墓碑上書「中央研究院院長胡適先生暨德配江冬秀夫人墓」。胡適墓誌銘由胡適故舊、知名學者毛子水撰文，金石名家王壯為先生書寫，其內容為：

　　　　這是胡適先生的墓，生於中華民國紀元前二十一年，卒於中華民國五十
　　　　一年。這個為學術和文化的進步，為思想和言論的自由，為民族的尊
　　　　榮，為人類的幸福而苦心焦思，敝精勞神以致身死的人，現在在這裡安
　　　　息了！我們相信形骸終要化滅，陵谷也會變易，但現在墓中這位哲人所
　　　　給予世界的光明，將永遠存在。

　　墓碑後面有蔣介石頌「智德兼隆」四個大字，闡明了胡適先生的人品。
　　墓左前方有「中華教育文化基金會」（「中基會」）紀念碑，銘文為：
　　「胡適先生，在擔任中基會董事（一九二七－一九六二）三十五個漫長的年頭裡，不斷地給人們一種興奮與鼓勵。他領導的活動，向追求人類的光明路上走著。」顯示胡先生與「中基會」深厚關係以及部分宏大貢獻。
　　離主墓區右方不遠處的坡地上另有董作賓墓、董同龢墓、徐高阮墓，合為「學人墓園」，以及一座吳大猷先生紀念碑。在山下廣場，有胡先生「箴言牆」，箴言有：

不畏浮雲遮望眼，只緣身在最高層

做學問要在不疑處有疑，待人要在有疑處不疑

大膽的假設，小心的求證

要怎麼收穫，先怎麼栽

有幾分證據，說幾分話；有七分證據，不能說八分話

寧鳴而死，不默而生

遠路不須愁日暮，老年終自望河清

萬山不許一溪奔，攔得溪聲日夜喧，到得前頭山腳盡，堂堂溪水出前村

都膾炙人口。另兩則：

山風吹亂了窗紙上的松痕，吹不散我心頭的人影

明月照我床，臥看不肯睡；窗上青藤影，隨風舞娟媚

只能算是情詩，但也廣為人知。

▲①引領風騷
②開啓學術典範
③遠路不須愁日暮，老
　年終自望河清
④胡適的精神為：「自
　由與理性」
⑤樂觀中帶有幾許落寞

▲ ①由實驗探求真理　　　　　　　　②據說胡適不喜歡待在書房（「胡適紀念館」授權使用）
　③增建以後，多了間接待室（「胡　④寧鳴而死，不默而生
　　適紀念館」授權使用）
　⑤五四新文化運動啓蒙者　　　　　⑥山風吹亂了窗紙上的松痕，吹不散我心頭的人影
　⑦舊倫理中新思想的師表　　　　　⑧要怎麼收穫，先怎麼栽
　　　　　　　　　　　　　　　　　⑨他領導的活動，向追求人類的光明路上走著

清華才子梁實秋台北故居

2019 年 12 月 19 日　星期四

　　梁實秋先生（1903-1987）是一位中外聞名的文學大師。1915 秋考入清華學校，1923 年 8 月赴美留學，先後進入科羅拉多大學、哈佛大學深造。馳騁於文壇五十多年，集散文家、翻譯家、評論家、學者與教育家於一身，有「中國新文學的瑰寶」、「國之寶」的美譽。是清華「四大才子」之一。[1]

　　「梁實秋故居」建於 1933 年間，最早是臺北高等學校英語教授富田義介宿舍。光復後，改制為省立師範學院教職員宿舍，梁實秋在 1952 年入住本宅，1959 年 1 月搬離。「梁實秋故居」為梁實秋先生一生眾多居住空間之一，亦為來臺後安住的第一間職務宿舍，極具歷史價值與意義，2003 年臺北市政府市政會議通過「梁實秋故居」為歷史建築，其指定理由為：1. 梁實秋教授作育英才無數，尤其主編英漢辭典與中學英文課本，引進 KK 音標，影響深遠。其散文集膾炙人口，所譯莎士比亞全集更提升國人對西洋文學之鑑賞水準。2. 本建物以日式木構夾處於鬧市中，獨具風味，具保存價值。

　　梁實秋故居其建築為一層木造獨棟日式建築，因年久失修，部分屋瓦及牆壁倒塌，破損情形嚴重，故國立臺灣師範大學於 2005 年進行梁實秋故居調查研究，並於 2010 年 10 月至 2011 年 6 月間，請專業文物修復師修復並保持故居基本風貌。

　　玄關是日式住宅主要出入口。人們在此處脫下鞋子準備進入，設有下駄箱，作收納鞋履之用。玄關前為「座敷」，左為「應接室」。

　　「座敷」為和式客廳，主要的位置設有床之間與床脇，床之間位於左側，

---

[1]　很多人會以為清華「四大才子」就是清華國學院「四大導師」，而「四大導師」無一不是頂尖才子，但一般所稱的「四大才子」卻另有其人。王國維、聞一多、梁實秋、吳晗因各自在學術上的精湛造詣，上世紀二、三十年代即被公認為「清華四大才子」，至於如何在「才子如林」的清華園得此美名則待考。

設有略高於地板的床框，用來置瓶花或古董之裝飾，而正面壁體可以懸掛捲軸類的長幅書畫。目前是懸掛杜忠誥以書法的方式呈現梁實秋的同事朱錦江於1940年贈送梁實秋的壽詩。[2]另一側則有「關於梁實秋」海報，以圖文並茂方式介紹梁實秋生平。

「茶之間」是住家用餐之處，通常與廚房相鄰。窗旁設座，便於憑欄望窗外景致，與廚房相通處設門，便於茶水、飯菜的配送。現用於陳列與師大相關書籍與紀念品，包括「梁實秋文學獎作品集」等。另側牆上則為英語系周昭明退休教授為梁實秋譯莎士比亞作品《馬可白》（*Macbeth*）墨寶釋文。

「茶之間」經廊下（即走廊）至寢間（臥室）（一），約榻榻米4疊半大小。現布置為書房，書桌上有打字機、辭典、梁先生手稿複印本，座旁文書櫃上則有致師大校長劉真謝函複印本。右牆上為「大事記」圖表，左牆懸掛裱幅梁實秋手書宋詞人舒亶〈虞美人〉鏡框。[3]書桌前內嵌書架上則擺設梁先生主要著作與譯作。

寢間（二）約榻榻米6疊大小。設有押入，即壁櫥之空間，其尺寸大約為一張榻榻米大，通常作為貯藏、收納寢具、財物等家用雜物之用，可使室內保持整潔。現闢為「關於故居」展場。敘述故居自日據時代至今的演變，以及「故居過客」（歷年居住主人）之簡歷以及紀念書稿。

「應接室」是日式住宅受到近代西方文化影響後，而出現的空間，備有會客座椅，不同於傳統之會客場所的席地而坐，因此地坪並非榻榻米，而是木地板。現除典型日式格窗外，一牆有巨幅海報說明「梁實秋與師大」，敘述梁先生在師大17年，一面教書，一面擔任行政工作，一面翻譯與創作不斷，毅力驚人。另一牆則有「梁實秋與友人」海報，有新月社之情誼、胡適與梁實秋、劉真與梁實秋條目，並有多張珍貴照片，包括另一清華「四大才子」之一的聞一多致梁實秋書信。

承蒙照料「雅舍」的師大圖書館人員主動提供梁實秋先生相簿，得以利用「應接室」桌椅坐下細細閱覽，從梁先生1927年與程季淑夫人結婚前合影，

---

[2] 師大國文系杜忠誥退休教授將壽詩「薊門梁實秋，並世能有幾…」重新以書法的方式呈現。他表示，這首詩將梁實秋描寫得很深刻，將他的人格特質點出，像是幽默、談吐充滿微言大意。

[3] 舒亶—〈虞美人·寄公度〉：「芙蓉落盡天涵水，日暮滄波起。背飛雙燕貼雲寒，獨向小樓東畔、倚闌看。浮生只合尊前老，雪滿長安道。故人早晚上高台，贈我江南春色、一枝梅。」為悲涼婉約精妙之作。

授課、交友以及各項活動，以致晚年與影星韓菁清「秋之韻」、結婚照片，至親友在墓前合影，是先生一生縮影，頗具紀念價值。

屋內尚有「緣側」，傳統房屋中的外廊部分，為過渡室內與室外的中介空間，可以作為連接屋內外到庭園間的過道。為了防颱、防風、防雨而設置「雨戶」（擋雨的實木板），左側設有可容納雨戶板的空間，稱為「戶袋」。連接戶外的石階又稱為沓脫石。

故居房舍前後均為日式庭院，主要以灰色鵝卵石以及白色細石鋪設，後院左側有小塊草皮，植有多株夾竹桃。前院兩牆角分有一棵碩大的麵包樹以及馬拉巴栗樹，在梁實秋於 1973 年 1 月移居美國後，仍在慶祝自己七十歲生日寫的一首詞裡，藉著描寫麵包樹抒發對元配程季淑夫人的思念：「惱煞無端天未去，幾度風狂，不道歲雲暮。莫嘆舊屋無覓處，猶存牆角麵包樹。目斷長空迷津度，淚眼倚樓，樓外青無數。往事如煙如柳絮，相思便是春長駐。」顯現其情深義重之一面。

故居經整理後，堪稱「小而美」，靜雅有致，頗能呈現故人風雅行誼，再以主人翁膾炙人口的「雅舍」命名，足以讓人留連忘返，追思不已。

▲ 梁實秋故居大門

▲ 故居取名「雅舍」別有深意

▲①「茶之間」現用於陳列與師大相關書籍與紀念
　②寢間（臥室）（一）現布置為書房
　③「應接室」是會客場所
　④黃昏之戀

「幽默大師」林語堂台北故居

2020 年 2 月 6 日　星期四

　　在 1930 年代文學大師中，林語堂是個人唯一有緣親聆演講的一位。根據林語堂年表，他於 1966 年返國定居，應與我在台大聽講的時間點相當。留下的印象是，身材較小，著長袍馬褂，面帶親切笑容，普通話發音不很標準；記憶最深刻的是他重複講了他的「文章要如女人的裙子，越短越好」出名的笑話，也同樣引起鬨堂大笑。

　　「林語堂故居」座落於台北市士林區，是林語堂生前最後十年的居所，由台灣第一代建築師王大閎設計、業主林語堂參與修稿完成，目前由東吳大學經營管理。與 1966 年在台大演講當天人山人海盛況相比，到「林語堂故居」參觀，在約一小時的時間，身為唯一的參觀者，頗有寂寥之感。

　　此建築形式是以中國四合院為架構，設計取向為西班牙式的風格，可謂是兼具東西方特色以及現代感與古典美。其屋頂為藍色琉璃瓦，白色的拉毛粉牆是為地中海建築特色。另外，牆上深紫色的圓角窗櫺，透天中庭旁西班牙式螺旋廊柱，都在在呈現東西建築元素的結合。林先生在〈來臺後二十四快事〉中有云：「宅中有園，園中有屋，屋中有院，院中有樹，樹上見天，天中有月，不亦快哉！」道盡其閒適之情。[1]

　　從拱門進入中庭，右側入口處，有熟悉的林氏抽煙斗人像立牌，旁有一戴黑呢帽並滿帶微笑玩偶，與「幽默大師」相對應。進拱門後即是書房展示間。此空間將林語堂的書房以原貌呈現，書架陳列他的手稿、藏書，書桌上擺設文具及英文打字機等。窗前為陳誠夫人，譚延闓之女，譚淑所題顏楷「文如秋水波濤靜，品似春山蘊藉深」，稱讚林語堂先生文品的對聯。几上林氏瓷像，頗

---

[1]　林語堂〈來臺後二十四快事〉：https://www.linyutang.org.tw/big5/lin-writings2.asp?idno=10

得其韻。走廊間則有其生平掠影海報。沙發的擺設，讓人對「眼前一笑皆知己，座上全無礙目人」情景有無限遐思。

其次為臥房展示間，展示林語堂家庭生活照片、衣衫、家飾等，甚為簡樸。其空間中僅置有一張單人床，是因林語堂怕打擾其夫人廖翠鳳的生活作息，故設置兩個臥房。後來因為空間的改置，目前僅保存林語堂的房間。

再次為客廳及餐廳展示間。展有林語堂設計的餐桌組，椅背上皆刻有「鳳」字的小篆體，是為感謝夫人廖翠鳳的辛勞而設計。另外，牆上掛有多幅林語堂墨寶及朋友贈送之書畫，如：蔣中正先生致贈之墨寶「壽」字、蔣宋美齡女士所繪之蘭花水墨畫。此外，餐酒櫃上「有不為齋」四字為林語堂親自所寫，是其為上海的書房所取的名字。所謂的「有不為」者，正代表了林語堂不隨流俗的處事哲學，意思是世上有些事是他所不屑做的。另有前總統府秘書長張群所贈文鎮。上題「起得早，睡得好，七分飽，常跑跑，常笑笑，莫煩惱，天天忙，永不老」長壽密訣，本人錄李白詩〈下終南山過斛斯山人宿置酒〉書法等。

原本是林語堂家的餐廳與客廳，如今開放為對外營業之「有不為齋餐廳」。推開木門，延伸出的陽台是林語堂生前最喜愛的空間，下前方為林氏墓園，花木扶疏。位於陽明山半山腰的故居，是遠眺台北的觀景勝地，近山林木蒼鬱，遠處高樓林立，基隆河與淡水河，盡收眼底。當日顧客，約有十餘人，似皆為觀景休閒而來，讓故居不致過於冷清。

閱讀研討室原是車庫及客房，現為閱讀研討空間，展示林語堂的各種中外著作，包括小說、傳記、散文、月刊等八十餘種，以及廣獲國際推崇的《生活的藝術》之十二國語言之譯本。此空間角落並設有故居紀念品及林語堂著作販賣處。

建築西側為露天覽景雅座，循階梯可下至後院，大師墓園座落其中，為單人墓（據查林夫人廖翠鳳女士於 1987 年逝世、葬於香港）。墓碑上書「林語堂先生之墓」與出生即去世年月日、沒有落款。林先生在〈有不為齋解〉中，第一條即是：「我不請人題字」，可謂一以貫之。[2] 墓前有橙色花瓣、綠葉植物等供物。園內櫻花與杜鵑花等均已開始綻放，搭配綠色草皮與修剪整齊灌木、松樹，以及高聳的肯氏南洋松，頗為賞心悅目。

---

[2]　林語堂〈有不為齋解〉：https://www.linyutang.org.tw/big5/lin-writings2.asp?idno=4

林語堂認為：「一個建築，一場演講，只要給人美感，可以引起別人共鳴，能夠讓人的心靈昇華擴大，就就是藝術，這也是藝術的價值所在」，觀其文與故居，是真正懂得「生活的藝術」的人，讓人神往。[3] 噫！微斯人，吾誰與歸？

▲ ①由台灣第一代建築師王大閎設計　②藍色琉璃瓦屋頂，白色的拉毛粉牆
　③西班牙式螺旋廊柱　④文如秋水波濤靜，品似春山蘊藉深
　⑤書桌上擺設文具及英文打字機等　⑥客廳及餐廳展示間

3　林語堂故居簡介：https://www.linyutang.org.tw/big5/pimage/20130807111253006.pdf

▲①臥房展示間，展示林語堂衣衫、家飾等，
　甚為簡樸
②賞心悅目後院一角
③墓碑上書「林語堂先生之墓」，沒有落款

「國學大師」錢穆台北故居

2020 年 2 月 7 日　星期五

　　錢穆台北故居位於台北外雙溪東吳大學一角。2010 年到東吳大學訪友，約在故居內附設餐廳會面，得以匆匆作一巡禮。此次乃有備而來之專訪，感受大不相同。

　　1967 年，錢先生及夫人自港返台覓地建屋，得外雙溪今址。為紀念母親生養之恩，錢先生以無錫故居裡，母親居所之「素書堂」作為隱居終老處所之名，「素書樓」庭院內的一磚一石、一草一木都是主人多年的心血，夾步道而迎的楓樹、房舍後方挺立的竹子，庭園裡的茶花等是夫人親手植栽。

　　1990 年，錢先生以 96 高齡溘然辭世。「素書樓」閒置年餘，政府遂有闢為紀念館之議，最初交由台北市立圖書館管理，於 1992 年 1 月 6 日正式將「素書樓」闢為紀念館。後由於房舍年久失修，台北市政府於 2001 年進行修繕工程，隨後將「素書樓」轉交台北市政府文化局管理。台北市政府文化局於民國 2001 年 12 月 31 日將改名為「錢穆故居」之素書樓委託東吳大學經營，在歷經九年後，於 2011 年 1 月 1 日改委託台北市立大學（原台北市立教育大學）經營管理。[1]

　　故居建造於東吳大學校園內小山坡上，外牆上掛著橫幅的畫報，錢穆先生著長衫，左手執菸斗，右手扶拐杖，面帶微笑，展露一代學人風采。上有先生手書的對聯：「幼生金匱讓皇山嘯傲涇，讓與傲習成性；老住台灣士林區外雙溪，士而雙享餘年。」（按讓皇山、嘯傲涇、士林區、外雙溪均為地名）

　　進入「素書樓」大門後，沿著階梯拾級而上，兩旁植栽楓樹，此刻橙黃色楓葉多已飄落，仍甚有可觀，沿階並植萬年輕，繁茂正盛。「素書樓」座落於

---

[1]　「錢穆故居」網址：http://web.utaipei.edu.tw/~chienmu/

[1]

庭院中，顯得清幽寧靜。

　　故居比較特別的是全自助式，無人應門；進內首見樓梯旁一大型彩色面板，載明入館時刻，左側為客廳，實為一講學廳堂；一邊有十人座圓桌，牆上有前教育部長，文化大學創辦人張其昀「一代儒宗」橫幅，另有「台灣聯聖」張佛千所撰「大宗師逍遙遊九萬里以意，素書樓著述計八千歲為春」對聯，一致推崇錢先生為大宗師。據記載，錢先生常坐在餐桌侃侃而談、神采飛揚，而學生則或與錢先生共坐一桌、或坐在客廳；由於前來聽課的學生眾多，有的人甚至得用站的，但不論坐、站著，聽課的學生往往聽得入神，而無視於講堂狹小的空間。這個客廳是錢先生講學最重要的舞臺，如其所謂「讀畫誦書但隨一室，白雲滄海圍繞四窗」。客廳另一側備有待客沙發、茶几等，掛著朱子所書「立修齊志」、「讀聖賢書」及「靜神養氣」等字軸，並有朱子立像，顯示錢先生對朱子道德文章之敬仰。

　　樓梯右側房間布置為課堂，以應各種活動所需，例如「素書樓 109 年 1 月份講堂」由辛意雲講《四書與品德教育講座》。牆上有多幅錢穆墨寶，包括手書「水到渠成看道力，崖枯木落見天心」對聯。

　　上二樓之樓梯牆上，懸掛多幅錢先生珍貴生活照片，特別引人注目的是一幅錢先生與親侄，「中國力學奠基之父」錢偉長出國留學時合照。

　　上樓右側即為錢先生書房。正對入口為錢先生半身銅像，莊嚴肅穆，但不失和熙，座台下刻有錢先生行誼銘文，終以「綜其平生，學不厭，誨不倦，志道不衰，誠中國近世一代之儒宗」，甚為貼切。前側為書桌椅、書櫃。書桌前除軟凳外，另有圍棋盤。錢先生一生著述、教學八十餘年，大部分的工作都在類似簡易書桌上完成，同時閒暇時，喜歡擺棋一兩局，或與夫人對奕，以舒緩心情。另側則除書櫃外，陳列先生珍藏之「玉屏簫」以及「手杖，菸斗、手錶、眼鏡、皮夾」等物。牆上掛有手書「新春來舊雨，小坐話中興」對聯。錢先生一生奉行孔子所說的遊於藝，喜好吹簫。「玉屏簫」產於貴州省玉屏縣，是簫中的珍品。

　　「素書樓」二樓有一樓廊，盡頭擺放著兩張籐椅與一張小茶几。不僅可窺園，而且能眺遠。錢先生詠「一園花樹，滿屋山川，無得無失，只此自然」，既寫其境，也是其人生境界的寫照。錢穆先生和夫人常坐在籐椅上談論當時社會議題及生活所感。夫人並把兩人閒談的內容撰寫成文，於 1977 年 6 月開始，

每月一篇，定期投稿到《中華日報》副刊。積稿20多篇後，於1979年出版《樓廊閒話》一書。

樓廊一側有錢先生年譜簡表以及與夫人家居生活照片及記述海報，陳列櫃中展有錢先生親筆書稿，正中為「教育與學術成就展示室」，展有錢氏成名作《劉向歆父子年譜》、《朱子新學案》、《國史大綱》等手稿複印本以及其他著作。錢先生上課、演講前，一定會先做筆記大綱。寫《朱子新學案》時，在讀朱子著作時，就記下要討論的子題，後來開始撰《學案》時，寫完一個子題就將這個子題畫上一條紅線，整頁子題都寫完後，就在頁面上畫上兩條紅線。書房門框邊並有一尺標，標示聯經出版的《錢賓四先生全集》，厚達196公分，真正做到「著作等身」。

二樓右側為臥房。錢先生與夫人相互扶持，鶼鰈情深，令人稱羨。簡單的五斗櫃及床鋪顯示出先生樸實無華的生活。展示空間內所陳設的家具擺設是參照錢先生與夫人當年在「素書樓」居住的情況。牆上掛有夫人為慶祝錢先生八十壽誕所繪之「松鶴圖」，上署「蒼松懷有凌雲志，雙鶴飛來好作侶」，彰顯夫妻間的深厚情誼。

「素書樓」旁，原有一簡易餐廳，也許因經營不易，不再營業，讓整個故居顯得更為寂靜。開放書架上，陳列不少各類書籍，不知東吳大學學生是否有善加利用這閱讀好所在？

歸途經過明亮雅致、舒適愉悅的「素書樓」以及花草繁茂 · 樹木挺拔的庭園，默思大師在此渡過人生餘年，仍戮力著書立說，誨人不倦，傳揚中國文化之博大精深，同時與夫人相互扶持，除最後不幸發生的「素書樓」事件外，是一代學人妥切的安身立命歸宿。另一方面，對於在此風和日麗時刻，只有我一人獨自參觀的情境，也不免為蕭瑟之氣感傷，但想到先生詠詩：「室有詩書滿院春光常駐，門無車馬一灣溪水常留」，一代學人「不以物喜，不以己悲」胸懷，也就較為釋然。

①

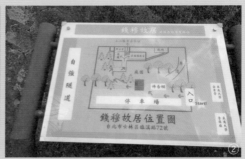②

③

④

⑤

⑥

▲①讓與傲習成性，士而雙享餘年　　②位於台北外雙溪東吳大學一角
　③座落於庭院中，顯得清幽寧靜　　④敬仰朱子道德文章
　⑤四書與品德教育講座　　　　　　⑥與親侄錢偉長出國留學時合照

▲①無得無失，只此自然
②雙鶴飛來好作侶
③簡易餐廳不再營業
④明亮雅致、舒適愉悅
⑤莊嚴肅穆，不失和熙

新竹、清華花鳥逸趣

　　書寫置身於清華校園觀察鷺鷉一族的細節，搜集介紹清華飛羽與水鳥等相關記錄；併有庚子年清華與新竹公園等地賞梅追櫻紀事，以生動文圖呈現新竹與清華的自然多樣性與花鳥圖鑑。

2020年清大相思湖中鷿鷈一族

2020 年 8 月 19 日　星期三

　　8 月 10 日傍晚由於大雷雨沒有繞校園散步，第二天因擔心傍晚又會風雨交加，改在早上健行，走到相思湖時，只見一群約十餘人聚集在相思湖西側湖畔似乎正在進行戶外教學，並不特別在意。到次日，就發現人群不僅越聚越多，而多配備大砲筒攝影機、架好腳架，坐在摺疊椅上，個人則裝束防曬衣著，才注意到大家聚焦距湖畔約五公尺的水上鳥巢上，而從其上兩隻成鳥與四個鳥蛋開始，在大眾面前演出一齣動人的生命故事劇，約十天後才緩緩落幕。

　　由於平日並不屬於賞鳥一族，所以在社交群組開始分享訊息起，才知大家注目的是在水上結巢的小鷿鷈（讀做小僻提，音近小 PT）[1]；從親身觀察到社交群體以及網路訊息與分享的照片，可以為「2020 年清大相思湖中鷿鷈一族」編織成一個從小生命的孵育到優游於湖中的美麗場景。

　　首先是看到一隻小鷿鷈在由樹葉與樹枝覆蓋而成約兩尺見方的鳥巢上孵蛋；接著是小鳥陸續破蛋而出，從一隻、兩隻到四隻，期間成鳥會以樹葉覆蓋在尚未孵出幼鳥蛋上以為掩護；特別有趣的是，鳥媽媽（？）會背負一隻到三

---

[1]　根據維基百科，小鸊鷉（學名：Tachybaptus ruficollis），又名小鷿鷈，大約 25 到 30 公分長，重量 120 到 300 克，是鸊鷉目（Podicipedformes）鸊鷉科（podicipedidae）最小的鳥。屬於日間活動性的鳥類。除了繁殖期間外，夜晚通常停棲於隱密的水塘或湖泊邊的草叢中。營巢於沼澤、池塘、湖泊中叢生蘆葦、燈心草、香蒲等地，多在山地小型水面。如果住地冬季結冰，會搬到較暖和的海邊或者較大不結冰的湖。

　　主要分布於水塘、湖泊、沼澤。除了極地環境及太平洋少數島嶼外，中國大部、亞洲中部和南部、歐洲中部和南部、非洲南部、臺灣、香港屯門、菲律賓、印度尼西亞、澳大利亞都可以發現小鸊鷉的蹤跡。小鸊鷉是中國最常見的水鳥之一，在中國東部大部分開闊水面都能見到小鸊鷉。

　　眼球黑色，眼睛的虹膜黃色，腳黑色。腿很靠後，所以走路不穩，精通游泳和潛水。前面的三根腳趾有蹼。幼鳥的頭部沿著頸部有非常明顯的白色斑紋。成鳥春末到秋季，直且尖的嘴喙顏色為黑色，前端有象牙白色，嘴基有明顯的米黃色。頸側羽色紅褐色，體側帶點黑紅褐色，背部羽毛黑色，尾部羽毛白色。冬季時，嘴喙呈土黃色，頸側呈淺黃色，背部羽毛黑褐色，尾部羽毛白色。

　　以捕捉的小魚為主，偶爾也會捕捉小蝦子或水中的小型節肢動物。

　　一般生兩個蛋，孵出的小鳥有時候背在父母背上。

隻幼鳥優游在四周，幼鳥探頭而望，好不可愛，而也看得到鳥爸爸（？）餵食趴覆在鳥媽媽身上的幼鳥；原來鷿鷈活動都在鳥巢近旁，雖以小魚為主食，似能與湖中附近眾多的吳郭魚和平共生；到 19 日黃昏已不見鳥巢，但仍可捕捉到四隻幼鳥在湖中魚貫悠游的珍貴鏡頭。

在相思湖上演出的生命大劇，讓人不由再次感嘆自然演化的神奇，在不到十天的功夫裡，水鳥本能的動作從築巢、下蛋、孵蛋、背負、餵食幼鳥到小鳥可自行悠游湖上均全本演出；難得的是在賞鳥人鏡頭下，不僅一覽無餘，留下寶貴紀錄，而且藉由社交媒體，傳播遐邇，廣為分享，讓大家嘖嘖稱奇，嘆為觀止。

根據新竹野鳥學會收集，李雄略教授主編，《水木飛羽話清華》一書中統計，1995 年時，清華野生鳥類有三十三科九十八種，二十五年來，鳥類生態自然有相當大的改變，但參考價值依舊；[2] 而巧在名列第一的野鳥，即是小鷿鷈，有其在夏天與冬天分別身披較鮮艷夏羽以及樸素冬羽的照片，並記述「在清華校園內各水域皆有出現，惟出現狀況並不穩定。觀察紀錄多集中於冬季，但並非每年都有。1994 年秋至 1995 春，相思湖有一隻。」可見並非年年都有眼福看到。同時書中並以夫子自道方式，以小鷿鷈口氣，自述一番，頗為逗趣。[3]

以往人們認為鳥類腦袋小得容不下任何思考能力，所以稱人有鳥腦袋（bird brained）就帶有認為其糊塗、愚蠢的貶意，但這個觀點已過時。如今鳥類被證實為具有較高智慧的生物；在《鳥類的天賦》（*The Genius of Birds*）一

---

[2] 新竹野鳥學會，李雄略主編，《水木飛羽話清華》，國立清華大學，新竹（1995）。

[3] 「我名叫小鷿鷈（讀做小僻提），身高 26 公分，是本科鳥類中體型最袖珍的。喜歡棲息於湖泊及池塘，遠遠看常被誤為小鴨子。其實鴨子哪能跟我相提並論？俺不只長得很漂亮，潛水功夫可是一流的。請看看我每根腳趾頭上的兩片瓣蹼。這些瓣蹼只能往後移動不能向前翻，因此游泳的時候只要把腳往後蹬，瓣蹼自動張開，便會獲得推力。妙的是回腳時，瓣蹼會自動向後移，讓水順勢通過，因此直接把腳抽回前方即可，不必像老兄那樣還要抬腿收蹼，多麻煩。我的整個划水過程就好像人類跑步一樣，非常方便。還有一點是我的雙腿長得很後面，潛水時兩隻腳宛如潛水艇的推進器一樣，效率很高。這雙特別的腳使我成為鳥界的潛水高手，一潛就是半分鐘以上，而且冒出水面時已離原地十幾公尺遠。因此遇到危險時我通常只潛不飛。這種腳最大的缺點就是走路搖搖擺擺的，其中之辛苦不足為外鳥道耳。這就是我何以不喜歡上岸的原因。

1990 年秋天成功湖的水質突然變得很乾淨，水生小動物很多。我們一家三鳥看了都很高興，所以在那裡住了下來。我還有個姪兒住在女生宿舍前的小湖中。可惜這裡沒有適當築巢場所，我們只好於 1991 年元月離開了美麗的清華園，以後有機會我會再回來。

春天繁殖時期我會換上夏羽，此時頭部呈赤褐色，下喙基部及喙尖各有淡黃斑。冬羽雖較不鮮艷，倒也甚具樸素之美。我對子女的照顧很週到，常把他們背在背上游泳，是人人稱羨的甜蜜家庭。我的嘴是尖的，所以不會像鴨子那樣死鴨硬嘴板。像我這樣美麗又有才藝的高貴水鳥在中國歷史上卻沒受到應有的重視。宋朝蘇軾還在東坡集續集裡說：『囊簡久藏科斗字，銛鋒新瑩鷿鷈膏。』鷿鷈膏是一種塗劍用的上等防鏽油。在中國人眼裡，這似乎是俺鷿鷈的唯一用途。」

書中[4]，獲獎連連的美國科普作家 Jennifer Ackerman 紀錄自己追蹤鳥類的一年生活，從春季的聰明破殼而出，到冬季蛻變成熟有智慧，同時探索了嗷嗷待哺時、剛學會飛翔時、以及少年時期的鳥類行為。天賦在此定義為「天生或者後天習得非凡的能力」或「做好他者做不好的能力」；鳥類從成年到性成熟、再轉變老的過程中，牠們學會呼朋引伴、唱歌、哺育後代、製造和使用工具，同時，牠們擁有天生非凡的記憶力，能精確辨識飛行的線路、知道如何遷居、明白如何成功求偶及繁育後代，然後慢慢地變老死亡。她認為鳥類是思維最縝密的思想家，擁有天生的機靈、風趣與幽默，有時貪婪、脾氣暴躁、爭強好勝，有時卻又知足常樂，書中各章節從技巧、社交能力、音樂天分、藝術性、空間感、創造力、適應力等方面敘述鳥類傑出能力與技巧，值得大家「刮目相看」。

▲①守候新生命的誕生與小鳥依人
②揭開序幕
③三缺一（莊峻鏞醫師攝）

4　Jennifer Ackerman，《鳥類的天賦》（*The Genius of Birds*），蕭寶森譯，商周出版，臺北（2016）。

▲①孺慕之情（莊峻鏞醫師攝）
　②長幼有序（莊峻鏞醫師攝）
　③我也會游泳了（莊峻鏞醫師攝）
　④優游自在（莊峻鏞醫師攝）
　⑤老么優先（莊峻鏞醫師攝）
　⑥老么受到特別阿護（莊峻鏞醫師攝）

清華大學校園的飛羽與水鳥

2020 年 9 月 16 日　星期三

　　清華相思湖在 8 月中旬曾上演了一齣小鸊鷉（讀做小僻提，音近小 PT）生命大劇，從築巢、下蛋、孵蛋、背負、餵食幼鳥到小鳥可自行悠遊湖上均全本演出；難得的是在賞鳥人鏡頭下，留下寶貴紀錄，讓大家嘖嘖稱奇，嘆為觀止。

　　從社交媒體群組朋友處轉來許多莊峻鏞醫師所攝照片，精緻寫實了小鸊鷉一族的生活，讓人感動不已，在朋友介紹之下，因而有緣與莊峻鏞醫師伉儷結識；莊醫師約於十年前成為賞鳥、拍鳥一族，於桃園與新竹省立醫院公職退休後，自開診所，因而有較多時間處理「鳥事」。[1] 承蒙不棄，常藉由網路傳來新作，讓人驚嘆各種絢麗小鳥的精采風姿；此處先選莊醫師傳來一小部分在清華拍攝或清華有的鳥種精彩照片，在其同意下，登載在個人部落格中，以與友朋共享。其餘部分，將另載於「莊峻鏞醫師與鳥的世界」部落格刊文中。

　　說起賞鳥，清華有不少同事是熱心的賞鳥人，有些活躍於野鳥學會，長年記錄校園野鳥生態，[2] 也有同事每年製作以所拍鳥影為題材月曆以贈親友；最特別的是，我曾有一位博士生，喜好賞鳥同時精於攝影，並出了專書，但擔心我認為他不專心研究，並沒有在實驗室聲張，直到我一日在行車途中，聽到中廣新聞網專訪一位清大博士生，受訪人的聲音越聽越像這位學生，隔日經詢問，他也坦承就是他本人，不久後奉上新書《白博士的飛羽手札：數位飛羽攝影技巧‧台灣鳥點導覽》一本，[3] 並寫到：「這是台灣鳥界第一本鳥點導覽書籍」；白博士是楊偉傑博士的化名，他畢業後，輾轉到美國矽谷「蘋果電腦」

---

[1] 「鳥事」通常指無聊的事，但如對鳥有深一層了解，會發現純屬偏見。
[2] 新竹野鳥學會，李雄略主編，《水木飛羽話清華》，國立清華大學，新竹（1995）。
[3] 楊偉傑，《白博士的飛羽手札：數位飛羽攝影技巧‧台灣鳥點導覽》，上奇科技，台北（2007）。

任職，相信拍鳥部分一定未曾荒廢。

《水木飛羽話清華》一書中統計，1995年時，清華野生鳥類有三十三科九十八種，二十五年來，鳥類生態自然有相當大的改變，但參考價值依舊。由於個人認識的鳥種有限，只能對目前在清華校園常見的鳥種，作一簡述：

一、黑冠麻鷺：此鳥在學生群中稱怪鳥，經常孤立在路旁，毫不畏人，曾親見其獵食大型蚯蚓，也碰巧拍攝到兩鳥並立於枝頭鳥巢邊的鏡頭。

二、白鷺鷥：最常見於清晨或黃昏，分布在南校區大草坪、相思湖畔與梅園，最多曾同時看見二十餘隻。

三、大尾卷：曾有數次自樹梢直下偷襲啄人紀錄，一次見二鳥多次交錯飛過一充滿困惑的校狗頭上，似乎樂在其中，頗有智慧。

四、水鳥：包括天鵝、鵝與鴨，[4]是相思湖常駐水鳥，經常可見優游其中，但也有遭少數惡劣遊客傷害情事，目前形單影隻的黑天鵝原有兩隻，一隻莫名失蹤。

五、鴿子：原在綜一、二、三館間有鴿子廣場，鴿子雖平和可愛，但數目一多對衛生的維持變得很困難，大約十年前，由附近館舍裝置護窗，讓鴿子失去倚窗立足的機會，鴿群逐漸移往成功湖畔，其他地方僅偶見落單鴿子。

六、麻雀：麻雀雖小，但活潑異常，群起群落，仍非常壯觀。

▶ 左：白博士的飛羽手札
右：水木飛羽話清華

4　天鵝與鵝的分別：鵝為鳥綱、雁形目、鴨科、鵝屬家禽，由野雁馴化而來，而天鵝是鳥綱、雁形目、鴨科、天鵝屬的一類游禽，是游禽中體形最大的種類；一說是以脖子長短和脾氣來分，脖子長又有彎曲弧度的是天鵝，脖子短又脾氣壞的是鵝！不少人應都有被鵝追著咬的經驗；一次在相思湖畔看到一位在鄉下長大的朋友，眼見大鵝來勢洶洶，作勢要抓它的脖子，該鵝馬上知難而退，不知是因為本能，還是以前吃過苦頭，相當有趣。

▲ ①小鸊鷉（莊峻鏞醫師攝）　④校園一怪鳥　⑦勇往直前
　②五色鳥（莊峻鏞醫師攝）　⑤麻雀活潑異常（白博士攝）　⑧成功湖畔的鴿子
　③黃頭鷺（莊峻鏞醫師攝）　⑥點點白鷺鷥　⑨功課完畢回家去

庚子年清華「梅園」的梅花

2021 年 1 月 8 日　星期五

　　最近連續有兩個寒流來襲，對清華人來說，是賞梅好時節的訊號；12 月底到「梅園」[1]，可見梅花點點，到 1 月 10 日，則已蔚然可觀，淡雅清香撲鼻而來。

　　清華的「梅園」名聞遐邇，今年校方特別做了一個大型立體歡迎看板，假期中已是遊人如織，梅花是隆冬名花，花期約 10 至 25 天，與往年相似，大概會持續到農曆新年。

　　今年的「梅園」，可見到幾十株用竹條圈起來約一人高的幼梅，原來梅園老梅至今超過五十歲，部分已屆退休年齡，而由新梅替代；與人事一樣，「長江後浪推前浪」，是大自然的常規，才得生生不息；可喜的是部分幼梅上已萌生美麗花朵。梅花在冬天開花的好處是沒有其他植物來競爭傳粉者，如果仔細觀察，可在樹上看到許多辛勤汲取花蜜的蜜蜂。另一方面，開出的花朵似乎比往年大些，不知是否是因為施肥或汰舊換新之際，讓老梅汲取養分空間加大之故。同時，在梅枝上多見待放的花苞，可見賞梅後勢可期。

　　由於風行一時的流行歌曲「梅花」，歌詞一開頭就是「梅花、梅花滿天下，愈冷它愈開花」，會讓人以為天冷會催發梅花，但實際上，並不一定能當真。有報導比較在較暖的台灣梅花已經綻放時，而較低溫的上海還未開花；同時日本放送協會（NHK）在某年 3 月初，介紹京都梅花所在地時，受訪專家表示「梅花越暖越開花，京都這兩天氣溫高昇，也因此梅花才會盛開，而且梅花的花瓣對溫度非常敏感，因此是每天下午一點氣溫最高的時候，以及吸收了

---

[1] 「梅園」是清華的景點，每年一、二月間梅花盛開，「賞梅」遊人如織。由於「梅園」依傍「兩岸清華永久校長」梅貽琦陵墓，是安葬梅校長的墓園，並因梅校長命名，對清華人來說，更具感恩追思意義。

幾個小時的暖和的陽光，是一天裡開的最好的時光！」如果瞭解緯度較京都低的台灣梅花之花期約為 12 月至翌年 1-2 月，對照之下，又多一分佐證。

所以梅花越冷越開花，應是一種誤解；這牽涉到植物的花期，俗語說：「春暖花開」，春天確實是繁花似錦的季節，但大自然演化的奧秘是，偏偏有梅花等在冬季開花。目前在科學上從基因變化了解，在千百萬年的進化過程當中，植物通過進化形成了複雜精確的機制，能夠整合分析內源信號與外部環境和季節資訊，調控開花時間，從而達到適應環境的目的。大多數美麗的花在春天盛開一方面是因為溫度，更重要的原因是一些植物需要經過冬天長時間的持續低溫才能在春季或夏季開花。

研究表明，在植物開花後的胚胎發育早期，曾經的低溫記憶被擦掉了，因此在胚胎發育時期，負調控再一次被啟動打開，使下一代又需經歷冬季低溫才能在春季開花。這一「胎性」啟動狀態會傳遞到幼苗，這樣就形成了苗期的「胎性記憶」，好比成年人的幼時記憶。負調控在秋季的幼苗中處於啟動狀態，從而防止植物在過冬前或過冬時開花。由此看來，一些植物在經歷了寒冷的冬季之後，負調控被「關閉」，當春天來臨時，日益增長的光照又使正調控「被打開」從而誘導植物在春天開花。不過這些也不是唯一的因素，春天氣溫變暖、土壤潮濕、營養豐富，這些因素都使植物更加適合生長。植物給自己足夠的時間和耐心去努力開花、結果，也讓我們對美麗的花朵有了更多的期待！

對於梅花來說，在夏天長芽，到了秋天，花芽因為日照短、低溫而進入休眠狀態，停止成長，休眠經過一段期間後，如果再遇到低溫，就會打破休眠狀態而醒來，花芽從休眠狀態醒來後，一旦氣溫升高，變得暖和，就會開始綻放花朵。同理，櫻花的花期緊接在梅花之後，是因為要讓其花芽醒來需要的低溫期間，比梅花長，才能打破休眠狀態。

▲ 大型立體歡迎看板

▲ ①梅花越冷越開花是一種誤解　　②梅花點點
　③多見待放的花苞　　　　　　　④含苞待放
　⑤辛勤汲取花蜜的蜜蜂（陳信文攝）　⑥望梅止渴

庚子年清華「梅園」花語與影像紀事

2021 年 1 月 24 日　星期日

　　今年「梅園」的梅花，從一月初開始，漸進入盛開期，到 1 月 20 日左右，達到高峰，可以兩百多株梅花齊開、滿開或全開形容，放眼望去，一片白色花海，園中梅花綻放之盛，花香之濃郁，都是四十年來僅見，讓新冠病毒疫情延燒仍極嚴峻的庚子年尾，賞梅人得以一紓緊繃的心情。

　　由於每天散步均會經過梅園，所以從 2020 年 12 月底，首見零星的梅花起，再見梅花一一綻放，逐漸蔚然成景，開始吸引遊客，同時隨著繁花盛開，原本清淡的梅花香，漸趨濃郁，撲鼻香氣，也招來許多蜜蜂，飛翔林間，盡情享用花蜜，也帶來盎然生氣，織成一幅美麗的大自然景觀。

　　約於一月中旬時分，已是遠看一片花海，近觀則眾花爭妍，在媒體與網路群體爭相報導之下，梅園終日遊客可以摩肩擦踵形容，或呼朋引伴，或扶老攜幼，大飽眼福之際，不忘攝影留念，期盼世上愛花人惜花，轉正念而惜人，一園之美，功德無量，讓人欣喜。

　　到一月下旬，花期漸近尾聲，但見枝頭梅花，不再朵朵飽滿，稍有微風細雨，則落英繽紛，樹下已點點白斑，化作春泥好護花；雖然遠近遊客仍川流不息，但已芳華不再，再過幾日，已零落過半，略顯淒涼；唐詩「有花堪折直須折，莫待無花空折枝」，良有以也，賞梅確實要及時。

　　一園梅花，綻開時間紛陳，從零落到飽滿，到逐漸謝去；一時有些已添新葉，部分已現枯萎，有些仍爭奇鬥妍，隔鄰已多見梅子結實，綠葉長出，而有些似無結果跡象；照一般了解，梅是雌雄同株，是否結果則有很大的差異；有老農解釋，梅花有雌雄之分，大者為雄，小者為會結果的雌花，至於何者導致花分雌雄，以致有不同年分結果的差異，還待探究。

　　庚子年清華「梅園」花事約持續一月，漸趨寂寥，李後主詞「林花謝了太

匆匆」，是貼切的形容。另一方面，也有在梅園邊緣少數梅花姍姍來遲，到二月初仍然怒放，芳菲不減。同時校園其他地方，由於日照、汲取養分等環境大不相同，仍有梅花正在盛開之中，大有可觀。尤其在人社院與生科院交會角落的一株梅樹，到 1 月 29 日仍風華正盛，花朵濃密異常，讓人驚艷。

　　因為每日散步的路徑與往年不同，今年得以全程見證梅園梅花開放，又不時攝影留念，再加上網路群組中，有不少朋友們傳來的賞梅攝影佳作，有蜜蜂採蜜、飛翔，翠鳥聞香、梅花一般為單層 5 瓣，但偶有重瓣，有朋友在花海中找出 6、7、8 瓣花，不能不叫人佩服。另一方面，梅園梅樹屬開白花的品種，但也有人找得到稀有粉紅重瓣梅花，讓人驚艷！值得大家共賞，因此在此稍作彙整，並為梅園四十年來盛況作一紀錄與紀念。

　　照片排列順序先為依拍攝時日，其次則為佳作選，因有些不明拍攝時間而從略，但儘可能註明出處。

▲ ①1月9日　蔚然可觀　　②1月19日　風華正茂
　 ③1月19日　婀娜多姿　　④1月13日　台灣聯大同仁共賞梅景

▲ ①1月22日　當我們同在一起
　②合成影像幾可亂真
　③1月15日　麗日招我以花蜜（陳幼雪攝）
　④罕見新梅（陳信文攝）

③
YouCam
Jan.15,2021

2021年新竹公園的櫻花秀

2021 年 2 月 15 日　星期一

　　在清華山櫻花季高潮剛過時刻，喜見網路群組朋友傳來前日在新竹公園賞櫻的影片，令人驚豔，當下決定把握時機前往尋芳，以免像往年聽說該處的櫻花已經盛開而擇空一探時，往往繁華已過，空留遺憾。

▲ 花瓣先端圓鈍而凹入

　　根據新竹市城銷處表示，新竹公園內總數大約有 850 棵櫻花樹，到初三時已有 8 成盛開，初四前往一遊時，但見群芳怒放，春意盎然，一片「粉紅花海」，令人陶醉。

　　新竹公園的櫻花主要是粉紅色的河津櫻[1]，間有緋紅色八重櫻[2]；河津櫻生長密度較山櫻花高很多，遠看一片粉紅雲彩，極為美觀。八重櫻多植於河津櫻之間，總共僅約數十株，乍看像山櫻花，主要差別山櫻花是單瓣，八重櫻是重瓣。

---

[1]　節錄自維基百科：https://zh.wikipedia.org/wiki/ 河津櫻：

　　河津櫻（學名：Prunus lannesiana cv. Kawazu-zakura）是大島櫻和寒緋櫻的自然雜交種，屬薔薇科的落葉喬木植物，原生種產於日本，園藝栽培育成。1955 年，在日本靜岡縣賀茂郡河津町偶然發現，於 1974 年，命名為「河津櫻」。

　　兩性花，週位花，花叢生或繖形花序狀排列，花多數，下垂狀，多先葉開放，腋生，花梗細長，綠色，光滑，苞片披針形或卵狀披針形，先端銳尖，花萼鐘形，黃綠色、黃色，先端五裂，裂片三角狀卵形，先端銳尖，花萼筒與子房合生或離生，花冠漏斗狀，輪形排列，輻射對稱，單瓣花，花瓣五枚，粉紅色，與山櫻花相比，色澤淡了許多，著生於花萼筒處，呈緊密覆瓦狀排列，花瓣卵狀圓形，先端圓鈍而凹入。

[2]　節錄自：https://b20131201.pixnet.net/blog/post/25939678

　　八重櫻是重瓣櫻花的總稱，非特定的品種名，品種眾多。花瓣非常多又細，狀如菊花者，也稱作菊櫻。八重櫻則與山櫻花較類似，花色皆呈現濃紅、花型為吊鐘型，為山櫻花的重瓣品種。八重櫻在台灣有個別名是牡丹櫻，和日本俗稱的牡丹並不相同（日本人稱的牡丹櫻為另外一種），花朵比山櫻大，花梗更長，花瓣重瓣桃紅色，盛開時的確很像迷你型的紅牡丹花，顯得富貴又喜氣。

在賞櫻歸途，令人驚喜的是在博愛路接近交通大學（現陽明交通大學）博愛校區路邊，看到一棵盛開的櫻花樹，繁花似錦，風華正茂，異常顯眼；櫻花單瓣而叢生，主要是粉紅色，但有部分白色花共生，可能是富士櫻。[3]

▲ ①櫻花雲海一角　②五枚花瓣粉紅色單瓣花
　③圓形廣場　　　④紅艷動人
　⑤繁花似錦　　　⑥粉紅色與白色花共生

---

[3]　節錄自：https://pkblog0438.blogspot.com/2018/03/blog-post.html
　　　富士櫻是台灣原生種山櫻花緋寒櫻（台灣山櫻）與日本山櫻的嫁接雜交品種，在台灣稱為富士櫻，但在日本，富士櫻這個名字指的是另外一種日本原生種櫻花。本種的花為粉紅色或淡紅色，所以也有人稱為粉紅富士櫻或富士粉紅櫻。
　　　富士櫻的花期在 2 月下旬至 3 月，比緋寒櫻稍晚一些，花為單瓣 5 枚，先落葉再開花，花朵叢生或呈繖形花序排列，腋生。粉紅色或淡紅色，覆瓦狀排列。

移花接木：2021年新竹追櫻記

2021 年 2 月 17 日　星期三

　　日本以賞櫻出名；去年本規劃到日本追櫻，因新冠疫情戛然叫停；在新冠疫情仍未紓解的今日，出國賞櫻已不可能，不意今年新竹櫻花開得特別茂盛，從一月底起，處處花開，美不勝收，可以說賞櫻不一定要到日本。

　　新竹的櫻花在一月底到二月中在清華校園喧鬧了一陣，吸引許多賞櫻人，除了在南校區櫻花林外，其他在東院、物理館、舊體育館、生科院前、四五花圃、靜齋對面山坡（七九櫻林）、名人堂南側以及昆明湖邊的聚落都有相當規模，開花時期不一，到 2 月 17 日仍有部分在盛開，但大部分已不再生氣勃勃，也多有落花。

　　清華的櫻花幾乎全是山櫻花，但在四五花圃發現兩株八重櫻，兩者的主要差別，一方面是單瓣與重瓣之分，一方面是山櫻花是粉紅趨朱紅，八重櫻花色更深紅些。

　　在《漢書》中記載西漢著名的經學家、思想家和政治家董仲舒，專心一意治學，三年未曾窺視園菜一眼，也是成語「目不窺園」的典故。心想最近一陣賞花寫鳥「玩物喪志」有些過分，正準備在清華山櫻花季高潮已過時開始收心，又被新竹各處櫻花盛開訊息擾動，既然「陽春招我以煙景，大塊假我以文章」，乾脆乘興而行，賞花去也！

　　先是網路群組朋友傳來前日在新竹公園賞櫻的影片，令人驚豔，在 2 月 15 日前往一遊時，但見群芳怒放，春意盎然，一片「粉紅花海」，令人陶醉。

　　新竹公園的櫻花主要是粉紅色的河津櫻間有緋紅色八重櫻，共有 850 株；河津櫻花生長密度較山櫻花高很多，遠看一片粉紅雲彩，極為美觀。八重櫻多植於河津櫻之間，總共約幾十株，乍看像山櫻花，主要差別山櫻花是單瓣，八重櫻是重瓣。

在博愛路接近交通大學（現陽明交通大學）博愛校區路邊，有一棵盛開的櫻花樹，單瓣而叢生，主要是粉紅色，但有部分白花，可能是富士櫻，異常顯眼。

2月16日傍晚到十八尖山走春；與清華西門緊接的工研院光復院區裡有不少盛開的河津櫻；而在十八尖山也處處可見盛開的山櫻花，在入口右側有幾株河津櫻與山櫻花，仍風華甚茂。山上則幾乎全為山櫻花，秀色可餐。

2月17日蒙朋友邀請，到三民路賞櫻。只見沿路密植粉紅色河津櫻，同時也有少數幾株緋紅色八重櫻，異常美觀，可謂大飽眼福。最神奇的是發現有兩株在河津櫻主幹上分支出山櫻花，才現場體驗到成語所說「移花接木」，原來真有所本。

河津櫻是大島櫻和台灣山櫻花的自然雜交種，在河津櫻上長出山櫻花或可以遺傳學中顯性與隱性因子說明，據報導有些看似白人夫婦，突然生了一個黑色皮膚小孩，可能是隔代相傳，隱性因子轉為顯性之故。但在植物中山櫻花顯性因子，展現在雜交後代的枝條上，還是令人相當驚訝。

按台灣山櫻花為台灣原生種，能適應較暖和的氣候與低海拔地區，是台灣分布最廣的櫻花樹種，也是全世界需冷性最少、花色最為濃豔的品種。

接著轉往中華路一段頭前溪南側河濱公園附近自行車道賞櫻，遠看約有百株河津櫻迎風招搖，頗為壯觀，近看則多已年華已逝，有些已長出新葉，也讓人感嘆櫻花艷照人間太匆匆。

◀ 左：適合遠觀
　右：隱性因子轉為顯性

▲ ①1月31日　蔚然成景　　②賞櫻不一定要到日本
　③2月9日　東院　　　　④2月10日　暮色下的櫻花林
　⑤2月17日　四五花圃　　⑥緋紅色八重櫻

地景旅遊與漫談

　　深度紀錄 2019 年至杭州、台南及 2022 年後疫情時代至花東、宜蘭和板橋林家花園漫遊的旅途體驗見聞，另獨立 2019 年「安徽文人墨客」與「宮廟」系列之旅，以文字交織各地自然風景及文史風貌，開展與標記自我的旅遊地景。

2019年杭州之旅（一）——靈隱寺

2019 年 10 月 29 日　星期二

　　杭州是個迷人的地方，今年由於參加 IUMRS 三十周年慶盛會，得於 10 月 24-28 日，再訪杭州。屈指算來，自 1990 年初訪杭州，前後約到過杭州十次，除了看望親人外，也有很多機會到有「上有天堂，下有蘇杭」之杭州旅遊，尤其多次住在西湖邊，飽覽西湖秀麗景色，經常流連忘返。

　　這次大會安排的會議與住宿地點都是在西湖邊的「金溪山莊」，行前想到最可能的旅程是漫步蘇堤，環繞西湖觀賞「西湖十景」，但由於旅伴們建議，旅遊重點反而是「靈隱寺」與「京杭大運河」，另外由大會安排乘船遊湖，並觀賞「夢幻西湖」大型文藝演出。

　　「靈隱寺」離西湖不遠，距「金溪山莊」約三公里，是杭州歷史悠久、景色宜人的遊覽勝地。「靈隱寺」山門外有一照壁，上題「咫尺西天」四個大字。進入靈隱景區後，步道左側便是「飛來峰」，意為「飛來之峰」，源自東晉咸和初，靈隱寺開山祖師慧理到了杭州，看到它感嘆道：「此乃中天竺國靈鷲山一小嶺，不知何代飛來？佛在世日，多為仙靈所隱」，因此，得名「飛來峰」。

　　「飛來峰」上有摩崖石刻造像 380 餘尊，為中國五代至元代時期的佛教石刻雕像，並有高僧取經故事組雕。石刻栩栩如生，但有些石刻卻面目全非，由現場可見修復工作正在進行中。

　　步道右側便是「靈隱寺」的

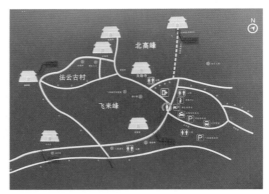

▲「靈隱寺」離西湖不遠

正門。「靈隱寺」得名於「仙靈所隱」之意，始建於東晉咸和元年（公元 326 年），是杭州的著名千年名剎之一。

「靈隱寺」以南宋高僧濟公的修行地而著名，在入門處懸掛有一大型的告示牌，約有一人高，書寫了「濟公活佛聖訓」，內共有二十八行每行十個字，可謂「勸世良言」，頗有深意。[1]

靈隱寺的主殿大雄寶殿。該殿為三層重簷構造，高達 33.6 米，雄偉莊嚴。殿內正面為釋迦牟尼蓮花坐像，該像造於 1956 年，高達 19.6 米，連座高 24.8 米，用香樟木仿唐代佛像雕刻而成，佛像外敷金箔。目前該佛像是中國國內最大的木雕佛像。

大殿兩側為十八羅漢造型，姿態各異，栩栩如生。釋迦牟尼像的背面是大型彩塑群像「善財童子五十三參」，正中是手執淨瓶的南海觀音，周圍的彩塑中刻畫了 150 多位佛教和傳說人物，其中也包括托塔天王、韋陀菩薩、孫悟空、四大天王、濟公等造型。

藥師殿供奉如來佛，藥師佛的「藥」其中之一意思是醫人心，離輪迴。寺後有一唐朝時期日本派遣僧空海（774-835 年）的雕像，下署「中日友好三十周年紀念」。2018 年亞洲電影獎的大贏家《妖貓傳》，改編自日本作家夢枕獏《沙門空海之大唐鬼宴》，故事中「空海」被捲入怪異事件。牽扯白居易、李白等人，甚為有趣。

華嚴殿是靈隱寺內位置最高的建築，「華嚴」義為用華（花的古字，讀音、意義等同「花」）莊嚴裝飾佛陀。殿內供奉華嚴三聖——毘盧遮那佛、

---

[1] 〈濟公活佛聖訓〉
一生都是命安排，求什麼？今日不知明日事，愁什麼？
不禮爹娘禮世尊，敬什麼？兄弟姊妹皆同氣，爭什麼？
兒孫自有兒孫福，憂什麼？豈可人無得運時，急什麼？
人世難逢開口笑，苦什麼？補破遮寒暖即休，擺什麼？
才過三寸成何物，饞什麼？死後一文帶不去，慳什麼？
前人田地後人收，佔什麼？得便宜處失便宜，貪什麼？
舉頭三尺有神明，欺什麼？榮華富貴眼前花，傲什麼？
它家富貴前生定，妒什麼？前世不修今受苦，怨什麼？
賭博之人無下梢，耍什麼？治家勤儉勝求人，奢什麼？
冤冤相報幾時休，結什麼？世事如同棋一局，算什麼？
聰明反被聰明誤，巧什麼？虛言折盡平生福，謊什麼？
是非到底見分明，辯什麼？誰能保守常無事，請什麼？
穴在人心不在山，謀什麼？欺人是禍饒人福，卜什麼？
壽自護生愛物增，殺什麼？一旦無常萬事休，忙什麼？

文殊菩薩和普賢菩薩。在《華嚴經》中，在娑婆世界教化眾生的釋迦牟尼佛的法身毗盧遮那佛（即密宗大日如來），左脅侍菩薩是以智慧聞名的文殊菩薩，右脅侍菩薩是以理德聞名的普賢菩薩，合稱為「華嚴三聖」，又稱「釋迦三尊」。三尊佛像均以緬甸進口德直徑 2.08 米、高 8.2 米南木雕塑。衣飾、蓮臺則為香樟木雕。

　　側殿有濟公殿等；濟公殿供奉濟公。濟公師父，南宋淳熙 3 年出家於靈隱寺，一生嬉笑怒罵，遊戲神通，好打不平，民間呼稱為濟公活佛。鎮殿濟公禪師神像，為青銅鑄像，其原型採用靈隱寺所藏清末畫家竹禪的濟公畫像，高 2.3 米，重 2.5 噸。

　　寺中另一特色是多有「一字禪」立牌，如「安」：用目只能感知來去，用心則能體味永恆。修悟只有先消除心中的慾火，安心安神。一個安己之人則一切來去均能坦然。「思」：做人做事，皆須勤悟多思。如此則能達到佛入我，我入佛的境地；頗有禪意。

▲ ①五代至元代時期的佛教石刻雕像　　②仙靈所隱
　 ③大雄寶殿雄偉莊嚴　　　　　　　　④善財童子五十三參

▲ ①藥師殿供奉如來佛
　②靈隱寺內位置最高建築
　③供奉華嚴三聖
　④鎮殿濟公禪師神像

2019年杭州之旅（二）——京杭大運河

2019 年 11 月 10 日　星期日

從小就對中國二大工程「萬里長城」與「漕糧運河」耳熟能詳，兩岸開放後，多次到「萬里長城」一遊，卻冷落了「漕糧運河」。這次杭州行，能在運河上游船，又造訪「運河博物館」，增廣見聞不少。

「京杭大運河」南起杭州，北達北京，是元朝漕運主幹線，「大運河」的一部分，流經北京、天津、河北、山東、江蘇和浙江四省二市，溝通海河、黃河、淮河、長江和錢塘江五大水系，全長 1794 公里，是世界上里程最長、工程最浩大、最古老的人工運河，被列入世界遺產名錄。

根據瞭解，想要快速掌握「京杭大運河杭州段」，乘坐觀光漕舫船／大眾水上巴士是最為便捷的方式。其中觀光漕舫船價格較貴但能享受舒適空間與專業講解；大眾水上巴士速度稍慢但價格便宜且更能親近市井生活，實際上，漕舫船上甚為嘈雜，不易聽清楚專業講解，與水上巴士相差無幾，而自武林門到拱宸橋，票價差十倍（人民幣 30 元與 3 元之別）。

從西湖大廣場邊的「武林門碼頭」乘船，到拱宸橋約 25 分鐘航程。「武林門」可溯源至隋代，當時是杭州的北城城門。隋以前生活動盪，戰亂頻頻，開通運河多用於戰爭，因此，這一帶原取名叫虎臨門，以顯虎虎之聲氣。

「西湖文化廣場」和「環球中心」是杭州新地標建築，「浙江自然博物館」和「浙江省科技館」都在裡面。運河上最新的一座橋，即「西湖文化廣場橋」，橋面中間的巨型鑄銅浮雕上，可欣賞到大運河從北京到杭州的一路風情，橋欄杆的玻璃雕刻還描繪了世界上著名的運河。

沿途風光綺麗，垂柳處處，綠意盎然，多有休棲亭閣，所謂「兩岸人家盡枕河，座座石橋跨水上」，富有江南水鄉特色，古橋有古韻，新橋有新姿。運河上有客貨船往來。途經杭州著名的八大寺廟之一香積寺、有戰神雕塑布置護

橋墩「登雲大橋」等勝蹟，不久有「京杭大運河杭州段」的代表之譽的「拱宸橋」在望。「拱宸橋」為三孔薄墩拱橋，始建於明崇禎 4 年（1631 年），清順治、康熙與雍正年間幾度重修，過往曾是京杭運河南端終點的標誌。橋名中的「拱」象徵拱手表示敬意，「宸」意為帝王宮殿，因此矗立於河道中央的石橋其實便是對南巡杭州的帝王所表現的相迎與崇高敬意。

到「拱宸橋」首要目標為運河東側的「京杭大運河博物館」。該館於 2006 年 10 月 1 日正式開放，建築面積 10,700 平方米，展覽面積達五千餘平方米，分序廳和「大運河的開鑿與變遷」、「大運河的利用」、「運河畔的城市」和「運河文化」四個展廳等。

一進「博物館」，即見一艘古樸滄桑的漕運船擺在正中，腳下是玻璃鋼鋪設的模擬水面，給人一種在運河上徜徉而行感覺。迎面一艘帆船在緩緩駛來，兩側是古老的橋墩模型，天花板設計成燦爛星空，置身其中，如泛舟河上。

根據《每日頭條》記載[1]，世界大運河長度與完成年代，分別為：

一、中國京杭大運河：長 1794 公里，西元 618 完成。

二、美國伊利運河：長 564 公里，西元 1825 完成。

三、法國馬恩運河：長 316 公里，西元 1853 完成。

四、第四名美國與加拿大聖勞倫斯海道：長 304 公里，西元 1959 完成。

五、埃及蘇伊士運河：長 172.5 公里，西元 1869 完成。

六、比利時阿爾伯特運河：長 128 公里，西元 1922 完成。

七、蘇聯伏爾加頓河運河：長 101 公里，西元 1952 完成。

八、名德國基爾運河：長 98.7 公里，西元 1895 完成。

九、瑞典約塔運河：長 88 公里，西元 1832 完成。

十、巴拿馬巴拿馬運河：長 81.3 公里，西元 1914 完成。

「京杭大運河」無疑是世界上里程最長、工程最大的古代運河，也是最古老的運河之一，長度竟然相當於後幾名長度的總和。而「博物館」所列世界大運河則依年份，僅列其一、二、五、七、八、十共六條運河，不知選列標準為何？列表上說明：「人類不僅利用自然河流，也開鑿人工河道從事灌溉與航運。為連接分散的水域，亞述人於西元前七世紀開始挖掘運河，波斯人也在

---

[1] https://kknews.cc/zh-tw/history/8xoqnje.html

西元前五世紀溝通了尼羅河和紅海。歐洲的運河開始於十七世紀末。到十九世紀，地球上又出現了基爾運河、蘇伊士運河與巴拿馬運河三條重要人工河道。中國是世界上開鑿運河的國家，在人類運河史上佔有最引人注目的地位。舉世聞名的京杭大運河是世界上最長的人工河道。」

第一展廳：大運河的開鑿與變遷

　　用人物雕像、歷史圖片展現運河連接中國五省四市、貫通五大水系，波瀾起伏的歷史故事。從文獻上記載來看，中國大運河的歷史可以追溯到三千多年前的春秋戰國時期，逐漸強盛的吳國加入大國爭霸之列，當時吳國的國王夫差為了北上爭霸，開鑿了從邗城到末口的邗溝。在西元前 486 年，吳王夫差開鑿的邗溝，從末口到邗城（即今天的揚州到淮安）一段，全長 150 公里，是世界上最早有確切紀年的一條人工河道。吳國的水師沿著這條運河北上，先後打敗魯國與齊國，成就了短暫霸業。

　　隋代開鑿了與洛陽為中心向東南、東北輻射的南北運河。元帝國建都北京後，對運河進行調整，形成了縱貫南北的運河體系，這就是聞名遐邇的「京杭大運河」。明清兩代經過修整和疏浚，航船完全擺脫湖區航道，大運河成為了真正的人工運河。分為以下七段：

　　　一、通惠河：大運河最北的一段，自北京東南至通州，因水源不足，通航不正常，全長 22 公里。

　　　二、北運河：通州至天津段，長 186 公里，在天津匯入海河。

　　　三、南運河：天津到至山東臨清。全長約 400 公里。

　　　四、魯運河：北起臨清，南至台兒莊，貫穿山東省西部，長約 480 公里。1855 年黃河北徙，魯運河被沖毀淤塞，航運遂告中斷。

　　　五、中運河：台兒莊向南至淮陰，長 186 公里。

　　　六、裡運河：淮陰至揚州，長 190 公里。

　　　七、江南運河：自鎮江至杭州，長 330 公里，貫通長江和錢塘江兩大水系。

　　目前江南運河已擴建為 3 級航道，通行 1000 噸內河船隻。古石橋則因妨礙通航而改建成現代化永久性大橋。

第二展廳：大運河的利用

運河的功能包括（1）、爭霸與統一；（2）、民間運輸；（3）、灌溉和水利；（4）、巡幸與視察；（5）、運河與中外文化交流；（6）、運河漕運。

開鑿大運河最初是為了軍事目的。吳王夫差要北上爭霸，為了運輸人馬和糧草，所以開鑿了邗溝。但是到隋唐以後，大運河的功能更多的體現在經濟方面。從隋朝，唐朝，宋朝，元朝，一直到明清兩朝，建都在北方的中央政府都需要江南地區的漕糧供應。大運河在一定程度上，承載著一個龐大的漕運帝國，對中央政權的穩定，起到了關鍵的作用。大運河的便捷交通，大大的活躍了沿岸的經濟，使這些地區呈現中國人口最密集，經濟最繁榮的地區。

中國天然形成的大江大河大都是從西往東橫向流動的。但是在黃河流域歷經戰亂破壞，而長江流域得到開發以後，中國就逐漸形成了經濟文化中心在南方，而政治軍事中心在北方的局面。宋人王應麟即言「今之沃壤，莫如吳越閩蜀」，明人于慎行則言「三代以前，江北繁盛，江南曠闊。漢晉以下，江南富實，江北凋敝。蓋由三國五胡之亂，兵害戰爭多在江北」。為保證南北兩大中心的聯繫，保證南方的賦稅和物資能夠源源不斷的運往京城，開闢並維持一條縱貫南北的水路運輸幹線，對於歷代朝廷就變得極其重要，明清兩代更在淮安府城（今淮安市淮安區）中心專門設立漕運總督和下屬龐大的機構，負責漕運事宜。在海運和現代陸路交通興起以前，京杭大運河的貨物運輸量一般占到全國的 3/4。[2]

從元朝京城所需漕糧量來看，元初（1271 年？）10 萬石，到 1326 年，約五十年間。劇增到 335.1 萬石（每宋石約 59.2 公斤）。「通惠河」於 1293 年 7 月鑿成，自然居功厥偉。

第三展廳：大運河（浙江段）申遺陳列廳

展廳從浙江段運河的河道變遷、遺產價值、保護規劃等方面進行展示。展廳地上是一條流動的運河，閃閃發光。原來，這裡用微縮模型做出了大運河及兩岸的九座城市，放在玻璃地面下。第三展廳還有個「模擬運河之旅船艙」，

---

[2]　https://zh.wikipedia.org/wiki/ 京杭大運河

坐進去，能看到實景拍攝的大運河沿途風光。

第四展廳：運河文化

　　山東聊城麵塑、江蘇揚州剪紙、江蘇無錫泥人等運河邊城市代表物品擺放到一起，足見大運河孕育出的兩岸文化之豐富。

　　參觀完「博物館」，已過平常午餐時間；旅伴自手機網路上得知附近有一評價甚高之「蜜桃咖啡館」（Me Too Café），供應簡餐與咖啡。「咖啡館」由老舊工廠倉庫改裝，座位區明亮，隔著歐式拱門；有一次可以坐上十幾個人的長方形大木桌、木椅子，牆壁漆成白色，裝飾有前衛畫作；在以巨大通風扇為一壁的包廂中享用西式簡餐與咖啡，別有風味。餐點以及服務品質均在水準之上，價格雖比台灣稍高，仍頗為值得。

▲ 左：西湖文化廣場
　 中：環球中心
　 右：古樸滄桑的漕運船

▲ ①武林門碼頭
　②沿途風光綺麗
　③京杭大運河博物館前
　④吳王夫差開鑿邗溝
　⑤世界上最長人工河道

2019年杭州之旅（三）──最憶是杭州

2019 年 11 月 13 日　星期三

　　26 日晚「材料高峰會」大會特別安排在西湖畔觀賞名導張藝謀為總導演的大型實景秀「最憶是杭州－印象西湖」。

　　2015 年到寧波參加「兩岸材料高峰會」，回程經過杭州時，由浙江大學款待入住「金溪山莊」，晚上也經安排觀賞就在附近演出之「印象西湖」，頗為驚艷。2016 年在 Youtube 上看到 G20 高峰會晚會主題節目「最憶是杭州」，可謂加強版的「印象西湖」，氣勢驚人。這次看到的應屬綜合版，排場介於兩者之中。

　　劇場位於「岳王廟」、「曲院風荷」與「蘇堤」之間。當晚第二場於 9：30 演出，細雨初停，略帶清冷。以迷人的西子湖面為舞臺，利用高科技聲光技術渲染場景，炫麗奇幻，美不勝收。

　　演出以一輪明月冉冉自湖面升起，顯然以杭州馳名的龍井茶背景象徵在地風味的「採茶舞曲」開場，動員上百位身著採茶服飾的舞者，在暖色亭臺樓閣、綠色曲橋以及樹蔭背景下，自兩側入場，在湖光夜色之中，踏水起舞，先聲奪人；舞者整齊劃一而優美的動作，道具變化跟收合，讓人目不暇給，繼而燈光變換，背景丕變，如火樹銀花，最後在萬丈光芒，歡慶豐收中收場，映照水下倒影，如夢似幻。

　　接著燈光乍滅，焦點來到如一片荷葉之上的俊男美女，原來「梁祝舞曲」經典登場；「梁祝」故事源於東晉時，梁山伯與祝英台在杭州附近相遇、相知但終而無緣的淒美傳說。少男少女，卿卿我我，自有韻味，「碧草青青花盛開，彩蝶雙雙久徘徊」，千年之後，仍能令人感動。舞者在湖心婆娑起舞，優雅舞姿仍不掩形單影隻。此時在湖面可看到緩緩展開的絢麗摺扇，光彩流轉，最後由湖面映照成圓，顯現「在天願為比翼鳥」意象，也象徵梁祝故事

的結局。

　　其次是由兩位麗人演奏〈高山流水〉名曲，分別彈奏古箏與演奏中提琴。〈高山流水〉是中國十大古曲之一。取《列子》及《呂氏春秋》記載，琴師伯牙遇樵夫子期結為知音故事。樂曲高妙，寓意知音難覓、相知可貴。背景舞蹈與燈光變換配合恰到好處，在如火焰狀一片燦爛燈光中作結。

　　再次是膾炙人口的《天鵝湖》芭蕾舞劇，婀娜多姿的天鵝舞者集體表演水上芭蕾，輕盈柔美，端莊流麗，和諧美妙，動聽的音樂，扣人心弦。從燈光特效及投影，虛實人物的轉換，充分運用全像投影技術，難以分辨舞者與影像，再加上倒影成雙，在優美旋律下，如入幻境。

　　接著登場的是〈我和我的祖國〉歌唱，由一女童和男高音主唱；這是台灣民眾較不熟悉的以中國風旋律抒寫的愛國歌曲[1]，字幕上打出「永遠給我碧浪清波心中的歌」，也能讓人心領神會，背景燈光巧妙變換，極聲色之娛。

　　再來是〈難忘茉莉花〉，改編自江蘇民歌〈茉莉花〉，一開頭發現唱的不是熟悉的曲詞：「好一朵美麗的茉莉花，好一朵美麗的茉莉花，芬芳美麗滿枝椏，又香又白人人誇。讓我來將你摘下，送給別人家，茉莉花呀，茉莉花。」但仍典雅有致，[2]而以〈茉莉花〉為副歌，據了解，〈難忘茉莉花〉是在2016年G20全新創作，古韻新唱，「那換骨香魂絕世芬芳怎能忘」。

　　接著是〈歡樂頌〉舞曲，場面壯麗，燈光變幻炫麗，水舞充滿歡樂氣氛，從湖面下緩緩升起「最憶是杭州」字樣，可謂觀眾此刻心情的真實寫照。與白居易〈憶江南〉詞「江南好，風景舊曾諳；日出江花紅勝火，春來江水綠如

---

[1]　〈我和我的祖國〉歌詞：
　　我和我的祖國，一刻也不能分割，無論我走到哪裡，都流出一首讚歌，我歌唱每一座高山，我歌唱每一條河。裊裊炊煙，小小村落，路上一道轍。我最親愛的祖國，我永遠緊依著你的心窩，你用你那母親的脈搏和我訴說。
　　我的祖國和我，像海和浪花一朵。浪是那海的赤子，海是那浪的依托，每當大海在微笑，我就是笑的漩渦。我分擔著，海的憂愁，分享海的歡樂。我最親愛的祖國，你是大海永不幹涸，永遠給我，碧浪輕波，心中的歌。
[2]　〈難忘茉莉花〉歌詞：
　　遇見，你月下遺世獨立，愛你，芬芳中素屬青衣，你可知道，在醉人春風裡，醉人的只有你。
　　戀著你，跨越千山萬里，唱著你，此生詩心長繫，你可知道，在牽魂夢鄉裡，牽魂的就是你。
　　靜靜的想啊，輕輕的唱啊，梅紅芍藥豔，蘭幽菊花傷，多情應若你，杯底流暗香，那換骨香魂絕世芬芳怎能忘。
　　好一朵美麗的茉莉花，好一朵美麗的茉莉花，芬芳美麗滿枝椏，又香又白呀。
　　好一朵美麗的茉莉花，好一朵美麗的茉莉花，芬芳美麗滿枝椏，又香又白人人誇。怎忍心將你摘下，送給別人家，茉莉花呀，茉莉花。

藍。能不憶江南？」相對應。

　　最後由全體演出人員在西湖上謝幕，整個表演是一場美的饗宴，流光溢彩，以自然風光為背景，西湖水面為舞臺，讓整個西湖都隨之輕盈律動起來，承載人文內涵與科技創新，如詩如畫，是全體工作人員心血結晶，讓人驚嘆，遺韻十足，達到「最憶是杭州」的效果。

▲ ①炫麗奇幻
　②光彩流轉
　③輕盈柔美
　④典雅有致

▶①最憶是杭州
②流光溢彩
③如詩如畫

2019年臺南之旅（一）——赤嵌樓

2019 年 11 月 17 日　星期日

　　赤嵌樓是國定古蹟，印象中是與荷蘭人據台以及鄭成功有密切關係，殊不知今日所見的赤嵌樓，大部分是漢人在荷蘭城堡之上，陸續興建的儒、道教廟祠，包括海神廟、文昌閣。

　　赤嵌樓又作赤崁樓。前身為 1653 年荷治時期於赤崁行省興建之歐式城塞，今日又被稱為「普羅民遮城」（Provintia，意謂省城），曾為全台灣島的商業中心，至清代已傾圮，僅留部分殘蹟。

　　荷蘭人建造了赤崁省的省城要塞——赤崁樓。1661 年 4 月，鄭成功首先攻下「城小易攻」的普羅民遮城，不久後結束了荷蘭東印度公司在臺灣 38 年的經營。曾在原普羅民遮城設承天府，做為全島公家最高行政機構，俗謂赤崁樓。鄭成功世子鄭經即位後，在 1664 裁廢承天府，赤崁樓成為儲藏火藥的場所。

　　清代時期，由人為的殘損，風雨侵蝕、地震顛搖，赤崁樓只餘下四周的頹兀城牆，呈現一片淒清荒涼的景象。1886 年，由臺灣知縣沈受謙在原荷蘭所建赤嵌樓基址，以中國傳統樓閣式建築興建海神廟、文昌閣。紅瓦飛簷的中國傳統建築。這兩座閣樓建造在高高的台基之上，二者屋頂均是重簷歇山式，重簷之間實即為二樓部分，繞以綠釉花瓶欄杆，屋脊上則有魚飾建築「藻飾」，護牆欄杆有表情各異的十二隻石獅。1921 年，日本人重新發現了普羅民遮城的舊堡門，然後又發掘到東北角的荷蘭砲台殘蹟，以及通到堡壘地下室的門戶。

海神廟

　　懸掛「赤崁樓」門匾的閣樓，其實是海神廟，共分三層，雕欄凌空，軒豁四達。現在的海神廟是台南市文物陳列館，內部陳列赤崁樓相關文史資料。包

括荷據與明鄭的開發、鄭荷戰爭下的赤崁樓、歲月容顏——建築變遷、保存與維護。

中有鄭成功畫像，上有「東海流霞」匾額，取自鄭成功五言詩「禮樂衣冠第，文章孔孟家；南山開壽域，東海釀流霞。」

在海神廟二樓陳列了許多古時候的船的模型與潘麗水先生所畫的四海龍王圖像，另有沈葆楨《安平海神請加封號折》。沈葆楨為林則徐女婿，1875 年奉旨來台阻止日本人侵犯，乘船來台時，風浪本應很大，但當時風平浪靜，船隊一路平安，沈葆楨奏請光緒皇帝准建海神廟，唯並未付諸實現，要待 1886 年，才由臺灣知縣沈受謙完成。

文昌閣

文昌閣是為了振興文教而修建的，以崇祀文昌、魁星帝君。

文昌閣一樓除供奉文昌帝君外，還有清代書院教育、科舉考試制度介紹，台灣之有書院，肇始於台南，台南的書院，一切制度作為，則仿自內地。科舉制度的普及，是文治社會發展的表徵。在清代中葉以後，科舉制度的風氣，逐漸興盛。

清代科舉分三階段：童試（秀才）、鄉試（舉人）、會試和殿試（進士）。台南以府城所在，每年台灣地區童試，都在府城舉行。通過考試者，可入台灣府學（在孔廟內），幾年後再赴福建參加「鄉試」，中了舉人，即可參加北京之進士考試。清代台灣府城，計有進士五人。科舉制度不可避免的有功利取向，但仍是古代提振社會風氣不可或缺的一股重要力量。

館中陳列「蓬壺書院生員試卷」、「蓬壺書院生員申請籌款盤川」文書，另有「大題文府」，為鄉試、會試等文章匯集，該書為 1887 年上海同文書局石印，為研究中國科舉制度的參考資料，有如現代學子應考的參考書。也許是因物力維艱，要節省紙張，每個字只有蠅頭大小，堪為奇觀。

日據時代台南末代市長羽鳥又男塑像設在文昌閣的顯著位置，乃表彰其在第二次世界大戰期間，仍堅持進行赤崁樓的修復工作，對保存歷史古蹟、文物和民俗有功。

文昌閣祀奉文昌帝君，是文章科第之守護神。台灣人信奉的五文昌包括文昌帝君（張亞子）、文衡帝君（關羽）、孚佑帝君（呂洞賓）、魁星星君和朱

衣星君（或說是朱熹）。

文昌閣二樓供奉五文昌之一的魁星爺。北斗七星之第一星，稱為魁星，在道教信仰，因為奎星「屈曲相鉤，似文字之書」，奎星星君被認為是主宰文運之神，又稱大魁夫子或大魁星君。古來稱狀元及第為大魁天下，故讀書人奉祀魁星，有冀求科舉及第之祈願。

顧亭林《日知錄》：「今人所奉魁星，不知始於何年。以奎為文章之府，故立廟祀之，乃不能像奎，而改奎為魁，又不能像魁，而之字形，為鬼舉足而起其斗。」顧認為奎星本無「魁」之名，是後人為了祭拜的方便所造。後人對「魁星」以「魁」字造像，為一貌似鬼之神祇，以腳踢斗。民間的魁星塑像，右腳踩鰲頭（象徵中第，獨占鰲頭），左腳踢起星斗，手握硃砂筆，身體動感十足。

魁星爺案邊有一桶「魁星筆」，要擲出聖筊才能拿；不免隨俗試擲一下，幸運得「魁星筆」一支，當贈予有緣學子，討個吉利。

文昌閣供奉文昌帝君與魁星爺，很多學生都會來這裡祈求保佑考試順利。有位學生在祈福牌上寫道「會寫的全寫對，不會寫的全猜對」，令人莞爾。

蓬壺書院

蓬壺書院亦為沈受謙所建，是清代府城最大書院。原有建築群包括書院本體、祭拜朱熹等五位大家的五子祠、講堂門廳，具有相當大的規模。因地震、風災頻仍，書院講堂跟五子祠倒塌，又因為年久失修，僅留下書院的門廳。現存的門廳是清代臺南所建書院中唯一留存的遺跡。

門屋面寬三開間，中間內凹以強化入口意象，並懸有沈受謙所題之「蓬壺書院」匾。現存門廳的建築風格為閩南式，頂端是翹起的燕仔尾，牆面是紅磚砌成的斗砌牆。從赤崁樓外側可看到沈受謙提名的匾額依然掛在門上，兩側綠釉窗上方的橫批「雲路」、「立處」、「霄窺」、「鵬程」代表著當年在此處苦讀的院中人的心情。

小碑林與御龜贔碑

嵌於海神廟臺基周圍的石碑，碑文內容包括禁令、修橋、修廟、造路、旌表、墓道等。另有傳聞原為鄭成功墓道石馬因為怪而遭斷足之古蹟。石碑上字

跡經風吹雨打、歲月摧殘，多不可辨識，甚為可惜。

1786年乾隆晚年平定林爽文事件，清朝政府把福康安將軍平定過程刻成十塊長方形石碑，取「石全石美」之意，並有贔屭底座。石碑高3.1公尺，寬1.4公尺，以金門「麻糬石」雕刻而成。其中九座於民國49年移到赤崁樓安置。傳說贔屭為龍生九子之一，貌似龜而好負重，有齒，力大可馱負三山五嶽。其背亦負以重物，多為石碑、石柱之底台及牆頭裝飾。

荷據城堡遺跡

荷蘭人所建城堡，在東北及西南各有稜堡一座，上有瞭望亭，後傾頹。1921年，日本人在發掘重現荷蘭人磚砌城堡之一角，以及通到堡壘地下室的門戶，為今日赤嵌樓最具史料價值的留存。1944年，在修建時，又發現了向西的舊堡門。

▲左：漢人興建的儒、道教廟祠
　中：紅瓦飛簷
　右：奎星星君被認為是主宰文運之神

▲ ①歐式城塞至清代已傾圮　②中國傳統樓閣式建築
　③鄭成功畫像　　　　　④為振興文教修建
　⑤傳聞墓道石馬　　　　⑥清朝政府所列十塊長方形石碑

2019年臺南之旅（二）──孔廟

2019 年 11 月 18 日　星期一

　　臺南孔子廟是臺灣第一座孔廟，建於明鄭永曆十九年（西元 1665 年），為臺灣最早的文廟。清領初期是全臺童生唯一入學之所，因此稱「全臺首學」，現為國定古蹟。

　　明鄭「鄭氏諸葛」陳永華以建議鄭經盡速建立聖廟、學校以延攬人才。鄭經採納此建議後，命令陳永華擇地動工，而陳永華便選在承天府建立「先師聖廟」，工程於永曆廿年正月（約 1666 年 2 月）完工，並在先師聖廟旁設有明倫堂，以教化學子。

　　1683 年，清領台灣，設一府三縣，明鄭時期國學成為府學，規模逐漸完備，是臺灣最高學之府，此乃「全臺首學」之名由來。

　　大成坊有東、西兩座，外貌幾乎一致，下方是雙十字型承重牆，牆頂用燕尾收頭，再以木構造支撐懸山式燕尾屋頂。東大成坊是臺南孔廟的主入口，始建於清康熙五十四年（1715 年），外側掛有「全臺首學」的金字橫匾。此外在東大成坊外北側立有一塊「下馬碑」，以滿、漢文並刻「文武官員軍民人等至此下馬」十二字。

　　有別於全台其他各地的孔廟建築，臺南孔廟採傳統閩南式合院建築。採「左學右廟」規則，建築風格呈現孔子崇尚儉樸的精神，肅穆典雅。

　　「入德之門」為進入明倫堂空間之象徵性入口。是由中央三開間之主體與兩邊的側室組成面寬五開間之門屋，前後均有簷廊，為四根柱子支撐木構架，上承歇山屋頂。主體全部為白粉牆，開有三門，均以石材為框，中央最寬，門額題「入德之門」，左右有花格窗：兩側較窄，東邊門額題「聖域」，西邊題「賢關」，與側室相隔之牆堵則有山水彩繪。「聖域」、「賢關」取自「大學天下賢關，禮義所由出，人才所由興」，聖域賢關意旨此地乃學習聖賢之道的

所在。

　　「明倫堂」是臺灣府學所在地，寬三開間，採格扇門，屋頂為硬山頂，簷廊設有拱門。正面隔屏所書大學章句，仿元代大書法家趙孟頫所書，以求學必先正心誠意。「明倫」是儒學的基礎，儒學體系的學校講堂也因而以明倫作為主要的名稱。

　　「文昌閣」作落於孔廟東北角，是廟區唯一塔形建築，為民國六十八年（1979 年）重建之貌。一樓為方形，二樓為圓形，三樓為八角形，二樓與三樓並且有尺度甚小之外廊。「文昌閣」屋頂一樓為四角簷飾。二樓為八角簷飾，三樓為八角攢尖頂，上置葫蘆。目前文昌閣二樓供奉文昌帝君，為坐姿塑像，坐在神龕中，頭戴官帽，左手執拿如意。三樓供奉魁星，也因此有人亦將此樓稱為「魁星樓」。文昌帝君一說為梓潼帝君，即晉代之張亞子。在傳統古制中，文昌閣並不一定與孔子廟有關，而文昌帝君與魁星更與孔子無關，只因歷代重視科考，才會在孔子廟中興建文昌閣。

　　「禮門」與「義路」位於大成坊之間，大成門前的步道上，步道東側為「禮門」，西側為「義路」，屋頂為硬山式燕尾，屋脊上有一對鴟尾，牆上有小花格窗。過去周圍連有圍牆，自大成坊進入孔廟後得經由「禮門」及「義路」才能進入大成門及及大成殿。

　　「大成殿」位於「大成門」之內，為孔廟建築群中層級最高的建築。大成的稱呼出自《孟子・萬章下》：「孔子之謂集大成也。」意思是孔子整理三代至周公的學問並刪詩書、訂禮樂、贊周易、修春秋，所以是集大成的學者。根據「文化部」資訊網：「三開間之大成門為台南市孔子廟中最華麗之門，由六根柱子支撐木構架，再鋪設屋頂。木構架依古制而作，有垂花、雀替及獅座等裝飾，部分以綵繪。屋頂為硬山形式，正脊為三川脊，明間（中央）較高，次間（兩側）較低，以燕尾收頭。

▲「全臺首學」

明間正脊上有日燄飾，前後四條垂脊端部及兩側屋簷下則各有一隻似獅似虎之動物，據傳是『騶虞』，其是一種義獸，不食生物，有至信之德，所以以其來象徵『至信至德』。」

步入「大成門」，才知「大成殿」正在整修，由大布幔遮住，上書「子曰：『入太廟，每事問，是禮也』。」似在嘲弄遊客沒有問清楚，即直闖孔廟，只有待下次再來瞻仰。

據 12 月 18 日中時電子報報導，因應孔廟大成殿震損修復工程而暫時卸下的「萬世師表」等八方御匾，移師鄭成功文物館展示，南市文化資產管理處 10 月起啟動修復御匾工作，300 多年來頭一遭搬家的御匾，預計明年春天復位，難得的是，修復過程全程開放參觀。八方清代御匾預計明年春季祭孔前歸位至大成殿屋架上，未來，御匾「下凡」近在眼前的機會難再。

「大成門」東側有「名宦祠」、「鄉賢祠」，西側則有「孝子祠」、「節孝祠」，「名宦祠」及「鄉賢祠」中供奉牌位遠比「孝子祠」、「節孝祠」中少，可能要身列名宦與鄉賢較為困難。

▲ ①「下馬碑」　　　　②孔廟導覽圖
　 ③「禮門」與「義路」　④孔子之謂集大成也

2019年臺南之旅（三）──台灣文學館

2019 年 12 月 11 日　星期三

　　國立台灣文學館為我國第一座國家級的文學博物館，行政院於 1998 年復將「文學史料組」提升為「國家文學館」，歷經「國家臺灣文學館」等名稱討論，於 2007 年定名為「國立臺灣文學館」。除蒐藏、保存、研究的功能外，更透過展覽、活動、推廣教育等方式，使文學親近民眾，帶動文化發展。另設有文學圖書閱覽區、兒童文學書房等空間，提供多元化服務。2003 年 10 月 17 日，遙念蔣渭水等先賢成立「台灣文化協會」之精神，「國立台灣文學館」選定此日正式開館營運，歷年來評價甚高。

　　國立臺灣文學館館舍為古蹟修復再利用，是一座擁有百年歷史的國定古蹟，前身為日治時期台南州廳廳舍，落成於 1916 年，古蹟建築起初為日治時期臺南廳舍的，1920 年改制為臺南州（包括今雲林縣、嘉義縣、嘉義市、臺南市）的州廳，以面向大正公園（今湯德章紀念公園）為主出入口，另外「臺南市役所」亦共同在此辦公。第二次世界大戰時州廳遭美軍以燒夷彈擊中，原法國馬薩式屋頂（Mansard Roof）、衛塔屋頂、及木構造部分接近全毀。戰後稍經整修將屋頂改為兩坡式，曾作為「空軍供應司令部」，後來成為臺南市政府廳舍。

　　館舍戰後經歷不同單位與不同時期使用，致使建築許多構造因戰爭或年久失修而毀損，自 1997 年開始進行修復整建工程，透過建築設計將國定古蹟原臺南州廳及新建部分相互結合，至 2003 年修築成為地上二層、地下三層之新建築，面貌煥然一新。

　　在建築師陳柏森的主持之下，進行「原臺南州廳古蹟修復」及「空間增建與再利用」兩部分的工程。古蹟部分在經過整修後，大致恢復日治時期舊貌，並以「原臺南州廳」之名列入國定古蹟。戰後增建部分因老舊破損予以拆除，

並改建為新建築，因鄰近臺南孔子廟且為尊重歷史記憶，新建築之量體及高度均躲藏於古蹟建築之後，原古蹟內側迴廊及外牆轉變為室內空間，和新建築相對且設有天窗作為自然採光，動線上不論是文學館正門或南門路文資中心出入口，都必須經過古蹟部分進入新建築空間。

正面兩側的衛塔，形成正面兩端的收頭。衛塔之上為圓頂，其基座之上的第一層為平拱窗，第二層的處理與第一層截然不同，在外貌所形成的三分之二圓，由五組方塊體疊砌柱分成四個開口部，每一開口部上由橫楣及拱心石與上部之裝飾構成。衛塔三樓為閣樓，上承屋頂，二樓之方塊體疊砌柱亦往上延伸至此，上承楣樑，柱頭仿若托次坎柱式，但在柱心中央有突出之小渦卷裝飾。

柱間一樓部分開弧形單窗，中央砌拱心石，其上由三個托架撐起兩個並列的瘦高長窗，中央設拱心石，整體構築樣式莊嚴宏偉。翼廊的末端為次要入口，一樓為山牆式門廊入口構成之形式，托次坎柱式，二樓為平拱開口，下有牛腿承托，圓山牆內有牛眼窗。

古蹟如地樑、基腳展示，紅磚是原構造體的主要材料，包括基礎（如：基腳、地樑）與屋身（如：柱、牆）。由於此建築大部分為承重牆構造系統，故需要地樑和放腳分散建築物的垂直重力。地樑以連續弓形磚拱方式組砌，用來分散與傳遞建築物重量。雙拱交會處有獨立基腳，以交丁方式與基礎樑接合。基腳為傳遞柱與牆之承載力的結構體。最底層的構造係在夯實的地面上澆灌混凝土層，其上鋪設放腳，由磚疊砌而成。

台灣文學的內在世界常設展-A-

打開，走進，一起聽、看，台灣文學的內在世界。以「山海的召喚」、「族群的對話」、「文學的榮景」三大展區，從自然、社會、現代化三個面向，以具代表性的文學作品為主，在政經背景的烘托下，呈現台灣作家的心靈與想望，及其所建構豐美多姿的台灣文學傳統，作家筆下的世界、多姿的台灣，一字一句所連結、描繪出來的世界，多元豐厚，如同多族共榮。

「山海的召喚」：以「鯤島浮現」作為原住民先後航海來台的主要意象，也是明鄭文人渡台的創作主題；以「山海心靈」展開了以景抒發鄉愁的文學世界；以「摹寫山海」則呈現作家以妙筆紀錄自然，傳遞不同時期人們與台灣相遇的繁複情思，並用文學之筆書寫時代變動。期待透過這些作家的文學作品，

引領人們看見廣袤多元的文學內在。

「族群的對話」：透過描繪各族群間，時而競爭對抗、時而協力合作的文本，傳達「競生與磨合」的主題，在不同書寫文類中，文學之筆寫下各種語言、形式創作的文學作品，創造「共生與綻放」的文學天地，展現不同時代作家關懷的重心。此外，也將透過文人以辦刊結社等文學活動，表現其不斷思索「如何成為『我們』」、「族群共榮如何可能」的精神軌跡，一同展現出多音交響多元豐饒厚實的文學內在世界。

「文學的榮景」：在這一展區，呈現思潮的變化、多樣的寫作形態和文學類型，引領人們閱讀與自身及地土相關的文本，感受多元的魅力；站在自己的鄉土上，面向世界的文學內在。

目前特展有「娘惹浮生」、「逆旅 1949」，內容相當豐富。

娘惹浮生——二十世紀初期臺灣古典文學南洋旅行記

20 世紀初期，「到南方」是許多臺灣文人的共同經驗。臺灣與南洋交會的歷史源流，可追溯至 1836 年澎湖進士蔡廷蘭漂流到越南，1941 年太平洋戰爭爆發後，前往南洋的人數更達到高峰。

本展從「臺灣板橋林家」之子林景仁與「印尼棉蘭張家」之女張福英，兩大豪族的跨國聯姻，勾勒臺灣古典文學南渡的行跡。透過張福英《娘惹回憶錄》與當時臺灣文人的古典詩作，看見特定時空下，文學如何跨越國界與語境的界線，進而影響創作內容與風格，彷彿一段臺灣文學與南洋地區之間的旅行記。

▲ 第一座國家級文學博物館

▲ 古蹟修復再利用

▲ ①歷年來評價甚高
　②藝文大廳
　③整體構築樣式莊嚴宏偉
　④翼廊的末端為次要入口

2019年臺南之旅（四）——延平郡王祠

2019 年 12 月 24 日　星期二

　　延平郡王祠，又名開山王廟、開臺聖王廟或鄭成功廟，位於臺灣臺南市中西區，為清治時期最早的官祀鄭成功紀念祠，其前身為民間所建的開山王廟，臺灣日治時期曾改名為開山神社，是日人在臺最早設置的神社，也是二次大戰前日本海外神社中唯一是從廟宇改為神社的特例。但現今樣貌實為民國五十二年（1963 年）動工改建的結果，所以該廟長久以來未被列為古蹟，直至民國九十九年（2010 年）將延平郡王祠（含鄭成功文物館）登錄為臺南市第九座歷史建築。

　　清同治十三年（1874 年）因牡丹社事件，清廷派福建船政欽差大臣沈葆楨來臺。沈葆楨來臺後，接受仕紳稟請，與其他官員一同上疏追諡鄭成功、建立專祠與編入祀典中。光緒元年（1875 年）正月初十，朝廷准奏。[1]

　　在日治時期時，鄭成功因具有日本人血統亦受到日人敬重，並將之作為臺灣與日本間的「導引線」。明治廿九年（1896 年）7 月 25 日，臺南縣知事磯貝靜藏上書臺灣總督桂太郎，建議以鄭成功之忠烈與開臺事蹟與其母田川氏的貞烈事蹟為由，將鄭成功廟（延平郡王祠）改為「開臺神社」之社號並列為國幣社，隔年（1897 年）1 月 13 日日本拓殖大臣表示將清朝的延平郡王祠改為「開山神社」。之後並增建了日式的拜殿與鳥居，但大致建築仍維持原本的福州風格，前殿供奉鄭成功，後殿供奉其母田川氏。改建後的開山神社正殿與偏殿仍為中國傳統建築，拜殿則改為日本具有唐風的形制。

　　祠廟的山門前有一座牌坊，原是日治時期臺南神社的石製鳥居，被拆掉的

---

[1]　下詔曰：「前明故藩朱成功，曾於康熙年間，奉旨准在南安地方建祠。該故藩仗節守義，忠烈昭然。遇有水旱，祈禱輒應，尤屬有功臺郡。著照所請，於臺灣府城建立專祠並與追諡，以順輿情。欽此。」用語頗足斟酌，顯示明鄭與清廷糾葛已經泯除，朝廷批准後，工程在同年三月動工，秋八月完工。聘請福州師傅前來營造，材料也全來自福州，而成為一福州風格的建築。

最頂端橫樑已挖掘出來放於鄭成功文物館。上方「忠肝義膽」為白崇禧題字，並加上國民黨黨徽。

二次大戰結束進入民國時期後，該廟曾於民國三十六年（1947年）重建，並於六年後由臺灣省政府指定為臺灣史蹟。在民國五十二年（1963年）重建，將該廟從原先的福州建築形式，改建為鋼筋水泥的中國北方式建築、並鋪上當時被認為最具代表中國宮殿形式的琉璃瓦。民國99年（2010年）7月21日，延平郡王祠被指定為臺南市第九座歷史建築，但非古蹟。

祠廟的本體是三進合院類型，棕紅色的矮牆，配以綠色的琉璃瓦，座西朝東，由山門、正殿、後殿與兩側廂房組成。山門（自內往外）之左有過廊接到「甘輝將軍祠」[2]，祠前有一門通往北邊的庭園，而自祠前往西則為東廡，供有明鄭殉難文武諸臣牌位，此外祭器所亦設於此。而山門之右為「張萬禮將軍祠」，同樣在祠前有一門通往南邊的庭園，且從祠前往西為西廡，除供有諸臣牌位外，儀仗所也設於此處。

正殿是供奉鄭成功之處，最外圍有迴廊，裡頭正中央為洗石子神龕，上有鄭成功塑像，是雕塑家楊英風作品。此外在塑像之前為昔日廟裡的神像金身，該神像一度在民間輪祀，直至近年才迎回安座。

後殿中央則為依祀典廟宇的慣例所設的太妃祠，供奉鄭成功之母翁太妃田川氏。而在太妃祠之左，則為供奉寧靖王朱術桂與其五妃的寧靖王祠，右邊則為供奉鄭成功長孫鄭克𡒉及其夫人陳氏的監國祠。此外在太妃祠前的庭院內有古梅一株，據說乃鄭成功親自種植。

在祠廟之外，另有沈葆楨銅雕像，以紀念其「開山撫番，革除積弊，並多所建置」，「對台灣有其卓絕偉大的貢獻」，「其愛台灣之心受人欽佩景仰，尤以為創革完人鄭成功奏請建祠入祀，深得人心。」祠廟前有泉州人民所贈送之鄭成功騎馬石雕像，雄姿英發。

▲ 清治時期最早官祀鄭成功紀念祠

---

[2]　甘輝為鄭成功「崇明伯」，北伐時先鋒，因造型持印，被稱為「印官」，張萬禮為「建安伯」，造型持劍，被稱為「劍官」。兩人同於「南京之役」殉難，為鄭成功廟陪祀將軍。

▲ ①為臺南市第九座歷史建築
　②正殿供奉鄭成功
　③蔣中正題字「振興中華」
　④神像一度在民間輪祀

▲ ①供奉鄭成功之母翁太妃田川氏
　②介紹田川氏，左為鄭成功母子像
　③東廡供有明鄭殉難文武諸臣牌位
　④鄭成功騎馬石雕像，雄姿英發

2019年臺南之旅（五）——鄭成功文物館與「台南孔廟御匾特展」

2019 年 12 月 28 日　星期六

　　鄭成功文物館座落於「延平郡王祠」祠廟的本體東南側，一般說法是位於「延平郡王祠」內。

　　「鄭成功文物館」前身為「臺灣史料館」，昭和 7 年（西元 1932 年）創建於安平臺灣城內；其後遷移，改稱「臺南市歷史館」。民國 34 年（西元 1945 年）於赤崁樓重新設立，民國 53 年（西元 1964 年）「延平郡王祠」暨新館建成，乃移赤崁樓舊址於新館，並易名為「臺南市民族文物館」。

　　民國 92 年（西元 2003 年）文物館重新整理完成，更名為「鄭成功文物館」，用以紀念鄭成功與「明延平郡王祠」並立同輝，珍貴的文物與史料伴隨著名勝與先賢，相互輝映。

▲ 與「明延平郡王祠」並立同輝

▲ 鄭成功與台南關係密切

「鄭成功文物館」為一座二層樓之建築物，正面為白色的花窗型式牆面，根據文化部資料，原「臺南市歷史館」營運目的為「保存臺南歷史文化記憶」。現今宗旨為認識鄭成功在臺灣文化資產中的重要性，並宣揚臺南市文化資產的價值，在館藏中認識臺灣文化的樣貌。一樓部分規劃有 2 個展場，二樓部分規劃有 1 處主展場及 1 處小展場。

　　一樓常設展場首先介紹「大臺南發展歷史背景與典藏文物關係」，展覽包括「鄭成功相關文物」，「鄭成功與台灣文化資產」，「台灣府城歷史文物」各部分。

典藏瑰寶

　　鄭成功文物館館藏豐富，是台南市歷史寶庫，館內典藏文物有七件由「文化資產保護法」公告為「一般古物」[1]，包括「《清代吏治箴言匾》[2]、《鄭成功草書》[3]、《鄭成功畫像》[4]、《清代林朝英書法木刻》[5]、《玉板》[6]、《台灣縣蘇孝銘佾生執照》[7]、《葫蘆埤湖中島石碑及石座》」，呈現台南重要歷史文化特色和具代表性人物。

---

[1] 所謂的「古物」，是指「各時代、各族群經人為加工具有文化意義之藝術作品、生活及儀禮器物及圖書文獻及影音資料等」各種文物。「古物」依其珍貴稀有價值，分為國寶、重要古物及一般古物。

[2] 《清代吏治箴言匾》是清同治 8 年（西元 1869 年）臺灣縣知縣白鷺卿敬錄聖訓，刻成匾額而懸掛於縣署之中的《戒石銘》，文曰：「爾俸爾祿，民膏民脂；下民易虐，上天難欺。」以為自鍼。《戒石銘》是中國古代戒飭官吏的令箴，源自五代後蜀二世君主孟昶的《頒令箴》，共有 4 言 24 句合計 96 字，用來勸誡官吏應時常感念百姓衣食父母之恩，為官處政務必清正廉潔。宋高宗「頒黃庭堅所書太宗御製《戒石銘》於郡縣，命長吏刻之庭石，置之座右，以為晨夕之戒」；自此，由黃庭堅書寫的《戒石銘》就遍布各州縣大衙，此後歷代沿襲，直至清代中葉都未曾有變，官員每升堂入座，即抬頭可見，以提醒其秉公辦事，若徇私枉法，天理不容。
孟昶在位三十一年，早年力圖精治，後期則昏庸無道，終至亡於宋太宗，令人唏噓。寫出孟昶「君王城上豎降旗，妾在深宮哪得知，十四萬人齊解甲，更無一個是男兒」悲憤詩句的花蕊夫人是孟昶的寵妃。

[3] 鄭成功親筆草書「禮樂衣冠第，文章孔孟家；南山開壽域，東海釀流霞」。原由出自日本人川口長孺編撰《台灣鄭氏紀事》。本件文物是目前少數研究後被確認，具有鄭成功典型書風之重要文物。

[4] 典藏「鄭成功彩繪圖像」，原件繪製於 1898 年，但狀態已不佳，日本人那須豐慶 1910、1911 年間臨摹原件，得以保留原作面貌至今，更名為「鄭成功畫像那須豐慶摹本」，有畫家簽名與年份落款，足以標示摹本真枉性。

[5] 林朝英（1739-1816），臺南人。1767 年入郡庠，次年喪父，讀書之餘繼承家族海運事業，往來臺灣大陸之間。1778 年築宅園，有「一峰亭」及「蓬台書室」書齋。1789 年為貢生，1802 年以資授中書銜。嘉慶初，修臺灣縣學文廟，熱心公益，於繪畫、書法、雕刻無不精通，嘉慶 18 年（1813年），林朝英獲清廷旌表，受頒「重道崇文」匾，並准建坊。

[6] 「古『玉笏』」在對相關傳說進行歷史真實性考究後，更名為「玉板（傳寧靖王『玉笏』）」。

[7] 原為「清代祭孔佾生執照」更名為「台灣縣蘇孝銘佾生執照」，表明執照持有者，並與全台多件佾生執照作區別。

一般典藏文物

　　一般典藏文物包括化石、石器、陶器、木雕、石刻、印契、錢幣、家具、服飾、碑銘、匾額與對聯等民俗器物與史料文獻數千件。內容涵蓋史前生物、先民遺跡、漢民族文明以及晚近生活器物，台灣歷史的發展、文化的演進與文物的今古風貌盡在其中。分九部分展出：史前文物，書畫、安平陶器、碑銘、木刻文物、契約、錢幣、軍械以及戲偶文物。

「台南孔廟御匾特展」

　　難得的是，自 2018 年 9 月 29 日至今年 12 月，正進行「台南孔廟御匾特展」：懸掛在臺南孔廟大成殿的清代八方御匾配合大成殿整修工程，移師到鄭成功文物館展覽。它們平常高掛在孔廟內，隔著遠遠的距離才能見到它們，如今在 334 年來特展中，第一次得以近距離欣賞御匾。是全球華人足跡所遍各國中最完整、保存最良好的清朝歷代御匾。

　　「八方御匾」依據清帝年號順序分別為康熙的「萬世師表」、雍正的「生民未有」、乾隆的「與天地參」、嘉慶的「聖集大成」、道光的「聖協時中」、咸豐的「德齊幬載」、同治的「聖神天縱」以及光緒的「斯文在茲」。

　　參觀者可清楚端詳皇帝印璽：從康熙漢滿文並列的廣運之寶，到雍、乾以降的御筆之寶，小篆雕刻都有很高的藝術價值。可以說，不管從書法、工藝、歷史等各面向切入，皆可窺見御匾深蘊的歷史文化價值，以及承載淵長的歷史發展背後的文化意義，彌足珍貴。

　　康熙御匾「萬世師表」，不僅年代最早、體積也最大，長約 4.78 公尺，立起則有 1.73 公尺高。歷朝清帝御賜予孔廟匾額之規制由來，始於清康熙 23 年（西元 1684 年），康熙帝親臨曲阜孔廟祭祀，御書「萬世師表」匾額，御匾並送各地孔子廟，開啟皇帝頒予孔廟御匾傳統，康熙原稿則存於國立故宮博物院典藏。孔子被稱為「萬世師表」即自康熙皇帝的御筆賜書而來。

　　趁著這次難得展出，文資處也趁機委託團隊進行檢修作業，研究團隊透過「穿透式 X 光攝影」（X-Ray topography）技術，赫然發現道光御匾「聖協時中」下方，居然另藏有「天衡保軸」四字，堪稱近年臺南文史最大發現。

據王浩一先生在一場座談會中提到，上次八方御匾離開孔廟是太平洋戰爭時期。當時由於擔心美軍轟炸孔廟，市民搶救文物用牛車將御匾運往郊區，其中牛車還曾被機槍掃射翻車；日軍戰敗回日本時，原本也有意將八方御匾運往日本，但在市民搶救文物送往郊區的陰錯陽差下沒能達成，不然或許這幾塊御匾只能在日本看到了。

▲①334年來第一次特展
　②孔子被稱為「萬世師表」即自康熙皇帝的御筆賜書而來
③生民未有盛於孔子也
④贊天地之化育
⑤把古聖先賢的美德集於一身

▲ ①發現御匾下方，居然另藏有「天衡保軸」四字

　②學術思想和個人品德完美無缺

　③品德學識高超的神靈

　④人文化成之典範

2022年花東之旅（一）：太魯閣國家公園等

2022 年 1 月 22 日　星期六

　　2020 年 1 月 20 日自緬甸之旅返台，三天後即遭逢武漢因新冠疫情爆發宣布封城，病毒迅速傳遍全球；不意快兩年後，染疫人數已接近三億五千萬人，死亡人數則超過五百五十萬人，目前疫情仍未獲得有效控制，無疑已成百年大疫。

　　台灣在疫情控制方面，有島國得以較有效鎖國的優勢，加上民眾防疫意識強，確診與死亡人均數都遠低於世界絕大多數國家，惟最近具高度傳染性 Omicron 毒株肆虐，是否能如前化險為夷，尚在未定之天。

　　清華材料系多年旅伴在約兩月前即籌畫花東之旅，呼朋引伴之下，迅速成團，共八對夫婦，因團員均為清大人，由導遊取名「清大花東摯友團」，並特別安排 VIP 頭等艙雙排椅遊覽車，在 Omicron 疫情尚未波及花東情況下，一行十六名團員與美女金牌導遊二人及帥哥模範司機一名，於一月十五日晨展開四天三夜歡樂行程。

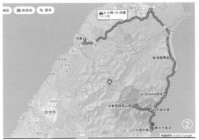

▲ ①VIP頭等艙遊覽車
②1月15日路線圖
③雙排椅舒適便利

　　途經國五蘇澳休息站與台泥 DAKA 園區分別稍事休息；蘇澳休息站主體建築

物外牆以呼應宜蘭當地建物之灰色系洗石子為主，材料分割線配合開窗型式採折線設計，整體建築物似船航行，也與周遭山勢地貌融為一體，展現蘇澳當地自然意境，但也有人想像外觀像隻可愛的大鯨魚。一旁公共藝術作品《流動的光河》，是藝術家楊尊智及其團隊共同創作，以雪隧空間的真實比例呈現，高度自明性的作品造型，作為蘇澳服務區之重要指標入口意象。是交通部為紀念高速公路局成立 50 周年，藉由公共藝術計畫打造，於 2020 年 9 月 23 日發表。按楊尊智先生亦為清華奕園之設計藝術家。

　　DAKA 於 2020 年 1 月開幕，是由台泥在此打造的循環經濟園區；DAKA 太魯閣族語意為「瞭望」，恰與在園區中景點「星巴克」、「和平花」、「百鳳園」打卡同音。「和平花」為全台第一座隨太陽角度開合轉動的太陽能發電藝術裝置，因似花形而位於花蓮和平村而得名；「百鳳園」則號稱是全世界唯一鳳梨科植物園。

　　於中午時分抵達太魯閣國家公園，先在「藍藍餐廳」用風味餐，在餐廳旁看到以前未注意到的「奇花異草」，如燈籠花、蝴蝶草、冬紅、拖鞋蘭等，頗令人驚喜。

　　午後先在飯店附近東西橫貫公路入口處「打卡」，不遠處長春祠因土石流毀壞迄今已三遷重建，沿途山坡地多見有礙水土保持的椰子林，生計與環保之兩難，讓人感慨不已。

　　接著沿砂卡礑溪走步道，從入口處到五間屋來回全長約 3 公里；砂卡礑原住民語意為臼齒，相傳是有族人在溪邊撿到臼齒而得名，五間屋則直指當地

▲ 左：蘇澳休息站
　 中：太陽能發電藝術裝置
　 右：世界唯一鳳梨科植物園

有五間商店屋；砂卡礑溪約 16 公里的流路中，形成峻秀的峽谷，溪水清澈，兩岸多見美麗的岩石及翁鬱的森林；砂卡礑溪溪床上鋪滿大大小小的疊石，以大理石與片麻岩最多，湛藍湍急的溪水滑過溪床，與溪石合奏出清亮的自然樂音，而溪水也將岩石琢磨得圓滑柔美。褶皺在兩岸山壁和溪中岩石上形成一幅幅抽象壁畫，任人欣賞想像。在五間屋有商家販售馬告香腸以及特色咖啡，頗有風味。按馬告是泰雅族語，中文名字則是山胡椒，因為新鮮的馬告籽會有點麻有點辣，原住民通常用它來代替鹽巴。

▲ ①燈籠花　　②蝴蝶草　　　　③冬紅
　④拖鞋蘭　　⑤長春祠已三遷重建　⑥峽谷峻秀

▲ ①在東西橫貫公路入口處「打卡」
　②山壁褶皺（傅麗華攝）
　③五間屋在望（傅麗華攝）
　④享用馬告香腸與特色咖啡

2022年花東之旅（二）：花蓮市松園別館

2022 年 1 月 23 日　星期日

　　次赴松園別館；根據官網，該館日本時代舊稱「花蓮港陸軍兵事部」辦公室，由於視野直對北濱海灘之美崙溪入海口，具有天然制高點優勢，可俯瞰美崙溪入海處、花蓮港及太平洋海景，戰爭期間輕易掌控出入南濱海面的船隻及南機場航機起降，成為日軍當時在花蓮的重要軍事指揮中心。二次大戰結束後，此地由國軍接管，民國三十六年管理單位為陸軍總部，後來又成為美軍顧問軍事團休閒渡假中心。中美斷交後，民國六十六年改由國有財產局所有，民

▲ 左：主體二層洋樓建築
　 中：原住民藝品展（傅麗華攝）
　 右：百年老松

國六十七年交由行政院退輔會管理，民國八十五年傳出主管單位將售予財團，由花蓮縣青少年公益組織協會號召許多民間團體發起搶救，獲得許多民眾及民意代表支持，順利獲得保留。民國八十九年七月十三日由花蓮縣政府編訂為「歷史風貌專區」，民國九十一年展開修建，民國九十三年十一月十六日修復落成啟用，最初由花蓮文化局委託花東文教基金會經營管理，2006年起委由祥瀧股份有限公司經營，成為花蓮重要的歷史及人文空間。

松園因園中有多株百年老琉球松而得名，內有日據時期之歷史建物共四棟，主體建築為折衷主義形式的磚木，RC混合二層洋樓建築，一、二層樓皆設拱廊，日本瓦頂。前棟為做西北向東南的二層樓房，軍事公務用途外兼具廚房、伙房、洗衣間、睡房等宿舍設施，因為RC混凝土結構，因而保存較佳，目前正進行原住民藝品展；向南RC建築後方另有一幢日式木造公用宿舍住宅。同時可見防空洞、爆破門等設施。

此園在日治時期曾是高級軍官休憩所，傳說日本神風特攻隊出征時會在此接受天皇賞賜的「御前酒」，神祕色彩濃厚，增添許多想像空間。在園中防空洞中可見陳列之「神風特攻隊員家屬來花印證松園別館傳說」看板。如今看來，年輕熱血青年為野心釁武政客愚行犧牲寶貴生命，是大時代的悲劇，讓人唏噓不已。

在園中巧遇四位清華動機畢業校友結伴遊園，三位為76級，一位為79級，四人均已退休；由於其中一位是伊利諾大學博士，並曾在元智大學任工學院院長，所以很快得與多位團員相識；加之同為清華人，感到分外親切。

在松園後院有一池塘，依附水塘周圍成長的植物包括車輪草、立鶴花等，附近則見杜鵑花、日日春、雀榕等，比較特殊的是盆栽玉龍觀音以及花圃中的寬葉十萬錯。

晚在花蓮市闔家歡用餐，菜餚豐富可口，一席盡歡；夜宿花蓮美侖飯店，除了幾位勇健之士隨葉教授出外懷舊，其餘則早早補眠，不知東方之既白。

按美侖飯店於1993年開業。為花蓮第一家國際型度假飯店，佔地甚廣，花園與綠地均經刻意修整，頗為賞心悅目。園中變葉木、木瓜樹、美人蕉、杜鵑花、南美粉樸花等均正綻放美麗花朵、同時欣睹在清華罕見的黑板樹綠色線形蒴葖果。

▲①政客愚行讓人髮指
　②寬葉十萬錯
　③清華人相見歡
　④玉龍觀音
　⑤一席盡歡

▲①菜餚豐富可口（陳幼雪攝）
　②變葉木花
　③木瓜花
　④黑板樹蓇葖果

2022年花東之旅（三）：台東成功三仙台等

2022 年 1 月 23 日　星期日

　　1 月 16 日一早從美崙飯店出發，今日旅遊主要景點為三仙台、多良觀光車站與台東大學金字塔圖書館，全程大致沿花東海岸公路（即台 11 線）。

　　約一小時半車程後抵達花蓮豐濱北回歸線紀念碑公園稍歇；台灣一共有三個北回歸線標，分別在嘉義水上鄉、花蓮舞鶴台地、豐濱鄉，而這座北回歸線標碑位於台 11 線 70.5 公里處。潔白的地標坐擁海岸山脈與太平洋的美景，常常吸引了許多遊客來此拍照、休憩。

　　北回歸線是指北緯 23.5° 之緯線，象徵著熱帶以及溫帶的分界點，最明顯的就是台灣東部北回歸線以南主要種植的作物，為熱帶的鳳梨以及釋迦，以北主要的作物就是溫帶作物茶以及水稻；這座北回歸線標碑中間有一條細縫，乃因夏至中午時陽光會正好射入北回歸線標的縫中，此刻塔旁的遊客即可體驗太陽下無影子的奇觀，了解四季的奧妙。[1]

　　位於臺東縣成功鎮東北方的三仙台，全島面積約 22 公頃，最高點海拔約 77 公尺。地質屬於都巒山集塊岩，原是一處岬角，但因海水侵蝕，逐漸蝕斷岬角頸部，而成了離岸島，島的四周珊瑚礁環繞，海底熱帶魚群聚，適合潛水和游泳。

　　而因其為火山噴發而出的小島，島上奇石分布，其中又以三座珊瑚礁岩形成的山峰最為獨特，因此民間相傳，八仙過海時，李鐵拐、何仙姑和呂洞賓曾在此休憩，烙印了仙跡，因此取名為三仙台。而這個跨海拱橋為方便遊客登島，1987 年興建一座八拱跨海人行步道橋。因造形優美，配合「八仙過海」之傳說設計，已成為當地地標。[2]

---

[1]　https://www.eastcoast-nsa.gov.tw/zh-tw/attractions/detail/15
[2]　https://www.tony60533.com/sanxiantai/

三仙台長久以來，就是阿美族放養羊群及從事採珊瑚礁岩區海藻、海菜、螺類及捕魚的場所。三仙台原名 PiSiLiAng，意思是養羊的地方，因為很久以前，部落居民常將羊群放養在島上，利用潮水起落的阻擋，讓羊群留在島上，不能亂跑。

　　三仙台離岸島都是由都巒山層火山集塊岩所構成，周圍有隆起的珊瑚礁分布。海岬的北側是一片礫石海灘，潮水和海浪翻湧沖刷海灘時，會發出震撼的聲響。[3]

　　在三仙台景區多見美麗的野芒果花，離島上則遍布林投樹，結實累累，果實酷似鳳梨，有「結在樹上的鳳梨」之稱，果實可用以煮湯食用；按林投為優良的防風樹種，台灣海邊常可見到。

　　中午在新港順大飯店用餐，多人感覺最後用的海鮮炒麵最對味。新港漁港，又名成功漁港，位於台東縣成功鎮，且與伽藍漁港為臺灣東海岸近海漁業的重要基地，屬第二級漁港，是東臺灣最大漁港，以海產及柴魚聞名。在飯店附近看到金蓮木花，頗為驚艷。

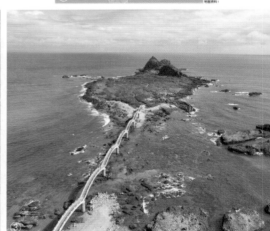

▲ ①1月16日路線圖　　　②三仙台介紹　　　③三仙台空拍照片（陶雨台攝）

---

[3]　https://www.eastcoast-nsa.gov.tw/zh-tw/attractions/detail/41

▲ ①八拱跨海人行步道橋（汪建民攝）
　②人行步道橋（汪建民攝）
　③林投樹結實累累
　④東臺灣最大漁港（陶雨台空拍照片）
　⑤野芒果花
　⑥金蓮木花
　⑦順大新港飯店

2022年花東之旅（四）：多良觀光車站與台東大學圖書館

2022 年 1 月 24 日　星期一

　　午餐後往台東縣太麻里多良觀光車站出發，距離約九十公里，費時約一百分鐘，為此次花東之旅所到達之東岸最南端。

　　多良在日治時期名為「多多良」，在南迴鐵路設站時，將地名簡化為「多良」。多良車站原本是山坡地，兩端均為隧道，車站特別將屋頂改為觀景台，站上月台即可眺望海景，晴天時山海交織的景色令人心曠神怡，被譽為「全臺灣最美車站」。

　　與前一天半風和日麗不同，下午一行人抵達多良時天公不作美，從遊覽車下車走上山坡，先下小雨，逐漸加大，到達車站，正值淫雨傾注之際。無法體會有些網友認為觀光車站是必須朝聖地方。

　　約一千年前，范仲淹在〈岳陽樓記〉中描述遷客騷人，在霪雨霏霏之際，登斯樓而感時傷世，而今之公知墨客不受天候影響，仍興致勃勃，紛紛冒雨登上露天景觀台，觀看火車進出隧道：另一方面，海景別有氣象，有同事看到朋友夫妻共同張傘，想起「一支小雨傘」溫馨景象，同時有團員夫妻在「我愛多良」立牌前曬恩愛，也算雨中作樂，大家能不以物喜，不以己悲，樂觀以對，總之不虛此行。

　　下一站是約三十公里外台東大學金字塔圖書館；台東大學地處荒郊野外，遠離塵囂，但仍在台東市範圍內，讓人體驗到「不到台東不知台東之大」之說。沿途火焰木花盛開，火紅花朵頗為耀眼。

　　到達目的地已近黃昏，幸好雨勢已歇，金字塔圖書館綠色意象讓人印象深刻；時逢周日，但仍開館到晚上十時，燈火通明；在偏鄉中見證「絃歌不輟」，令人感動。

臺東大學圖書資訊館於 2014 年 12 月 8 日揭幕。新建之圖書資訊館在陳良全建築師山水意象的精心設計下，巧妙地呼應了臺東大學山海環繞、得天獨厚的地理景觀。北面的圖書館是一棟五層樓的山形建築；南面的資訊中心是一棟兩層樓的水形建築，蜿蜒在鏡心湖畔。由於採綠建築設計，造型獨特、湖畔映襯，週邊又有保安林地，空氣清新、生態盎然，不僅是校園的地標建築，也是臺東的新亮點，2015 年獲中華民國圖書館學會網路票選為「臺灣十大非去不可圖書館」；2016 年獲 IFLA 國際圖書館協會聯盟網站登錄為「此生必去的 1001 座圖書館」；同年，亦被 architizer.com 國際建築師網站評選為全球八座獨特圖書館之一。[1]

　　台東俗稱後山，因交通不便以致未遭到快速城市開發的破壞，保留了台灣最原味的環境景觀，更由於山海關係的密切，造就壯闊的景觀視野優勢。台東大學位於台東利嘉溪下游西側，射馬干山腳下的沖積平原，距離台東市約十五分鐘車程，是一處脫離城市（塵世）的獨立校園，金字塔圖書館基地位於校園空間主軸端點的鏡心湖邊上。[2]

　　在圖書資訊館旁有「雲入深山」公共藝術雕塑，為藝術家林昭慶於 2016 年創作；以「臺東山水」為設計本意，輔以象徵電算中心意象的鍵盤的控制鍵，作為設計組成，同時分布於流暢的線性律動及地面間，透過「山水雲霧」及「資訊串流」的抽象表徵，象徵電算中心為東大重要的整合性平臺，透電算科技將各項資訊交互應用與連結，彰顯臺東大學關懷環境、擁抱生命並以科技創建新生活的積極作為。[3]

　　晚宿台東桂田喜來登飯店，距離海邊不到一公里；飯店大廳中央有一大型水晶披金甲猛虎藝品，旁有「虎虎生風氣勢起，虎嘯龍吟薈萃生」對聯，果然氣勢非凡。

　　可能是善用「一泊二食」專案，晚餐以及次晨早餐，均為飯店自助餐，餐點品類齊全而精緻，比較特別的是各現作食物及甜點駐點師傅殷勤招呼，頻頻詢問需求。似有業績壓力。

　　晚餐後赴僅有數百公尺距離外之「鐵花村」音樂聚落散步兼遊覽；「鐵花

[1]　https://lic.nttu.edu.tw/ct.asp?xItem=1747&CtNode=702&mp=1
[2]　https://www.xinmedia.com/article/134406
[3]　https://tpa.ccl.ttct.edu.tw/Arts/Details/49

村」為觀光局「國際光點計畫」的第一個正式營運據點，由臺東音樂人和藝術工作者共同打造的音樂聚落及在地發芽的慢市集，可說是臺東的音樂集散地。以「鐵花」為名乃紀念曾任台東直隸州知州之胡傳（字鐵花）先生，胡鐵花為前中研院院長，也是清華校友，胡適先生之父，胡適曾隨父在台東短暫居住。

鐵花村音樂聚落‧成立於 2010 年 7 月，有團友曾見證昔時頗為熱鬧風光，被譽為最成功的「光點」。當晚可能是受天候影響，略顯冷清。旁有慢市集，以「慢」來命名市集，是希望旅人們可以放下自己原本的生活步調，希望透過「對話」的方式，讓創作者／分享者／消費者藉著這個空間氛圍的營造回到最簡單純樸的消費模式裡。

▲ ①特色市集
　②山水意象（葉均蔚攝）
　③圖書館與資訊中心（葉均蔚攝）
　④鏡心湖畔（葉均蔚攝）

▲①全員到齊打卡
　②氣勢非凡
　③台東桂田喜來登飯店
　④山坡路
　⑤鐵花村

▲ ①搭棚表演（葉均蔚攝）
　②慢市集（葉均蔚攝）
　③海景別有氣象
　④2022年活動看板

2022年花東之旅（五）：台東池上伯朗大道

2022 年 1 月 26 日　星期三

　　1 月 17 日行程為此行重頭戲，包括台東伯朗大道、馬太鞍欣綠農園、雲山水夢幻湖以及參訪葉教授家族之農莊（鄰近兆豐農場）。

　　早餐後直赴臺東縣池上鄉伯朗大道，此道原為臺東縣池上鄉的一條田園小路，因拍攝了伯朗咖啡的廣告而廣受歡迎，被譽為是一條「翠綠的天堂路」。廣大翠綠的稻田，路旁沒有一支電線桿，真真實實感受到一望無際，不僅有著拍照的好景色，更能帶著心靈遠離喧囂擾嚷，親身體驗一次放鬆的純粹。

　　到達池上後，首先在路邊自行車店租車；多年前與家人隨材料系自強旅遊來池上時，主要節目是全團騎車欣賞公園美景，並享用遠近馳名的池上米飯，回清華後還與多位同事向池上商家團購池上米，如今池上米在許多通路都可輕易獲得，自行車店也已升級可租用多款電動自行車，而主要景點也多有變化，時代巨輪在轉動，不可同日而語。

　　筆直的伯朗大道正式名稱為錦新三號道路，全長約 2.2 公里；在大道上的一顆茄苳樹，為當時拍攝金城武奉茶的拍攝地，因而被稱為「金城武樹」。枝葉茂密、適合乘涼的金城武樹，吸引許多追星族及遊客拍照留念。另外附近主要打卡景點包括畫框、蔡依林樹、天堂小路等，一行人以各式自行車代步，聚焦於主幹道上景點；在廣告片上看到兩側綠油油稻田，由於不當季，主要被插了秧苗的水田取代，在都市中已絕跡的水汪汪稻田風光盡入眼底，別有一番感受。

　　伯朗大道因為太受旅客歡迎，許多旅客到此一遊就想走進稻田裡來一張「人在畫中」的合照，卻也踐踏了農民的心血。在地地方組織，致力於在觀光之餘能夠維護環境、保護居民生活，不僅實施交通管制，非農作車輛不得進入

其中，更積極宣導，希望旅客不要忘記保護這絕美的景色。[1]

　　另一方面，目前正是油菜花盛開季節，整片望去的黃澄澄花海，如金黃花毯，讓人無比舒心！由於有些稻農會在稻田灑油菜的種子，使稻田長滿油菜、進而開花，次年水稻插秧前，油菜隨著整地犁田而掩埋滲入春泥，而成為促進稻米生長的養分再打入土壤裡做為綠肥，因此大家較有底氣在花海中暢行無阻，擺姿作態，拍攝美照。

　　在大道邊適有稻農利用機具插秧，顯得輕鬆迅捷，機械力遠勝人力讓人感嘆；另外看到較遠處有多彩花田，但限於時間，無法趨近觀賞，幸有團友以無人機拍得美麗波斯菊花田影像，稍解遺憾。

　　租車店附近有兩戶人家都在花園中栽種美麗花卉，包括鮮紅、粉紅、白色九重葛、蝴蝶蘭、雛菊、三色菫、矮牽牛等，甚是賞心悅目。

　　中午在花蓮光復鄉馬太鞍欣綠農園用餐，馬太鞍是光復鄉的兩大阿美族部落之一，相傳過去長了許多樹豆（阿美族語為 Vataan），馬太鞍因此得名。餐廳外多植有冬紅樹，冬紅花正在盛開，而午餐即有用冬紅花裝飾之菜餚，頗為新鮮。

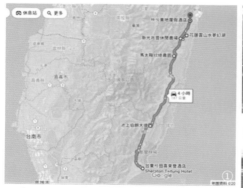
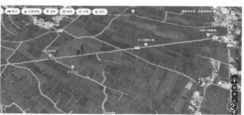

▲ ①1月17日路線圖
　②伯朗大道景點位置圖
　③金城武樹空拍照（陶雨台攝）

---

[1] https://travel.ettoday.net/article/378704.htm

▲ ①人在畫中（傅麗華攝）
　②振臂歡呼（李美華攝）
　③黃澄澄油菜花田
　④美麗的波斯菊花海空拍照（陶雨台攝）
　⑤伯朗先生
　⑥插秧機操作中
　⑦鮮黃色油菜花

2022年花東之旅（六）：花蓮壽豐雲山水夢幻湖等

2022 年 1 月 27 日　星期四

　　午餐後先往花蓮壽豐鄉雲山水夢幻湖遊覽，車行僅約三十公里；沿途同樣看到許多開著豔麗紅花的火焰樹。

　　雲山水自然生態農莊位於花東縱谷中央山脈及海岸山脈之間，占地約 24 公頃，其中夢幻湖面積大約 4 公頃。湛藍的夢幻湖水來自中央山脈，水質清澈，在陽光照射下產生動人景致，加上兩旁雲山水美景倒映在湖面上，如夢似幻的美景，讓它有「夢幻湖」之稱。此外，雲山水自然生態園區種植許多植物，如椰林大道、棕櫚樹、落羽松、鳳凰木和水生植物，還有大片青翠草地及不少野生動物，將此處打造成一個令人驚豔的美麗社區。

　　到達農莊後，因葉教授女婿親戚周董為社區住戶，遊覽車可以直接開到周董門口。承周董奉茶熱情款待，參觀寬敞舒適、窗明几淨的別墅外、並親自導覽社區。根據谷歌地圖空照圖，該社區多為民宿，周董住宅為少數自家住宅，後院綠草如茵，緊鄰夢幻湖美景。

　　雲山水遠近馳名，有團友以前就曾不只一次造訪；回校後了解有朋友也曾來此遊覽並住宿於農莊內，對民宿水準有相當正面評價。

　　下午第二站是參訪位於鳳林鎮鄰近兆豐農場葉教授家族之農莊。多年前即聽葉教授夫婦談及規劃與兩位內弟在花蓮共建農莊，不意落成多年後，才得以一窺「廬山真面目」，為此行最大收穫之一。

　　農莊建造於占地約一千七百坪的農地上，是豪宅級建築，現由葉教授內弟張廠長夫婦常住照應。現場四位主人，殷勤招待屬 VIP 級，備有各式鮮果，又有美酒加持，賓主盡歡。

　　室內參觀部分，先從地下室藏酒庫逐層直至步上陽台，鉅細靡遺；接著漫

步於農莊中,內外整理顯得井井有條,花木扶疏,種有各類蔬果,其中拇指蕉正結實成串,粗估一串即超過一千兩百隻,令人大開眼界,據葉教授敘述以往亦曾收成,拇指蕉雖僅有拇指大小,但頗美味;另外見到整排落羽松,如在畫中。

據與鳳林鎮有淵源的客家籍友人告知,鳳林與高雄美濃是台灣兩大客家鄉,有「鳳林出校長,美濃出博士」之說;鳳林鎮堪稱為校長密度最高的客庄,鎮內有一座古老的日式校長宿舍,改建為「校長夢工廠」,陳列一百多位校長的簡介和事蹟,造就許多教育人才,為台灣教育付出,不遺餘力,可謂風水寶地,人傑地靈。[1]

晚宿吉安鄉秧悅美地度假酒店(Gaeavilla),酒店占地兩萬坪,以有機香草為主題特色,於 2019 年 5 月開幕;Gaea(蓋亞)在希臘神話中是所有生命之母,新時代環保主義者認為地球本身是具有自我調節功能的有機體,稱為蓋亞假說,從 1990 年代開始成為對環境問題有高度共識的一部分。旅行社在秧悅美地也安排一泊二食,在酒店享用美味自助餐後,各自歸寢,靜待明日再出發。

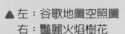
▲左:谷歌地圖空照圖
　右:豔麗火焰樹花

▲①周宅正面空照圖（陶雨台攝）
　②如夢似幻（陶雨台攝）
　③民宿之一（陶雨台攝）
　④豪宅正面（傅麗華攝）

▲①不亦樂乎（汪建民提供）　②與張廠長合影（葉均蔚攝）
　③哈囉無人機（陶雨台攝）　④美酒加持（陳幼雪攝）
　⑤多子多孫　　　　　　　　⑥賓主盡歡（葉吉倫攝）

2022年花東之旅（七）：花蓮吉安慶修院

2022 年 1 月 27 日　星期四

　　本次旅程最後一日安排參觀慶修院以及清水斷崖，慶修院離酒店不遠，清水斷崖在歸途會經過，所以行程較輕鬆，預定十點才出發。

　　由於有早起習慣，所以六點半即到餐廳用餐，但見窗外有一相當廣闊的大型花園，多彩群芳怒放，由於有充裕時間，餐後自然不放過良機，得以徜徉於花海中，幸福破表。

　　花園名為香草迷宮花園，主體為以花卉香草植株為界的迷宮圖形，由於植株不高，目前只存意象，但不減美麗芬芳。同時整個花園約有迷宮圖案四倍大。設施包括櫻花亭、玫瑰亭、山水瀑、步道等。園中種植至少十餘種美麗花卉，現有上十種花朵正在盛開，而以飛燕草、醉蝶花、萬壽菊、紫鳳凰、藍花藤最擅勝場。在花園中逗留一個多小時，仍意猶未盡，對愛花人來說，是為此次旅遊大亮點。另一方面，雖然沒有目睹，但有照片為證，在羅曼蒂克氣氛下，多位團友情不自禁在此對夫人親暱表態，鶼鰈情深，讓人「只羨鴛鴦不羨仙」。

　　慶修院位於花蓮吉安鄉，是 1917 年日人在吉野移民村募建的布教所：吉安舊名 Cikasuan（阿美族語，意為：柴薪很多的地方），漢人譯作「知卡宣」或「七腳川」。原住民抗日「七腳川事件」（1908 年）之後，七腳川社的土地被沒收，後來即變成日本移民村吉野村的土地來源。[1]

　　日本政府當時政策是選定台灣較晚開發區域，如花蓮，以解決農村人口過剩、耕地與糧食不足的問題。移居生活貧困的日人。日本人在這裡開闢移民村，移民大多來自日本四國德島縣吉野川延岸，於是就把這裡改稱「吉野」。

---

[1]　https://zh.wikipedia.org/wiki/ 七腳川事件

隨著日人進駐，日本佛教也隨之進入。1917年，日人在此募建了這座真言宗高野派的「吉野布教所」，以宗教安定的力量，撫慰移民的思鄉之情。

攢尖式屋頂（日語稱之為：「宝形造」）的日式傳統建築，流露濃厚的江戶風格。寺院內八十八尊石佛依序排列。臺灣光復後，吉野布教所改名為「慶修院」，吉野亦於民國37年（1948年）改為「吉安」。民國86年（1997年）慶修院公告為縣定古蹟。寺院內，歷經歲月更迭的神龕、不動明王石刻、百度石、石佛等重要文物留存至今，不但敘說了這一段聚落發展的歷史，也依然聆聽著人們的祈願和祝福。[2]

慶修院內供奉主神弘法大師空海、不動明王與毘沙門天王，所內直立高約2米的「光明真言百萬遍」石碑，以及請自日本四國的八十八尊神像。1945年國民政府接管台灣，日人遣回故里，真言宗吉野布教所更名為慶修院，慶修院一詞沿用至今，院內供奉的本尊，也順應台灣人民的佛教信仰，改奉本師釋迦牟尼佛與觀世音菩薩。院內建築與陳設留住歷史時光，舉凡不動明王像、百度石、八十八番石佛、光明真言百萬遍石碑、手水舍、小橋、池塘、游魚、花草、蒼木，皆維持日式庭院風格。

慶修院曾因歲月迭代而長年失修，分別於1964年與1972年進行較具規則的維修，仍未臻理想；1997年，慶修院獲列為縣定三級古蹟，並著手進行古蹟修復工程，2003年8月，由花蓮縣政府慎重完成具整體性的修護，把具有

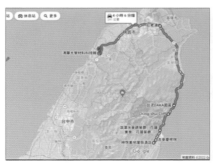

▲ 左：1月18日路線圖
右：花園設施示意圖

2 http://www.yoshino793.com.tw/about.html

歷史、文化及宗教價值的八十八尊佛像重新完整呈現原貌，為花蓮吉安保存一座極具觀光及文化價值的歷史遺產。慶修院為花東地區唯一日式佛寺的國家古蹟，更是花蓮縣境內唯一地上建築物的國家級古蹟，日本遊客到花蓮，必訪的花蓮觀光景點之一。[3]

　　現今慶修院確實保持日式佛寺風格，庭院布置包括枯山水等，寺中則改奉釋迦牟尼佛；院中培育各種鹿角蕨，同時桃花正盛開，而清華桃花此時尚不見蹤跡，不禁想起白居易〈大林寺桃花〉詩：「人間四月芳菲盡，山寺桃花始盛開。長恨春歸無覓處，不知轉入此中來。」另外讓人印象深刻的是在寺內看板有日本移民經過說明，提到每戶分配建地約三千坪，與台灣人分開居住等。

▲ 左：各種鹿角蕨（陳幼雪攝）
　 中：更多鹿角蕨
　 右：寺中桃花已盛開

3　https://zh.wikipedia.org/wiki/ 慶修院

▲ ①花園一角　　②醉蝶花　　　　③飛燕草
　④萬壽菊　　　⑤改奉釋迦牟尼佛　⑥八十八尊佛像一角

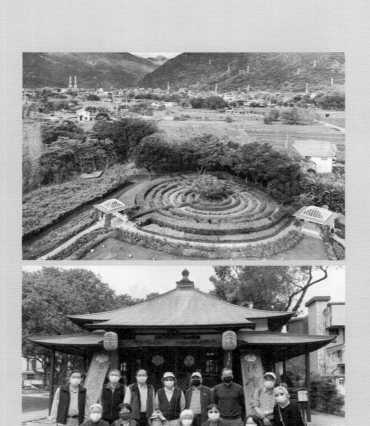

◀上：香草迷宮花園（汪建
　民提供）
中：寺前打卡（葉吉倫攝）
下：枯山水（陳幼雪攝）

2022年花東之旅（八）：花蓮清水斷崖（完結篇）

2022 年 1 月 28 日　星期五

　　中午在台 9 線上秀林鄉「洄瀾灣景觀餐廳」用餐。以往因各種因緣到花蓮不下十次，這次才了解花蓮舊稱洄瀾，而由台語諧音轉變命名，一方面愧於孤陋寡聞，一方面慶幸由餐廳名讓人長知識。[1] 餐廳特色是無菜單料理，場地佔地四千坪，有草地、池塘、涼亭等景觀。另一特點是如招牌上所示是號稱全國唯一負離子餐廳。

　　花蓮古稱奇萊，稱花蓮始見於沈葆楨奏疏，故老相傳，花蓮溪東注於海，其水與海濤激盪，迂迴澎湃，以洄瀾形容，後人諧為「花蓮港」，光復後刪去港字，改稱「花蓮」。至今沿襲。

　　午餐時，大家興致高昂，店內餐食以在地漁港海鮮料理為主，招牌餐點為海鮮日式牛奶鍋，搭配海鮮材料，另外蔥餅也大受歡迎。佳餚美酒當前，加上良朋麗景，讓人想起某位團友曾說的「人生如此，夫復何求」或「人生不過爾爾」名句。

　　餐廳周圍庭園廣闊，果然草地、池塘、涼亭等一應俱全，經刻意修整，頗有可觀，目前盛開的有橘色炮仗花，餐廳前花台上各色三色堇，爭奇鬥艷，嬌豔奪目，讓人目不暇給。

　　午餐後到清水斷崖遊覽；斷崖位於清水山東側，自蘇花公路和平至崇德之間，綿延 21 公里。其中清水山東南大斷崖尤其險峻，屬於大陸與海洋板塊界限斷層延伸，形成罕見幾近 90 度垂直斷崖面，絕壁臨海面長達 5 公里，非常壯觀。不論是乘火車或汽車，行車在山壁斷崖與無垠汪海之間，都可感受到前

---

[1]　https://www.moi.gov.tw/cp.aspx?n=13916

人拓荒築路的艱辛。

　　猶憶 2017 年 8 月曾剛好與此次組團一半團友參加由葉導遊領隊的英倫三島旅行團，共遊世界馳名的愛爾蘭莫黑斷崖；清水斷崖與之相比，毫不遜色，難怪 2013 年由民眾票選後經專家評定清水斷崖為台灣十大地景之一。[2]

　　台灣十大地景為：1.「野柳」，2.「玉山主峰」，3.「日月潭」，4.「金瓜石」，5.「龜山島」，6.「月世界泥岩惡地」，7.「雪山圈谷」，8.「清水斷崖」，9.「苗栗三義火炎山自然保留區」，10.「大、小霸尖山」。

　　大夥在此欣賞山海對峙，太平洋海天一色壯麗景觀，不免在刻有「台灣十景清水斷崖」巨石前攝影留念，有團友攝得火車出隧道畫面。本團空軍更出動無人機拍下不少珍貴鏡頭。

　　回程也在台泥 DAKA 園區稍稍舒活筋骨；在園區內打卡景點之一「星巴克」咖啡店共享咖啡與美點，也屬賞心樂事。大家談到優質旅遊需要五有，即有健康、有錢、有閒、有興與有伴，良有以也。有緣人有志一同，盡興乎來，雖「千歲」而何妨？

　　晚上約六時到達南港，在「餡老滿」飯店用餐，主要為北方麵食，很是道地，但客人不多，恐是受疫情影響。飯後除住南港團友先自行返家，大夥順利於約一小時後回到清華，「快快樂樂出門，平平安安回家」，盡興而歸，為四天三夜花東行劃上完美句點。

〔後記〕

　　在「清大花東摯友團」Line 群組中，有團友提議現在就可規劃下次旅程，獲得熱烈迴響，大家都期待疫情能早日得到有效控制，又得以有緣共同歡樂行。

---

[2]　https://conservation.forest.gov.tw/twtop10

▲ ①火車出隧道（傅麗華攝）
　②嬌艷奪目
　③居高臨下（陶雨台攝）
　④壯麗景觀
　⑤庭園之美（程海東攝）
　⑥負離子餐廳

▲ ①台灣十景相映紅（張秀禎提供）
　②劃上完美句點（葉吉倫提供）
　③興致高昂（陳幼雪攝）
　④賞心樂事（陳幼雪攝）

▲ ①佳餚當前（陳幼雪攝）　　　②大受歡迎（陳幼雪攝）
　①餡入味覺不言中（陳幼雪攝）　④道地北方美食（陳幼雪攝）

「安徽文人墨客之旅」（一）：琅琊山與歐陽修

2019 年 12 月 2 日　星期一

　　琅琊山晚近以「琅琊榜」連續劇而聲名大噪，「琅琊山風景區」卻是以紀念「一代文宗」歐陽修而出名。琅琊山為名山、名林、名泉、名洞、名亭、名寺、名文、名人等「八名」勝境。茂密的森林，清幽的景色使其具有「皖東明珠」的美譽。

　　歐陽修擔任滁州太守，所寫的傳世之作〈醉翁亭記〉寫的就是瑯琊山之「醉翁亭」。〈醉翁亭記〉開頭即寫「環滁皆山也。其西南諸峰，林壑尤美。望之蔚然而深秀者，琅琊也。山行六七里，漸聞水聲潺潺而瀉出於兩峰之間者，釀泉也。峰迴路轉，有亭翼然臨於泉上者，醉翁亭也。作亭者誰？山之僧智仙也。名之者誰？太守自謂也。」點出地理人文出處。

　　「醉翁亭景區」是整個景區之精華。當年歐陽修被貶至此當官，自稱醉翁，遊山玩水並且在亭子內飲酒辦公。「醉翁亭」名列中國四大名亭之首（四大名亭分別是浙江杭州的湖心亭、滁州的醉翁亭、北京的陶然亭、長沙的愛晚亭）。「醉翁亭」有楹聯：「飲既不多緣何能醉；年猶未邁奚自稱翁。」與〈醉翁亭記〉「太守與客來飲於此，飲少輒醉，而年又最高，故自號曰醉翁也。」句相應。

　　「二賢堂」紀念同遭貶謫的滁州太守歐陽修和黃州（今湖北黃岡）太守王禹偁。「二賢堂」內有兩太守立像，神態肅穆，一人手拿書卷，一人輕捻鬍鬚。由兩旁楹聯：「謫往黃岡，執周易焚香默坐，豈消遣乎；貶來滁上，辟豐山酌酒述文，非獨樂也。」知人手拿書卷者應為王禹偁，另一人則為歐陽修。另有陳列兩人名篇，包括歐陽修之〈醉翁亭記〉、〈朋黨論〉等。

　　「醉翁亭」附近有個「古梅亭」，因亭前有一株古梅而得名，現在遊人見到

的為明人所植。「古梅亭」上額為篆書，中間的「梅」字很奇特，與今天的字形幾乎毫無聯繫。該字為上下結構，上為口中一橫，下邊類似現在的「水」字，像「呆」非「呆」，似「果」非「果」。《說文解字》解釋說：「某，酸果也。從木從甘。闕。杲，古文某從口。」徐灝注箋：「某」即今酸果「梅」字。

不遠處有「意在亭」，以四根棟木為柱。明嘉靖四十年（1561 年），南太僕寺少卿毛鵬建「皆春亭」，萬曆三十一年（1603 年），滁州知州盧洪夏並仿照蘇州園林建築格調重建此亭，改名「意在亭」，取「醉翁之意不在酒，在乎山水之間也」之意。四周有人工開鑿的水渠，渠寬約 33 釐米，彎曲繞亭，名曰「九曲流觴」，為遊人戲水飲酒的場所，乃根據晉代大書法家王羲之的〈蘭亭集序〉中描繪的情形設計、建造的，九曲渠水來自山泉。

亭旁有菱溪石，並有上刻歐陽修〈菱溪石記〉立碑。〈菱溪石記〉是歐陽修於慶曆六年（1046 年）所作的一篇記事散文。文章記敘菱溪石的來龍去脈，感歎世事變遷和人物盛衰，勸誡世人不必獨佔奇物。

「同樂園」取〈醉翁亭記〉中「醉能同其樂」之意，位於出口附近，重建的「歐公祠」內建有「醒心齋」，齋內刻有乾隆時間琅琊山的鎮山之寶「歐陽修像」，背後有蘇軾所書〈醉翁亭記〉及後記，上有由歐陽修後人，書法家歐陽中石題寫「一代文宗」牌匾。壁畫全面介紹歐陽修生平為人、為政、為學、為文。

「歐公祠」內還按照當年建設者的構思，依山就勢，斜山岩石裸露，假山

▲「八名」勝境

▲ 斧劈刀削摩崖石刻

園林，錯落有致，東園最讓人矚目的斷岩峭壁，是當年採石場遺留的殘壁，滁州人巧妙地將其加工、改造成斧劈刀削的摩崖石刻，上面鑴刻古今名家書寫的與琅琊文化有關的書法作品。

　　按歐陽修於宋仁宗慶曆五年（1045 年）貶官滁州，慶曆八年（1048 年），歐陽修改任揚州知州，所以在滁州僅約三年，由於他是 1007 年生，所以正當38-41 歲的壯年，所以自號「醉翁」有些勉強。同時讓人驚訝的是嘉祐三年（1058 年），歐陽修繼包拯出任開封知府。歐陽修在滁州另有〈菱溪石記〉、〈豐樂亭記〉等傳世之作，滁州與「琅琊山」可謂因人而名，何其有幸。

▲①太守自謂也
　②兩太守立像
　③不必獨佔奇物
　④醉翁之意不在酒
　⑤一代文宗

「安徽文人墨客之旅」（二）：李白在安徽

2019 年 12 月 12 日　星期四

　　李白有「詩仙」之稱，與「詩聖」杜甫合稱「李杜」，是盛唐數一數二的大詩人。一生放浪天涯，此次「安徽文人墨客之旅」才瞭解到，他與安徽也頗有淵源。

一、「馬鞍山」

　　據研究，有關李白與「馬鞍山」的文章（包括著作中的章節）大約近 200 篇，零散的論述難以計數。原因可能是馬鞍山係李白一生中多次遊歷之地和終老之鄉，詩人與此地的關係千絲萬縷。據初步考證，李白曾七次來「馬鞍山」，現存詩文 53 篇。據聞李白生前極愛采石磯山水，多有登臨，寫有〈夜泊牛渚懷古〉、〈望天門山〉、〈牛渚磯〉、〈橫江詞六首〉、〈臨路歌〉等詩作。據《舊唐書》記載，李白流放雖然遇赦，但因途中飲酒過度，醉死於宣城。中國民間有「太白撈月」的傳說：李白在舟中賞月，飲酒大醉，想要跳下船至水裡撈月而溺死。

　　「馬鞍山市」人民政府將太白樓旁一組清代建築群改建為李白紀念館陳列室，紀念館包括太白樓、李白祠、清風亭、太白堂、同風閣、騎鯨軒、仙侶齋、松雲居、疊翠樓、吟香館等展廳和碑廊、沉香園等景點，占地面積 1 萬多平方米。紀念堂中有「高力士為李白脫靴」蠟像，色彩鮮明，栩栩如生，另有〈夜泊牛渚懷古〉、〈望天門山〉等名篇書法與附圖。

　　據考據〈望天門山〉：是開元十三年（725 年）李白初出巴蜀乘船赴江東經當塗途中行至天門山，初次見到天門山時有感而作的：

天門中斷楚江開，碧水東流至此回。

兩岸青山相對出，孤帆一片日邊來。

〈夜泊牛渚懷古〉：牛渚，即采石磯。此詩題下原有注說：「此地即謝尚聞袁宏詠史處。」據《晉書‧文苑傳》記載：袁宏少時孤貧，以運租為業。鎮西將軍謝尚鎮守牛渚，秋夜乘月泛江，聽到袁宏在運租船上諷詠他自己的詠史詩，非常讚賞，於是邀宏過船談論，直到天明。袁宏得到謝尚的讚譽，從此聲名大著。題中所謂「懷古」，就是指這件事。

牛渚西江夜，青天無片雲。

登舟望秋月，空憶謝將軍。

余亦能高詠，斯人不可聞。

明朝掛帆席，楓葉落紛紛。（掛帆席一作：去）

〈尋雍尊師隱居〉：

群峭碧摩天，逍遙不記年。撥雲尋古道，倚石聽流泉。

花暖青牛臥，松高白鶴眠。語來江色暮，獨自下寒煙。

采石磯為「長江三磯之首」（另二處為南京燕子磯、岳陽城陵磯），采石磯片區，以李白文化欣賞和江磯攬勝功能為主。臨江絕壁之上有「燃犀亭」，簡樸典雅。傳說東晉將領溫嶠在此燃犀角照金牛水怪，現存四方小亭為光緒十三年（1887年）長江水師提督李成謀所重修。旁有李白飛天塑像。

二、敬亭山

「敬亭山」在今安徽宣城市北。《元和郡縣誌》記載：「在宣城縣北十里。山有萬鬆亭、虎窺泉。」自南齊詩人謝朓任宣城太守寫了不少詩賦，公元753-762年李白七次飄然「敬亭山」，再加上李白〈獨坐敬亭山〉流傳，敬亭山便成為「吟無虛日」、「名齊五岳」的江南詩地。後來白居易、杜牧、韓愈、劉

禹錫等慕名登臨，吟詩作賦，繪畫寫記，「敬亭山」也就成了名副其實的「江南詩山」。

　　李白〈獨坐敬亭山〉：「眾鳥高飛盡，孤雲獨去閒。相看兩不厭，只有敬亭山。（只有一作：惟／唯）」是傳世名詩。詹鍈《李白詩文繫年》繫此詩於公元 753 年（天寶十二年），並認為與〈登敬亭山南望懷古贈竇主簿〉為前後之作。公元 753 年（天寶十二年），李白南下宣城。行前，有詩〈寄從弟宣州長史昭〉，其中說道：「爾佐宣城郡，守官清且閒。常誇雲月好，邀我敬亭山。」可為印證。

　　到達「敬亭山」景區，山間仍有厚厚積雪，登山步道潮濕路滑，因此僅步行至「玉真公主」塑像附近即折返，勉強可謂「到此一遊」。

三、「謝朓樓」

　　謝朓（464 年－499 年），南齊詩人，人稱小謝，曾出任宣城太守，故又有「謝宣城」之稱。為李白最敬仰和讚賞的古代詩人，可見於其詩作〈宣州謝朓樓餞別校書叔雲〉：

> 棄我去者，昨日之日不可留；
> 亂我心者，今日之日多煩憂。
> 長風萬里送秋雁，對此可以酣高樓。
> 蓬萊文章建安骨，中間小謝又清發。
> 俱懷逸興壯思飛，欲上青天攬明月。
> 抽刀斷水水更流，舉杯消愁愁更愁。
> 人生在世不稱意，明朝散髮弄扁舟。

　　其中「中間小謝又清發」一句，天下傳誦，歷代宣城亦重建「謝朓樓」以作紀念。成為江南四大名樓之一（其他三大名樓為湖北武漢的「黃鶴樓」、湖南岳陽的「岳陽樓」、江西南昌的「滕王閣」）。目前重建的「謝朓樓」四簷高飛、曲徑迴廊、氣勢可觀，很可惜當日「謝朓樓」不開放，只能在外徜徉憑弔一番。

▲①「高力士為李白脫靴」蠟像　②采石磯風景
　③相看兩不厭，只有敬亭山　④「名齊五岳」的江南詩山
　⑤「玉真公主」塑像　⑥山間仍有厚厚積雪

▲①「吟無虛日」的江南詩地
②蓬萊文章建安骨，中間小
　謝又清發
③長風萬里送秋雁，對此可
　以酣高樓
④謝朓樓石塑
⑤長江水師提督李成謀所重
　修「燃犀亭」
⑥李白飛天塑像

宮廟之旅（一）——臺灣府城隍廟

2019 年 12 月 29 日　星期日

　　臺南市的臺灣府城隍廟，是奉祀臺灣府城隍威靈公的道教廟宇[1]，位於臺南市中西區青年路。是國定古蹟，也是臺灣知名的城隍廟。明鄭永曆二十三年（1669 年）廟建於東安坊右，當時稱為承天府城隍廟。此廟是臺灣最早的官建城隍廟，是為省級城隍的「威靈公」。

　　1891 年清廷光緒帝升格新竹城隍廟為「都城隍，威靈公」，亦為省級城隍。中華民國政府遷台後，臺北市為中華民國政府行在，臺北民眾建臺灣省城隍廟奉祀「臺灣省城隍」，同為省級城隍。有趣的是，三廟信徒各以其歷史為榮，亦認定其所奉之城隍爺位階最高。

　　本廟主祀臺灣府城隍威靈公。配祀有城隍夫人、觀音菩薩、地藏菩薩、註生娘娘、天上聖母、福德正神、月下老人、十八羅漢、文武判官、范謝將軍、甘柳將軍、二十四司、門神等神佛。

　　一進大門，即見高懸「爾來了」匾額，為「臺南三大名匾」之一，讓人有「舉頭三尺有神明」場景感，強烈傳達恩威並濟的氣氛。這三個大字的意思是對行善者說：你也來這裡參拜行善了，表示歡迎。對作惡者說：你也有這一天來這裡懺悔接受審判了。門內兩旁分為城隍下轄謝、范將軍木刻像[2]，謝、范

---

[1] 城隍，又稱城隍爺、城隍爺公、城隍老爺，原意是「城牆」與「護城河」的意思，後來演變為民間信仰中的城池的守護神，亦為陰間司法體系的職司。明太祖朱元璋將省級城隍封為「威靈公」。各級城隍是超自然長官，以神道設教、綜理陰陽，主管人間善惡果報、禍福降臨，其廟貌一定陰森威赫。城隍廟獨具陰陽廟格，尤顯傳統兩元治理的特色。

[2] 謝、范將軍，臺灣稱七爺八爺，屬於黑白無常中的一種，是中國傳統文化中的一對神祇。此二尊神手執腳鐐手銬，專職緝拿鬼魂、協助賞善罰惡，也常為城隍爺等具有司法神職能之神祇的部將。根據傳說，謝將軍名為謝必安，身材高瘦，面白，手持火籤（長條形的令牌），又稱火籤爺；范將軍名為范無救（或無赦，少數人寫作無咎），體態短胖，面黑，尊曰矮爺，手持榜牌（正方形的令牌），又稱榜牌爺。據說是謝、范將軍在清代臺灣的陣頭中往往排在甘、柳、春、夏、秋、冬等六位家將之後，是為押陣之神，故臺灣人尊之曰七爺、八爺。

將軍旁各有甘、柳將軍木刻像[3]。

正殿供奉城隍爺，兩旁有文、武判官[4]，兩側則有二十四司[5]，各司其職，各盡所能，儼然人間行政的反映。

後殿兩側為「十八尊者」，各有其名。[6]

後殿供奉配祀的城隍夫人、觀音菩薩、註生娘娘、天上聖母、臨水夫人[7]福德正神、月下老人、地藏菩薩[8]等。

正殿掛有大算盤，左右刻聯「善惡權由人自作，是非算定法難容」，這些字句，象徵城隍爺以算盤計算世人功過，有戒惡揚善的意味。

門神彩繪是彩繪大師潘麗水遺作。中門為武門神。秦叔寶外型為粉面、鳳眼，手持金鐧；尉遲恭則面黑、怒目，手持金鞭，因此又稱為「鞭鐧門神」。兩旁為文門神，分持冠、鹿、爵、牡丹等物，代表「加官晉祿、晉爵富貴」；又四人各持一件如意，更代表事事如意的生活理念。這些門神彩繪風格在於人物鬍鬚與手勢動感，以及面部豐富表情，更講究戰甲工筆細緻。

建築特色

本廟簷飾剪黏素雅，正脊飾以「福、祿、壽」三仙，似將喜稅直接拋向人間，傳達道教世俗的理念。垂脊飾以托塔天王李靖、二郎神楊戩，宛如居高坐

---

[3]　甘、柳將軍，八家將中的兩位神祇，八家將為王爺、城隍等神的護衛部隊。有人認為甘柳將軍是「日夜遊神」。甘、柳將軍一般居於八家將隊伍之首，所以別稱「班頭」、「頭排」，負責捉拿鬼魂，也負責刑罰，又稱「撐刑」。俗謂甘將軍諱鵬飛，柳將軍諱鈺。

[4]　民間傳說中，各地城隍下設有文武判官二職。判官是地方長官的幕僚，輔助長官處理政事。城隍爺的左從祀中「文判官」的職務相當等於衙門裡的左典史，即今日法院的推事，審理案件做成判決書；手握有生死簿，調查或記錄百姓的善功、過，執行各司判文或記錄檢閱；警惕世人諸惡莫作。「武判官」的職務相當等於衙門裡的右典史，左手則舉「鋼或錘」執行各司的判決及惡性重大者，執以刑罰處置；嚇阻世人諸惡莫作。

[5]　二十四司，是城隍爺的屬官。包括陰陽司、速報司、稽查司、賞善司、罰惡司、註福司、註壽司、功曹司、良願司、提刑司、地獄司、驅疫司、感應司、文書司、檢簿司、掌案司、考功司、保安司、查過司、學政司、典籍司、督糧司、巡政司、儀禮司。分工很細，民俗最少有另外三種二十四司。臺南俗說，二十四司中的「考功司」考核官吏成績，「學政司」則是管理人類的教育與考運。故每逢考季，以「學政司」、「考功司」最為熱門，廟方也順應民情，以鮮明紅字表示「『學政司』、『考功司』祝您金榜題名」，並貼心地在前方設立格位供考生放置個人資料表，以提醒執掌各司。

[6]　「十八尊者」即「十八羅漢」，民間所謂之十八羅漢尊者有不同版本。本廟供奉降龍尊者、進獅尊者、淨耳尊者、布袋尊者、慈姿尊者、目蓮尊者、長眉尊者、誌公尊者、觀經尊者、老僧尊者、飛鈸尊者、梁武帝尊者、如恩尊者、開心尊者、大覺尊者、達摩尊者、伏虎尊者。

[7]　臨水夫人相傳名喚陳靖姑，是閭山派的女道士，生前有德於民，歿後被奉為神靈，其信仰非常昌盛，以其能護佑孕婦，順產保胎聞名。臺灣有主祀臨水夫人的廟宇一百三十幾座。

[8]　地藏菩薩，常稱幽冥教主。因其「安忍不動如大地，靜慮深密如秘藏」，故名地藏。為漢傳佛教四大菩薩之一，與觀音、文殊、普賢一起，深受世人敬仰。以其「久遠劫來屢發弘願」，即在於「眾生度盡、方證菩提；地獄不空、誓不成佛」故被尊稱為大願地藏菩薩。

鎮、守衛廟宇，表現傳統神話的風格。

　　廟宇內外木雕、石雕都甚為精緻，不愧為「省」級宮廟。木雕有「水淹金山寺」、「八仙過海」、「國泰」、「民安」場景以及盤龍柱、八仙戲偶等，石雕有虎堵、龍堵、石獅，「招財進寶」、「天官賜福」浮雕等，多彩多姿。

〔後記〕

　　城隍雖為道教神祇，臺灣府城隍廟則供奉佛、道諸神，適合多元需求，充分顯示華人「兼容並蓄」的宗教觀，加以對神佛各有歸屬，也不難理解許多信眾「逢廟必拜」的心理，善男信女，各取所需，皆大歡喜，搭配民俗傳說故事，相當庶民化，而能深入民間。這種信仰模式與基督教、伊斯蘭教等「一神教」有很大的歧異，「一神教」往往缺乏包容性，基本教義派更視他教為異端，歷史上屢有「宗教戰爭」，近世則有「聖戰」，為「多神教」所少見，但「多神教」常被認為缺乏中心信仰，信念不夠堅定。另一方面，西方主流思想認為無法與崛起的東方「和平共存」，恐與「一神教」思維有關，應是「文明的衝突」主因之一。

　　同時，佛教雖以「我佛慈悲」出名，第大二次世界大戰後，英國退出當時的印度殖民地，主要信奉與佛教相互消融的「印度教」（Hinduism）之印度與信奉「伊斯蘭教」的巴基斯坦分治時，衝突造成傷亡以百萬人計；最近主要信奉「佛教」的緬甸大舉迫害信奉「伊斯蘭教」的「羅興亞人」，顯示人類的愚蠢是不限宗教的。

◀ ①臺灣府城隍廟
②是臺灣最早的官建城隍廟

▲ ①「爾來了」匾額為「臺南三大名匾」之一　②正殿供奉城隍爺
　③各地城隍下設有文武判官二職　④巡行城隍爺與文、武判官
　⑤二十四司是城隍爺的屬官　⑥民俗最少有另外三種二十四司

▲①「十八尊者」即「十八羅漢」　　②十八羅漢尊者有不同版本
　③城隍爺以算盤計算世人功過　　④「鞭鐧門神」
　⑤左文門神　　　　　　　　　　⑥右文門神

宮廟之旅（二）──新竹城隍廟

2020 年 1 月 4 日　星期六

　　新竹城隍廟在清治時期為官廟，1889 年清光緒年間經奏准在廟內舉辦護國佑民大法會，俗稱祭天狗，慢慢顯現神威。

　　城隍的信仰，在中國源遠流長。一般人均認為陰界與陽間一樣，也有其社會組織，城隍即為陰間的父母官。儒家敬天畏神即承認世界有陰陽之隔。但有城隍護衛城池的觀念卻是從道家開始；如《易經》有載：「城復于隍，勿用師」[1]。但設置城隍並建廟祭祀卻是道教成為民間的宗教信仰以後的事。

　　城隍為兼管陰陽的神。在陽間司懲兇罰惡導正社會風氣之職。在陰間則專司人間善惡之記錄、通報、審判、移送之職。有點類似人間之警察、檢查官及法官的綜合體。遇有善事則通報天庭；遇有惡事則通報地府。閻王之生死簿即據此登載人的一生善惡。

　　新竹城隍廟前是有名的小吃勝地，要進新竹城隍廟，必須經窄徑通過密集的攤位。

　　正殿自然主供城隍爺，匾額上有前清進士鄭用錫題「理陰贊陽」以及光緒御筆「金門保障」，前有文武判官以及左右排爺[2]。神龕內端坐大小數十尊塑像，皆為黑面長鬚；龕中央城隍爺本尊，目光朝下，左手握絹，右手持紙製摺扇，大拇指環有玉戒金戒，外披金紅錦袍，莊嚴穩重。文判官左手握生死簿，右手執筆，戴文官帽，面貌祥和，武判官執劍，著盔甲，威武異常，皆紅臉，武判官較深。兩排爺之左為董排爺無鬚，右為李排爺則長鬚，面帶微笑。

　　三川殿進門右側，首先見高大的大爺謝將軍，次見捕快喜爺與哀爺，左

---

[1] 《易經》泰卦，「上六：城復于隍。勿用師。自邑告命，貞吝。」，《象》曰：「城復于隍。其命亂也。」意即「上六。城牆倒在壕溝裡，不要出動隊伍，從鄉邑傳來命令，此時要行事謹慎、約束自己的行為。《象》：城牆倒在壕溝裡，因為命令已經亂了。」

[2] 排爺是指管理衙門裡皂班和快班的領導者，亦簡稱為班頭，是專門負責執杖行罰的工作。

側則依序為五短身材二爺范將軍、捕快怒爺與樂爺[3]。謝將軍左手持木製「火籤」棒，右手搖白羽扇，面蒼白戚眉長髮吐舌；范將軍身形矮胖，黑面眼突，右手高舉除暴安良木牌，牌上繪有老虎紋樣。眾捕快面容喜、怒、哀、樂並不明顯。一說喜、怒、哀、樂代表春、夏、秋、冬的含意。

次供奉牛將軍[4]、枷將軍[5]、謝將軍（右側）與馬將軍、鎖將軍、范將軍；六位將軍統領城隍爺的兵馬：牛將軍黑面戴鳳冠，冠上加牛首，外披黑錦袍；金將軍（枷爺）凸眼吐獠牙，面露凶狠狀，頭戴金箍，著紅繡袍；謝將軍頭戴方形高帽，帽上寫有「一見大吉」字樣，右手持火籤，左手持白羽扇；馬將軍面容慘白，戴鳳冠，冠上加馬首；銀將軍（鎖爺）頭亦有金箍，著藍袍；范將軍頭戴「判善惡」字樣之方帽，著黑袍。

再次供奉六司：左側依序為糾察司、樂善司、延壽司，右側為速報司、罰惡司、增祿司。比台南府城隍廟二十四司編制精簡很多，高官較少，可能與提倡組織扁平化有關。有五司各有協侍兩名，或為童子或作官差，型態殊異。速報司特別有僚屬四名，前面兩名各著短裝，似乎要飛奔速報，饒有趣味。

其後為土地公與山神公[6]。「陰陽司公」位於正殿之左後方，頭戴文官帽，面鬚與手皆是半邊黑半邊白，是城隍爺的秘書長，每年七月初一代表城隍爺到北壇坐鎮，聽取孤魂野鬼以及陽間一般民眾的冤屈，意為專事審理陰間陽間之壞人；七月十五日再由城隍爺於出巡中接回。

當人之大限一到，城隍爺之六將捕快即出動拘捕。先交文武判官初審，然後交由陰陽司公判決。此神善惡分明，絕無通融。善者上天庭受封，惡者入地獄受罰，毫無僥倖。

後殿神明配置，除兩旁之次牛將軍、枷將軍、謝將軍（右側）與馬將軍、鎖將軍、范將軍外，後殿主祀城隍夫人，兩旁立有大、二媳婦，其外另有協侍

---

[3] 喜、怒、哀、樂四大捕快是城隍爺的得力助手，其職務為捉拿押送罪犯，就像是現在的刑事警察。

[4] 牛將軍、馬將軍又稱牛爺、馬爺，兩位原本是「閻羅王」的部下，在陰間奈河橋兩側監視的衛兵，遇有惡人通過，就將他們推落橋下。牛爺與馬爺均來自於佛教。牛爺又叫阿傍，有的佛經又稱之為「防邏人」，意思是巡邏防捕逃跑的罪犯。馬爺又稱馬頭羅剎，「羅剎」是惡鬼的意思，所以馬頭羅剎就是馬頭鬼的意思。其長相為馬頭人身，與牛爺是老搭檔，有如陽世衙門裡的衙役。

[5] 枷鎖將軍，又稱枷鎖爺、金枷銀鎖，是道教冥界神明如東嶽大帝、閻羅王、城隍爺的部將，也是六將之一（其他四位部將分別是牛爺馬爺與七爺八爺）。金枷將軍人尊為枷爺，銀鎖將軍人尊為鎖爺，兩將軍負責將亡靈送至奈河橋，並繳交生死簿，枷爺鎖爺一般臉譜分別為金色與銀色，〔錄自維基百科〕，在非鬼月時臉分別為紅色與綠色，又稱大鬼小鬼。

[6] 山神公，在一些人類的宗教信仰中，認為自然界充滿神靈。當然山嶽亦不例外，尤其崇山峻嶺，更為人所崇拜。在中國，山神公信仰不少，其中著名的有東嶽大帝等五嶽大帝。

婆塑像，夫人採坐姿，身披繡袍，柳眉細目，面露慈善像。註生娘娘位於後殿左龕，龕內現分三層台座，約立有十尊配祀，個個慈祥可親，謂之婆祖。大、二少爺立於後殿左廂，神龕內端坐兩位少爺塑像，大少爺手握絹，身形較二少爺稍小些，二少爺雙手握絹摺扇。近年來求姻緣者多，城隍廟於 2009 年 8 月，請月老尊神（月下老人）坐鎮後殿，廣牽姻緣，已成為城隍廟另一大特色。

彌勒殿神明配置，除主祀彌勒佛，左祀新竹都城隍六將爺會先賢祿位及王世傑之長生祿位。前並祀文昌帝君、西秦王爺[7]與包拯。

《淡水廳志》指出嘉慶八年（1803 年）在西畔添建觀音殿（即今法蓮寺）。「法蓮寺」正殿主祀觀音，左祀南無大勢至菩薩[8]，右祀南無清淨大海眾菩薩[9]，左右牆配祀十八羅漢。

〔後記〕

新竹城隍廟善用現代科技，網站介紹甚為詳盡，圖文並茂，關於「城隍信仰」，包括「歷史沿革」、「神明配置」、「神明略傳」等，關於「肇建興修」，包括「修建紀要」、「建築圖略」、「建築地位」、「名匠名師」等，另有「建築史略」；關於「文物之美」，包括「匾額寶印」、「壁柱聯對」、「碑文名錄」等，並有「宗教禮儀」，甚為用心，讓訪客得以領略宮廟之概要，頗具教育性，值得他廟效法。

新竹城隍廟為清光緒御封，台南府城隍廟為明鄭所建〔https://lihjchen1004.blogspot.com/2019/12/2019_28.html〕，台北城中城隍廟因位於中華民國首都所在地，均宣稱為台灣都城隍廟。依明太祖朱元璋所制定，稱省級城隍「威靈公」，所以形成「三包案」，但相互之間仍有交流，一團和氣。

後殿神明主祀城隍夫人，由大、二媳婦陪祀。又兼祀大、二少爺，民間信仰之富於人情味，表露無遺。未來或會出現城隍爺子孫滿堂的場景。

廟內設彌勒殿，並與「法蓮寺」並立，兼祀佛、道諸神，尤其近在 2009 年 8 月，請「月下老人」坐鎮後殿，廣牽姻緣，中國民俗之「廣結善緣」，讓人嘆為觀止。

7　西秦王爺，又稱西秦尊王，戲神，演員、音樂家的保護神。有唐太宗、唐玄宗、唐玄宗樂官說等。
8　大勢至菩薩是西方極樂世界阿彌陀佛的右脅侍者，八大菩薩之一，因以念佛修行證果，被淨土宗奉為法界初祖。大勢至菩薩造像多樣，或有持貝葉經、持如意者，但最多者是手持蓮花，頭戴天冠，而天冠中有一寶瓶。
9　地藏菩薩開示：西方清淨大海眾菩薩是其他眾位菩薩的總稱。

▲①新竹城隍廟前是有名的小吃勝地
　②城隍護衛城池的觀念從道家開始
　③省級城隍形成「三包案」
　④依明太祖朱元璋制定稱省級城隍「威靈
　　公」
　⑤前清進士鄭用錫題「理陰贊陽」
　⑥城隍夫人由大、二媳婦陪祀
　⑦左右排爺

▲ ①編制精簡　　　　　　　　　　　　　②組織扁平化
　③山神公信仰不少　　　　　　　　　　④「陰陽司公」是城隍爺的秘書長
　⑤中國民俗之「廣結善緣」讓人嘆為觀止　⑥主祀彌勒佛，前並祀文昌帝君、西秦王爺與
　　　　　　　　　　　　　　　　　　　　　包拯

宮廟之旅（三）——台北臺灣省城隍廟

2020 年 1 月 7 日　星期二

在參訪台南府城城隍廟後，才知從小在新竹認定的都城隍廟另有競爭者，同時也了解原來在台北也有省城隍廟，所以在參訪台南與新竹都城隍廟後，乃有台北臺灣省城隍廟一行。

臺灣省城隍廟之由來，據廟方網站是由於清代光緒年間臺灣省會確認設在臺北府城。依《欽定大清會典》，省會必設城隍廟等。臺灣省城隍威靈公亦依規制建立，地址在臺北城（今漢口街／中華路口）。

日治時期（1895-1945），城隍廟功能改變，已不具官方功能，成為民間分靈廟的傳承，其後更遭拆除。二次大戰結束（1945），國民政府改撥清淡水縣署舊址城中區武昌街基地 200 坪，二層樓一棟，作為恢復城隍廟重新公開祭祀之用，即當今之臺灣省城隍廟現址。

本來期待進廟後，就可看到「威靈公」執事牌，不料迎頭高掛「昇福明靈王」木匾[1]，據該廟網站上說明是民國 100 年農曆 7 月 15 日上蒼勅封「昇福明靈王」神爵加冕新龍袍，並於民國 101 年農曆 7 月啟用「昇福明靈王」官印，也算是相當有趣的發展。

臺灣省城隍廟城隍尊神於民國 101 年奉旨敕封晉升「昇福明靈王」為國都級城隍。奉誰的旨，並無明載，僅有報導「受上蒼授旨勅封『昇福明靈王』之國都級城隍爵位神格，並敕旨三界萬靈知悉」。不知其他兩個省級城隍廟信眾作何感想。

回溯「台南省級城隍廟」，明鄭建立全台最早的官祀城隍廟台南府城隍，

---

[1] 明代設地方官僚體系，由皇帝指派地方官，並設城隍爺協治。明太祖洪武二年從中央到地方分設京都都城隍「昇福明靈王」，省都府城隍「威靈公」、州城隍「靈佑侯」，縣廳城隍「顯佑伯」，堡街鎮邑「境主」。

當時「首都」偏安台南，轄一府三縣，所以「台南府城隍」最高階。「新竹省級城隍廟」，據說是清光緒年間，當朝張天師夜觀星象，謂將有大災應於台灣島，朝廷下令祭祀禳福，擇地於新竹城隍廟。光緒皇帝遂下令新竹升格為都城隍，於是台灣出現兩個最高級別的城隍爺。

台北府城隍乃台北仕紳集資興建城隍廟，並且以台北市為省會為理由，自定為省城隍廟。如今更自行升格，且看後續發展。

由正門進廟，走入前埕映入眼簾的是拜殿，拜殿或稱拜亭，最前端設有大香爐（天公爐），大香爐之後依序為大供桌（外供桌）、香爐（城隍爐）、供桌（內供桌等，供桌底下供虎爺）。

一、大殿神龕及供像

（一）城隍爺及文武判官

神龕內中央部分，總計供奉著三尊城隍爺及兩對文武判官。其中居於木造屋形神龕內位居正中者，是為鎮殿城隍爺，是最原始的主尊。另兩尊則為副駕及軟身城隍，共同鎮守內殿。鎮殿城隍神尊前有二尊神像為出巡之城隍神尊。

三尊坐姿城隍神尊的左右兩側為文武判官，計有兩對，一高一矮，同為一組「鎮殿文判官」。文判官像作立姿，身長較高，頭戴文官帽，腦後左右伸出雙翅，黑色長鬚垂及胸部，雙手握住笏板，倚向右脅，面相斯文。木製神龕東側，另有一尊木刻副駕文判官，右手持判官筆，左手持書卷，以表判人生死。

緊臨主尊城隍爺的武判官，因稱「鎮殿武判官」作立姿，面色錠青，雙目圓睜，細眉貼金，張口露齒，頭戴圓形帽，腦後左右突出桃型翅，身穿帝甲衣袍，右手握長筆，左手持卷軸，雙足丁字型立在臺上，表情威猛。副駕武判官位於木製神龕西側，面呈墨綠顏色，雙目圓睜，緊閉雙唇，雙眉粗厚，顴骨貼金，頭戴武士頭盔冠，鎧甲嵌鑲珠寶，左手上舉節棍棒，右手伸出兩指，威武氣勢。

（二）文昌帝君與濟公禪師

正龕西側的龕壁，底漆淡藍顏色，猶如淡藍色天空，壁上突塑大刀、疏文彩帶、金色葫蘆、雲朵、浪花等紋飾。主供文昌帝君，本職是司天上世界的法

律規則、禮文制度。後世衍生為文教、文學的守護神明。文昌帝君作坐姿，頭戴文官帽，身披文官服，寬袖長袍，經腰而下，直掩至足踝。黑色長髯長及腰腹，表現出溫文爾雅的文人氣息。文昌帝君身前，立著五文昌中的魁星爺，又稱魁斗星君，主文運。旁有佛祖尊座。

濟公禪師作坐姿，頭戴僧帽，面部鼓腮張口露齒，滿臉笑意，身穿交領右衽服，服長掩膝，腰身繫帶，右手執扇，左手托葫蘆，雙足分開拖屜露足踝，有瘋顛禪師的意態。濟公座像之旁，供有太歲斗座，座內插有劍、尺、扇、鏡、秤稱、剪刀、燈、米等，以及值年太歲牌位。目前「添福壽祈安禮斗」為國民黨韓國瑜、陳明義、林燕祝、黃志雄等候選人所獻。

（三）城隍夫人與福德正神

東側神龕內供主神為兩尊城隍夫人，其中接近木造主尊神鑫者，身形體積尺度較小，是「鎮殿城隍夫人」，頭戴圓彩冠，五官端正，耳垂厚實，身穿龍鳳文金色長袍，腰圍硬質綬帶，坐方形寬椅，袍服下端露出三寸金蓮，於城隍神尊神晉爵時加鳳冠。身旁體形較大者，是「副駕城隍夫人」，坐在高廣大椅上，頭戴高廣花釵冠，冠飾垂及雙腿，身穿華貴錦袍。

城隍夫人像的右旁為福德正神，即土地神，現老者面容，白眉黑鬚，鼓腮含笑容。頭戴員外帽，身穿員外服，右手握拐杖，左手持元寶。目前「添福壽祈安禮斗」為國民黨陳學聖、鄭正鈐等候選人所獻。

（四）六司與謝范將軍

正殿東西兩壁，另安置木製櫥櫃式神龕。神龕內壁以線刻浮雕一隻白色龍首獸身足蹄的神獸像，像上並有金色彩繪，十分亮麗。東龕神龕龕內供三神像，曰「獎善司」、「糾察司」、「陰陽司」。三司神像人物造形姿勢相類似，均頭戴圓形官帽，五官端正，人中下巴蓄五絡黑色長髯，垂及腹部，身著錦袍官服，平坐在高臺上，深具威儀，有官家氣勢。然細審三神像，同中有別，三頂圓形官帽中，左又翹翅分別為方形、桃核形、圓形。造型多所變化。手勢及持物亦不同，神像臉色亦有差別，其中「獎善司」與「糾察司」面呈膚色，而「陰陽司」面部左呈膚色，右呈黑色。

西壁神龕的造形與尺寸，與東壁神龕一式，龕內供三神像，曰：「速報

司」、「延壽司」、「罰惡司」。三司神像均頭戴圓形冠帽，身上袍服衣飾，一如東壁三司神像，而整體造像外形姿勢雖一式，但冠帽鬚髮顏色有別，手勢稍有差異，持物亦各不相同。其中「速報司」臉呈黑色，黑鬚垂腹，圓帽頂上，另鉤金冠，雙目圓瞪，右手插腰，右腿橫置，更添威儀。

「延壽司」頭戴翹翅帽，翅上寫壽字，面色紅潤，而兩眉及鬍鬚皆呈白色，右手持如意，左手撫膝，身上袍服，於胸前兩膝，均有白鶴紋飾，充分表現了延壽的意味。

「罰惡司」頭戴圓帽，面色紅潤，雙眼圓睜，身穿官服，右手握硬質綬帶，左手撫膝，表現出一派的官威。三神像的官服上面均有線刻浮雕的吉祥圖案，十分精細。

大殿左右側門外，尚供奉著兩尊侍神像，即謝將軍與范將軍：謝將軍俗稱七爺，頭戴大形放射狀珠花冠，雙眼圓睜，面色黝黑，顴骨突出，面呈狹長，張口露齒，身披錦繡彩帶服。范將軍俗稱八爺，頭戴大形放射狀珠花冠，身披錦繡彩帶服，面寬廣黝黑，身軀矮短，與七爺身材長短正相對比。坐在高廣大椅上。

二、大雄寶殿供像

二樓大殿正面門額上題有「大雄寶殿」四字，殿內供像主題以佛菩薩像為主，不設佛龕，僅置供桌，共分五部分供桌群，每群各有上下供桌。

大雄寶殿內，最原始供像僅是三部分供桌，中央桌供三寶佛，西桌供觀世音菩薩像，東桌供地藏菩薩像。而約在民國 74 年時，加供孚佑帝君呂祖，原有兩尊大小不一但姿勢相同的呂祖坐像，廟方在開光典禮時，加塑一尊坐姿同形，尺度加高的呂祖像作為主尊。而於民國 91 年，又新塑劍、印二將軍，這是二樓奉祀佛像中，唯一非佛教像者，便是供於最西側供桌上。

而當西側的孚佑帝君呂洞賓像供上之後，為取大雄寶殿內兩側的平衡，遂在東側再置供桌，供奉關聖帝君。因此如今的大雄寶殿，便形成一字排開，五桌並列的格局。

（一）中央上供桌供像

1.釋迦牟尼佛

正中主尊供像釋迦牟尼佛，為石質雕像。端身正坐於供桌正中蓮臺上，坐姿挺拔。佛頭頂肉髻高高突起，五官端正圓滿，兩眼下垂，兩耳及肩。佛身著覆蓋兩肩袍服，胸部敞開，有卍字文。佛右手上舉及肩，作施無畏印，左手置腹前作定印，雙足結跏趺坐。佛身後圓形投光雙圈，外罩火燄紋身光背，全像表現智慧光明，圓滿端莊，威儀具足。

2.三寶佛像

正中高大的釋迦牟尼佛坐像之前，又供奉著形像高度較小的三尊坐佛，為東方藥師琉璃光佛、中間釋迦牟尼佛、西方阿彌陀佛，合稱三寶佛。三尊佛像一式坐姿、手式與服飾，均頂有青粗色螺狀髮文，披蓋兩肩的袍服，敞前胸，兩手交疊在腹前共作法界定印，並有持物。其中阿彌陀佛雙手持蓮臺，釋迦佛手上持寶珠，藥師佛手托寶塔，此與後方的主尊，稍有差異。

3.彌勒佛

上供桌前為長形中供桌，略低於上供桌，但橫幅較長，中供白石雕刻的彌勒佛坐像，左右兩側置瓶花。彌勒佛光頭無髮，大耳貼肩，顏面是張口露齒現笑容，身軀矮短以袒胸鼓腹露乳為姿。

4.韋馱尊者與伽藍尊者

中供桌兩側右立像韋馱尊者，面色淡紅，頭戴戰盔，身穿甲冑，手持鐧，姿勢俊秀威武。左立像伽藍尊者，頭戴圓形帽，臉若紅棗，長鬚及至胸腹，手持大刀作武將打扮，有傳統關雲長的架式。此二尊護法尊者，神像不大，但十分精緻。中供桌之前的下供桌，呈正方形正中另一小形彌勒佛像，前置香爐供具，左右有鐘磬、木魚等法器。

（二）西側供桌供像

1.內側「觀音菩薩」坐像

內側組供桌分上下供桌，上供桌供觀音菩薩像[2]為主尊，觀音頂梳高髮髻，髻上飾化佛冠，髻頂披巾帽，胸前飾瓔珞，兩肩披掛漢式服，袍服寬鬆，兩袖寬闊，觀音右手上舉，持念珠，左手持經卷，雙腿結跏趺坐於大蓮花座上。主尊觀音前上供有木刻跏趺坐觀音，背後頭光、身光均為透雕，全身坐姿莊嚴，雙手結定印，表現了禪定與智慧。

2.外側「孚佑帝君」神像

外側組供桌分上下供桌。上供桌正中供奉呂祖[3]，頭戴道帽，身披道服，面容端莊，臉色紅潤，人中以下五絡鬚，右手持拂塵，左手撫膝，袍服覆蓋雙腿，具文官的氣質及道士的威儀，前有呂祖的中、小身法像。兩旁尚供有劍、印二童，稱「劍、印二將軍」。

（三）東側供桌供像

1.內側「地藏王菩薩」像

東側內側上供桌主尊供像地藏菩薩頭帶毘盧冠，冠上鑲紅色珠寶，五官端莊，兩耳厚重，身披三層袍服，底層白服，中層為金色鑲邊交領袍服，外層為方型袈裟百納衣，左胸掛鉤，雙腿結跏趺坐於束腰仰蓮寶座上。此主尊地藏之前方，尚有一尊小型的木刻地藏尊像，頸後懸光輪，有火焰文，右手持錫杖，左手托摩尼寶珠。

---

[2] 觀音菩薩是佛教兼跨顯、密兩系的菩薩，其中密教儀軌繁多，顯教的系統則歸納之，有三大系統，即一是依無量壽經、阿彌陀經、觀無量壽經（合稱淨土三經）等所述的西方淨土思想之系統者。二為依妙法蓮華經（簡稱法華經）系統者。三為依大方廣佛華嚴經（簡稱華嚴經）系統者。本像較傾向屬於法華經系統者，觀音三十三應化身，循聲救苦，隨機施渡。

[3] 呂洞賓是唐代道教八仙之一。正陽真人鍾離權，經過「十試」，鍾離權「授以金丹之道，因得道法」，終於成仙。一般說法，呂洞賓在五月廿日在江南四大名樓中的黃鶴樓得道飛昇。宋代道教學者曾慥編《集仙傳》，稱唐與五代成道之士中「獨純陽子呂公顯力廣大」。元時封為：『純陽演正警化孚佑帝君』，是為『孚佑帝君』之由來。而他的香火跨越儒、道、佛三界。

2.外側「關聖帝君」像

　　東側外側上供桌主尊供像為關聖帝君[4]，頭頂圓帽，面色紅潤，形如紅棗，劍眉軒昂，黑色長鬚及腰，肩披甲冑，腰束硬質綏帶，手握春秋經，身坐於高廣扶手椅之上。

　　關公身前兩側，立著周倉與關平，一位于握環頭七星大刀，黑臉圓睛，虯髯外張，神情威武。一位右手舉寶印，面相溫和，冠服華麗，有文官氣質。

（四）大雄寶殿之前室

　　大雄寶殿之前室南側，即大雄寶殿門額下方，立著30尊阿彌陀佛。東西兩側壁，另供觀世音菩薩群像，及地藏菩薩群像。室西側上端以木製分隔成五個佛龕，每龕橫置三排，每排供十尊觀音坐像，共計每龕三十尊觀音菩薩，全壁計一百五十尊觀音像。佛龕下端壁面是以一條條紅紙寫上功德主姓名。正中下端供桌上，另供一尊主像觀音，頂戴寶冠，胸垂瓔珞，一手上舉作說法式，像前擺設香爐、燈具、瓶花等，以示供養。

　　室東側上端亦以木製分隔成五個佛龕，每龕橫置三排，每排供十尊地藏坐像，共計每龕三十尊地藏菩薩，全壁計一百五十尊地藏像，一如觀音。此佛龕下端壁面則是以一張張黃色紙寫上超度者姓名。正中下端供桌上，另供一尊主像地藏，頂戴五佛寶冠，身穿袈裟，外罩紅色方格福田衣，雙手腹前作定印，並捧摩尼寶珠，像前擺設香爐、燈具、瓶花等，以示供養。也表示救渡離開人間墜入地獄道眾生。

三、其他

　　由於廟地狹小，整個廟宇布置顯得擁擠，但攘往熙來，香火鼎盛，善男信女，一臉虔誠，頂禮膜拜，深感宗教力量之強大。

　　進門左側牆上，繪有「參拜導覽圖」，甚為簡明利便。在台南都城隍廟門後懸掛的大算盤也在此以類似方式呈現，而「爾來了」警示區則翻成白話「你

---

[4]　據佛教文獻所載，關羽死後，曾接受佛法教化，皈依隋代智顗大師，發願守護伽藍信眾，因此在佛寺門前站的伽藍護法尊者，便是關羽。

也來了」，更直接俐落。

　　「服務處」門庭若市，前玻璃牆上載明服務項目包括「長生祿位」、「往生超度」、「功名法會」、「禮斗法會」、「制送凶星」、「三昧水懺法會」[5]、「光明燈」、「太歲燈」以及「平安燈」等，項目繁多，適應各種需求。其上並有馬英九前總統與前台北市長分別於 2011 與 2006 年頒發之「孚佑萬方」[6]、「保境安民」匾額。

▲ ①臺灣省城隍廟
　②敕封晉升「昇福明靈王」
　③外供桌及內供桌
　④城隍爺及文武判官

5　三昧一詞，來源於梵語 samadhi 的音譯，意思是止息雜念，使心神平靜，是佛教的重要修行方法。五百羅漢之一知玄法師著「慈悲三昧水懺」文、意取尊者以三昧水洗人面瘡，解積世冤業的緣故，為後人啟懺悔（智慧）法門。
6　孚佑：信任幫助，語出《書經‧湯誥》：「上天孚佑下民，罪人黜伏，天命弗僭。」

▲①文昌帝君與濟公禪師
　②城隍夫人與福德正神
　③「獎善司」、「糾察司」、「陰陽司」
　④紫竹林神座景象

▲ ①西側供桌供像
　②東側供桌供像
　③你也來了
　④服務項目繁多

宮廟之旅（四）──新竹關帝廟

2020 年 1 月 4 日　星期六

關帝廟，又稱武廟、武聖廟、文衡廟、協天宮、恩主公廟等，是祭祀三國時代將領關羽的祠廟。至遲於宋朝末年，民間供奉關羽的廟宇已經「郡國州縣、鄉邑間井皆有」。元末明初《三國演義》成書後，關公的信仰開始深植官方及民間，明萬曆四十二年（1614 年）封「三界伏魔大帝神威遠鎮天尊關聖帝君」，將關公列入祀典。明清以降，供奉關羽的廟宇已遍布中國各地。關羽為中國佛教、道教神明、聖賢中最多祠廟的一位。

因為關羽不僅受到儒家的崇祀，同時又受到道教、佛家的膜拜，所以關羽是橫貫儒、道、佛三大中國教派的神祇。但其中以儒家的關羽體現更多關羽的本色。隨著關羽地位變得顯赫，關羽更被尊稱為「武王」、「武聖人」，與孔子並肩而立。除了軍人、警察、武師，就連描金業、煙業、香燭業、教育業、命相家等等不相干的行業也推崇關羽，所以也將他變成武財神，又是五文昌之一，稱為文衡聖帝、文衡帝君。台灣一般民眾亦稱關羽為「恩主公」，也因此順勢稱關帝廟為「恩主公廟」。

新竹關帝廟，是一座位於臺灣新竹市東區的關帝廟，於 1985 年 8 月 19 日公告為三級古蹟。該廟主祀關聖帝君，從祀關平太子、周倉將軍，配祀純陽祖師、岳武穆王、文昌帝君、倉頡先師、魁星星君、關公三代祖先、太歲星君、赤兔馬與牽馬校尉等神尊。

新竹關帝廟由淡水撫民同知王右弼所倡建，於乾隆四十二年（1777 年）二月完工。日治時期，該廟因被視為官方資產而遭接收改作憲兵駐屯所，直到 1898 年才恢復成廟宇；但在日治時期後期，廟產又被徵收轉賣，神像則移到竹蓮寺存放。戰後，於 1949 年進行整修，而後在 1967 年以及 2005 年再度整修，成為今日的樣貌。現為市定古蹟。

關帝廟為三進三開間建築，正門兩側麒麟堵上雕有螭虎，門印上雕著福、祿、壽、喜等字，象徵祥瑞如意，雕工精緻。門聯「盡精忠扶漢室百戰聲威寒賊膽，保社稷尊王道千秋正氣壯河山」為當年有「反共鐵人」之稱的谷正綱所題，另有「心存忠義二字，志在春秋一書」對聯則為關公第五十九代裔孫所題。門內有前總統馬英九題匾「義烈昭垂」。

由於具官廟性質，所以廟門不繪門神而是用門釘。門釘共計 108 個，屬北方官祀廟宇常見風格，在清代只有宮殿、孔廟及武廟可以使用這樣形式的門。門釘原呈尖錐狀，象徵妖魔鬼怪皆不可靠近，日後門釘逐漸削去尖端，成為今日的圓弧形狀。右牆「武聖廟誌」勒石為《中國之命運》、《蘇俄在中國》執筆人陶希聖所撰。

正殿主祀關聖帝君，從祀關平太子、周倉將軍，關聖帝君像上方懸掛清咸豐皇帝御筆「萬世人極」匾額。後殿主祀文昌帝君、倉頡先師，魁殿祀魁星星君，崇聖殿祀關公三代祖先，文昌帝君像上方為前清翰林所題「孝友文章」匾額。因文昌帝君與魁星星君主考運，廟方貼心的設置「考生祈福牆」，果然「生意興隆」。

關帝廟在民國 65 年（1976 年）建廟 200 周年時，不僅修補建築的殘缺，續建「部將祠」及聖蹟館，更於正殿前迎入岳武穆（岳飛）加祀。民國 76 年（1987 年）又建七曲山景、拜亭及宮牆等，才確立今日新竹關帝廟的樣貌。特別的是「部將祠」配祀赤兔馬與牽馬校尉等神尊，顯示華人相信「萬物皆有靈」心理具體表徵。通時一年之中關帝廟會在駒馬爺千秋之日舉辦祭典，換上新鮮糧草和水敬奉。

金爐旁還有岳武穆王祠及太歲殿。岳武穆王（岳飛）殿在關帝廟西南角，主祀岳武穆，廟前門聯「三字奇冤千秋正氣，一門忠孝萬古綱常」道盡岳武穆所以「萬古流芳」，從祀與岳飛同時殉難的兒子岳雲與部將張憲。殿內兩壁各有「岳母教忠」、「盡忠報國」彩繪壁畫。二樓則主祀太歲星君[1]，可點「平安燈」，以「安太歲」。

---

[1] 太歲是中國古代天文和占星中的一顆虛星，爾後演變成一種道教和民間信仰的神祇。認為太歲為貴神，其所在之向尊貴吉利，黎民百姓必須避開，以符合上下尊卑的身分，與太歲相順則吉，相逆則凶。民間相信當太歲運行到某個生肖的位置，屬該生肖及其相對生肖者謂之「犯太歲」，民眾唯恐觸怒太歲於己不利，便於當年祭拜太歲神以祈福消災，此活動便為「安太歲」。

〔後記〕

「新竹關帝廟」在「建國公園」（「老人公園」）旁，歷城隍廟不過200公尺，是小學畢業前，家住中華路「南門市場」附近時，經常經過的地方，但這回還是第一次進內參訪，以往之「視而不見」，頗堪玩味。

「新竹關帝廟」在日治末期，軍方更因為了籌措軍費打仗，竟然將廟產賣給張、沈2家，致使廟地變私人所有，神像則移到竹蓮寺存放。臺灣光復後張、沈2家及其他人士慷慨捐獻廟地，才得於民國38年（1949年）進行重修，於民國41年（1952年）完工，迎回關聖帝君供奉，並於此時合祀文昌帝君，舉行典禮昭告信眾關帝廟整建完成，可謂傳奇。

▲ ①由於具官廟性質，廟門不繪門神而是用門釘
　②正殿主祀關聖帝君，從祀關平太子、周倉將軍
　③關帝廟為中國最多的祠廟
　④「關聖天子」與「靖魔大帝」執事牌

▲①後殿主祀文昌帝君、倉頡先師　②「考生祈福牆」生意興隆
　③華人相信「萬物皆有靈」　　　④萬古流芳
　⑤千秋正氣　　　　　　　　　　⑥可點「平安燈」以「安太歲」

宮廟之旅（五）──嘉義市南順宮

2019 年 11 月 24 日　星期日

在早上活動中有個空檔，信步走到嘉義市南順宮，到廟內外參觀一下，以增進對台灣宮廟的了解。

宮廟建立沿革：南順宮天上聖母的信仰源由，是由中油公司員工嘉義溶濟廠陳清池先生，於民國 43 年由朴子配天宮所分靈而來，起先自奉於家中，民國 47 年發起籌建廟宇，由該廠工程師謝潤德負責，於同年 3 月 6 日動工，9 月 21 日落成安座。民國 51 年成立管理委員會，附設金獅團、南順社及祖師仙童會等組織。民國 79 年道路拓寬計畫迫使原廟重建，於民國 85 年 1 月竣工。每年關聖帝君聖誕前會至苗栗玉清宮謁祖進香。

主祀神明為天上聖母，但亦恭奉觀世音菩薩、註生娘娘、關聖帝君、地藏王菩薩、武財神、文昌帝君、福德正神等。

天上聖母名林默娘，別稱：媽祖、媽祖婆、娘媽、天后、夫人、妃、天妃、聖妃、通賢靈女、靈惠夫人等。媽祖最初是中國沿江、沿海一帶人民所信仰的航海女神。當台灣的先民由中國東南沿海一帶移民而來時，祂也隨著信徒的腳步，踏上這塊土地，隨時隨地守護著虔誠的信眾們。

媽祖神像有粉面媽祖：臉色十分紅潤，象徵祂成仙之前；黑面媽祖：面龐一片漆黑，象徵救苦救難的精神；金面媽祖：象徵成仙後的得道之身。南順宮恭奉的是黑面媽祖。

媽祖侍者：傳說祂曾在桃花山中，收服兩位擾亂地方、為害百姓的妖精，成為駕前的護駕將軍，並輔佐媽祖驅邪鎮惡，默佑眾生，於清同治八年（公元 1869 年），封為【將軍】。哥哥是千里眼，弟弟是順風耳，又稱金精將軍、水精將軍。南順宮中金精將軍紅臉、合嘴；水精將軍青臉、開嘴。北港地方傳說水精將軍有北港溪的水隨便祂喝；但金精將軍如果要開嘴吃金，則再多的金

子也不夠祂吃，所以要合嘴。

陪祀神明：註生娘娘與土地公

註生娘娘，俗稱「註生媽」，又作「注生娘娘」，是閩南、台灣和潮汕一帶最受尊奉的生育女神，主管婦女的懷孕、生產，是許多不孕婦女或懷孕婦女的信仰寄託。註生娘娘的造像，多是左手執簿本，右手持筆，象徵其記錄家家戶戶子嗣之事。註生娘娘之從神為「婆姊」，又或作「婆者」、「婆姐」，亦作「婆祖」，又稱「鳥母」，輔佐註生娘娘保佑婦女護產安胎，或者區分所送子嗣之賢愚。

從遠古時代人們就有「土地神」的自然崇拜，道教則有玉皇大帝加封土地神為「福德正神」的信仰，因此民間對於「土地神」的自然崇拜信念也漸漸轉移至「福德正神」信仰。如要在兩者間做出區隔，福德正神是經過玉帝親自敕封的神明，而土地公則為鄉野間修得福果、死後成神，庇護鄉里的神明，但並未受玉帝敕封。南順宮三尊神像顯以居中者為「福德正神」，兩旁為「土地神」。

「土地神」屬於民間信仰中的地方保護神，是具有福德的善鬼神；是道教諸神中地位較低，也是與人民較親近的神祇。「土地神」也兼具財神的神格，持有物品主要是，左手拿金元寶或銀錠、右手拿拐杖或如意為主。官帽則是丞相帽或員外帽為主。

左旁殿恭奉「南斗星君」；門口有「三太子」神像護衛。三太子原本為佛教護法神之一，原是佛教四大天王中北天王之第三子，故名三太子。傳入中國後三太子改變國籍也換掉爸爸，成為托塔天王李靖的三子。一般民眾對三太子的認知都是源於《西遊記》與《封神演義》小說中、「哪吒鬧東海」等故事。小說中的哪吒年僅七歲，因此台灣民間信仰三太子的形象都是以幼童造型呈現。由於哪吒是七歲小朋友，因此祭拜三太子的祭品是玩具、糖果，且嘴裡還含著奶嘴，象徵其兒童形象，相當有趣。

「南斗星君」，與北斗星君並稱，是道教中重要的星君，掌管南斗六星。分別是：「司命星、司祿星、延壽星、益算星、度厄星、上生星」。另說南斗星君是司命星、司祿星等六星君的統一稱呼。兩側各有坐姿持扇童子一名，不知有何典故。媽祖故事中有跪求上蒼，情願減壽一紀，給父親添壽。蒙「南斗星君」將其父善行及女兒的孝行奏知玉帝，蒙玉帝恩准給其父加壽二紀。

限於時間，未再造訪其他神明，但大門上的「門神」則很醒目，三扇門上共有六位。一般門神為彩繪，南順宮則為彩色浮雕，較為講究。中門為武門神。秦叔寶外型為粉面、鳳眼，手持金鐧；尉遲恭則面黑、怒目，手持金鞭，因此又稱為「鞭鐧門神」。左右門（龍門、虎門）為文官門神，手中常捧有冠、鹿、牡丹、爵（酒器）意指「加冠進祿、富貴晉爵」。

　　宮內金碧輝煌，有「武松打虎」、「周處除三害」青石浮雕，並有彩繪民間故事，如「唐明皇遊月宮」、「虎溪三笑」、「天賜銅符」、「比翼雙飛」等，紫白浮雕有二十四孝故事，如「臥冰求鯉」、「天歲孝親」、「恣蚊飽血」等，並有「孔子問禮」。

　　「虎溪三笑」講述了慧遠、陶淵明和陸修靜在廬山的虎溪大笑而別的故事。它表現了古代中國儒家、道家以及佛教理想的和諧關係。「天賜銅符」亦為媽祖故事。在林默娘十六歲那年，園中的石井無緣無故的冒出濃濃的白煙，似雲似霧的白霧中顯出一班仙人，當中一位仙人說：「我乃太白金星，奉玉帝旨意，特授爾銅符一副」。銅符長 6 公分寬 4 公分，上面鐫有咒文，黃中透亮。得到銅符之後，林默娘法力無邊，救苦救難，當時的人尊稱她為神姑。

　　左右門各有一對門當，又叫抱鼓石。門礎的雕刻頗為講究，工藝精湛，雕刻物栩栩如生。圓石鼓的兩側圖案有轉角蓮，下雕飛鳥。上雕有雄獅，有吉祥、祈福、避邪之象徵，相當別緻。

　　此次有緣以約半小時的時間，匆匆巡禮前所未聞的「南順宮」，也算大開眼界。對台灣傳統宮廟祭祀神明的多元化，糅合道、儒、佛以及各式民間信仰、故事於一堂，善男信女，舉凡祈求平安、生育、護產安胎、財富、壽命等，皆可各取所需，深感有趣。雖可譏以大雜燴，但兼容並蓄，亦有所長，至於中心理念、取捨標準為何？則值得探究。

▲ 左：註生娘娘主管婦女的懷孕、生產
　 右：台灣三太子的形象都是以幼童造型呈現

▲①南順宮主祀神明為天上聖母
②南順宮恭奉的是黑面媽祖
③「土地神」是與人民較親近的神祇
④「南斗星君」是道教中重要的星君
⑤中門為武門神。左右門（龍門、虎門）為
　文官門神
⑥門礎的雕刻頗為講究
⑦有吉祥、祈福、避邪之象徵

宮廟之旅（六）——廈門南普陀寺

2019 年 12 月 10 日　星期二

　　2019 年 12 月應邀參加廈門「清華海峽研究院」主辦的「兩岸科技創新與產業發展交流會」，因而有廈門一行。承蒙主辦單位安排，在活動空檔，到閩南名寺「南普陀寺」參觀。

　　「南普陀寺」位於廈門市東南五老峰下，毗鄰廈門大學。始建於唐朝末年，稱為「泗洲寺」，宋治平年間改名為「普照寺」，明朝初年，寺院荒蕪。清康熙二十二年（1683），靖海侯施琅收復臺灣後駐廈門，就「普照寺」舊址復建殿宇，並增建大悲閣，光緒二十一年（1895），已建成「三殿七堂」，具備中等禪寺規模，居廈門島上諸佛寺的首位。因其供奉觀世音菩薩，與浙江普陀山觀音道場類似，又在普陀山以南而得名「南普陀寺」，為閩南佛教勝地之一，更是海內外著名的觀世音菩薩道場。自北宋起，「南普陀寺」為臨濟宗喝雲派禪宗道場。1924 年，改為十方叢林制[1]。

　　「南普陀寺」坐北朝南，依山面海而建，規模宏大，氣勢莊嚴。寺內所有建築，一律採用古代宮殿式的重簷飛脊大屋蓋，飾以杏黃琉瓦，使之統一協調。再以石構圍牆將全寺建築群環抱起來。殿閣依山層層升高，層次分明，俯仰相應。東西兩側依次升高的迴廊，迴護三殿兩側，使之成為一個整體。

　　中軸線主建築為天王殿、大雄寶殿、樂途殿、大悲殿、藏經閣；其中，天王殿位於寺院中軸線的最前端前殿[2]，歇山式重簷飛脊，軒昂宏偉，木構建築，闊為五間，兩隻威武的大石獅雄踞門廊東西兩側，前有紅漆大門，後無

---

[1] 佛教十方叢林，有傳戒特權而不得私收徒弟。這種寺院是屬於全國宗教徒公有。佛教中：受過戒的出家人，持戒牒和身分證，即可到客堂掛單，天數從一天到三天不等，如要常住，可向寺院申請，待考察合格即可。

[2] 四大天王，又稱護世四天王或稱四大金剛，是佛教著名護法神，祂們的神像通常分列在淨土宗禪宗佛寺的第一重殿兩側，因此又稱天王殿。

牆。跨門進殿，正中供奉坦腹露胸、笑容可掬的彌勒佛[3]，兩側立有怒目環視的四大天王[4]，殿後有韋陀菩薩[5]覆掌按杵而立，威武異常。

大雄寶殿是整個寺院的中心，崇宏雄偉，具有典型的閩南佛殿的特點，為歇山頂重簷蹺角式單層磚石、木構建築，闊為八間，綠瓦石柱，雕樑畫棟，集中體現閩南古建築的傳統工藝。大殿兩側「羅漢堂」朝拱主殿。主殿正中供奉三世尊佛[6]高大塑像。殿後供奉西方三聖（阿彌陀佛、觀音菩薩、大勢至菩薩）。「羅漢堂」供奉「十八羅漢」。有趣的是「十八羅漢」從印度傳來只有「十六羅漢」，但中國民間附加了兩位。同時「五百羅漢」是從「十六羅漢」、「十八羅漢」發展壯大演變而來，逐漸形成漢傳佛教「五百羅漢」的信仰傳統。[7]

大悲殿始建於明代，1962 年，主體改用鋼筋水泥，保持木構斗拱作裝飾用。殿立於大雄寶殿後石砌多角形高臺上，中隔兩段石階近三十級。主殿呈八角三層飛簷。殿內祀奉觀音菩薩，正面為雙手觀音，其餘三面為 48 臂觀音。殿內的穹形藻井全部用木料斗拱，不用一根鐵釘，別致美觀。閩南信眾崇奉觀音菩薩，香火鼎盛。

藏經閣為二層小樓，樓下為法堂，樓上為玉佛寶殿。藏經閣位於中軸主體建築最高層，歇山重簷式雙層樓閣。閣樓上下層，三面台廊迴護，圈以白石雕

3　在佛教中，彌勒菩薩是釋迦牟尼佛的繼任者，還具有慈悲、忍辱、寬容與樂觀等象徵意義。

4　四大天王分別是：「東方持國天王」，漢地認為祂手持的琵琶代表「風調雨順」中的「調」。「南方增長天王」，漢地認為祂手持的劍，即「劍鋒」，代表「風調雨順」中的「風」。「西方廣目天王」，漢地認為祂手持的龍代表「風調雨順」中的「順」。「北方多聞天王」，也是四天王的首領，漢地認為祂手持的傘代表「風調雨順」中的「雨」。

5　韋馱是佛教的知名護法神，為菩薩化身，將於未來賢劫千佛中，最後一位成佛。韋馱菩薩形象來自於南方增長天王部下一名韋姓的將軍，為身穿盔甲、手持寶杵的天神身相。後來由於民間混淆的關係，這位韋將軍的形象，就成了韋馱菩薩的形象。

6　三世佛，是大乘佛教的主要崇敬對象，俗稱三寶佛。三世佛分為以空間計算的「橫三世佛」與以時間計算的「縱三世佛」。「橫三世佛」：指中央釋迦牟尼佛，東方藥師佛（另一說是東方阿閦佛，又稱「不動佛」），西方阿彌陀佛「縱三世佛」：又名豎三世佛，指過去佛燃燈佛，現在佛釋迦牟尼佛，未來佛彌勒佛。

7　十六羅漢（或稱十六阿羅漢、十六尊者）是釋迦牟尼佛的得道弟子。佛經只有列出十六羅漢，並無十八羅漢，但中國民間附加了兩位。首十六羅漢的名字早有佛經所載，但附加的兩位「羅漢」仍有不同說法。十八羅漢是由十六羅漢演變而成。據《法住記》，佛陀臨涅槃時，所囑咐到世間弘揚佛法、利益眾生的是十六羅漢。至於演變為十八羅漢的原因來源很多，其中一說指古代中國人認為「9」為吉祥數字，到唐朝以後才在十六羅漢加了兩個尊者，湊成了十八羅漢。另一說推測，後人可能是將慶友尊者與玄奘也當作羅漢。流存至今的最後兩位羅漢，出現原因和身分說法很多，已難以考證。

　　十八羅漢最後兩位羅漢之釐定，現時仍沒有什麼經典的根據。一般推斷十八羅漢之出現時期，乃根據最早提及十八畫像的文獻《東坡文集》和相關畫像。按蘇軾所見的繪畫作品推斷，畫家所處的唐末至五代十國時期，已出現了十八羅漢之說。

欄。下層法堂，為說法處。上層藏經，閣內藏著大量佛教典籍和文物字畫。

　　天王殿前有廣場，寺前新建兩方石塔，名「萬壽塔」，如倚天雙劍，高插藍天。造型仿自泰緬佛塔，為閩南所僅見。廣場前為長寬均約 30 米的正方形放生池，和約百米長七八十米寬的蓮花池。蓮花池週邊蓋有琉璃瓦頂的矮牆，東西設對稱重簷牌坊式山門，題額為「鷺島名山」，係原中國佛教學會會長趙樸初所題。

①韋馱是佛教的知
　名護法神
②殿後供奉西方三
　聖
③大悲殿主殿呈八
　角三層飛簷
④清朝靖海侯施琅
　收復臺灣後駐廈
　門，增建大悲閣

▲①天王殿前有廣場　　　　　　　②「南普陀寺」是海內外著名的觀世音菩薩道場
　③天王殿位於寺院中軸線的最前端前殿，軒　④大雄寶殿是整個寺院的中心
　　昂宏偉　　　　　　　　　　　　　　　　⑥主殿東側羅漢
　⑤主殿正中供奉三世尊佛

① 藏經閣位於中軸主體建築
　最高層
② 廣場前為長寬均約30米
　的正方形放生池
③ 對稱重簷牌坊式山門，
　題額為「鷺島名山」

2022宜蘭之旅（一）

2022 年 11 月 20 日　星期日

　　「中華教育文化基金會」（中基會）在 11 月 18 日董事會後辦理宜蘭會議 2 日遊，於中午時分自基金會辦公室出發，搭乘巴士前往宜蘭，先在宜蘭縣礁溪鄉「福哥石窯雞」午餐，特色是號稱「火山爆發雞」的石窯雞，採用台東放養的黑羽土雞，在石窯中燜烤，烤出金黃色澤外皮，帶有油亮感，吃起來皮脆味美，很值得一試。同時店中所售金橘蜜餞，甜而不膩，很受歡迎。

　　餐後遊龍潭湖：龍潭湖原名「大埤湖」，又稱作「大陂湖」，位於宜蘭縣礁溪鎮，距離宜蘭市區大約 6 公里，湖面將近 20 公頃，是宜蘭五大湖中最大的天然湖泊；三面環山，景色秀麗，是「蘭陽十二勝之一」，在環湖道路旁的樹林綠意盎然，當日遊客不多，頗顯清幽。環繞龍潭湖步行一圈僅約 2.8 公里，在樹蔭下，伴有清風吹拂，更感輕鬆好走。

　　湖畔有「Herbelle 龍潭悠活園區」，由販售日常保養食品及用品業者經營，擁有全台最大的貨櫃建築，結合 80 個貨櫃，以循環經濟的概念，賦予貨櫃新生命，是礁溪近年超夯打卡景點。園區內咖啡廳 Howine & Cafe 咖啡頗佳。

　　傍晚入住礁溪「山形閣飯店」（YAMAGATA KAKU HOTEL & SPA），裝潢設備融入古老的傳統歷史，與地區性的歸屬認同感，使人感受自然平靜的親和力。客房內搭配細膩柔和的色彩，天然石材與木質的溫暖色調相互結合，更能顯現出自在溫馨的氛圍。飯店取名源自日本東北部「山形縣」，大廳旁有側室中陳列展示，介紹該縣之人文地理與物產。

　　第二天早上在飯店用自助餐，採點主餐附自助吧方式。主餐五選一，其中「蘭陽風重量級早餐」，包括焢肉飯，上舖半熟荷包蛋，香菜捲、烤筊白筍、筍絲、酸菜等配料，加上員山魚丸米粉湯，另有鵝肝、鴨賞等小菜，除美味可口外，豐盛度確實屬重量級，據同行友人解釋，菜餚豐盛反映待客熱誠之宜蘭

民風。又台灣早期農業社會，物資較缺乏，「鴨賞」算是很體面的高級禮物。因此「鴨賞」的名稱由來，就是以珍饌美味的「鴨子」，作為高級禮物來「犒賞」對方之意而得名的。

　　早餐後首先乘鐵牛車遊員山鄉內城，鐵牛車稱力阿卡，它是以前居民農耕時用來搬運的機器，在當時可以說是很特別也很獨創的一項工具。但隨著交通的便利及時代的進步，鐵牛車也逐漸不被利用，但是內城居民們拿來發展成為一項另類觀光，大家一同坐著鐵牛車欣賞內城社區的美麗風景。

　　首先到「羌仔連埤」，位於「隘勇古道」入口附近，水質清澈、終年湧泉不斷，「埤」即「蓄水池」、「羌仔埤」名字可能是由台灣近山常見山羌而來；附近景點為「大樹公」，是被當地人視為神樹的超過三百年的茄苳老樹。

　　接著往「渡船頭公園」，以前居民在內城大圳頭設置渡船頭，由駁船將林木運到外地，林業衰落後，經改建為休憩公園；一旁有「大坑休閒漁場」利用山泉水飼養香魚跟鱘龍魚，據稱水質純淨而能養出肉質鮮美的魚，另有錦鯉池，各色錦鯉，像是遊動的璀璨寶石般，爭奇鬥艷，頗為賞心悅目。從魚場抬頭望去，可見「大坑山峰睡觀音」，當天部分為雲霧所遮，但從照片看來，確有幾分相似。

▲ 皮脆味美

▲ 採用黑羽土雞

▲①景色秀麗
　②Herbelle悠活園區
　③豐盛度屬重量級
　④力阿卡鐵牛車
　⑤水質清澈
　⑥落羽松下
　⑦觀音睡臥山頭

▲①茄苳公廟
　②爭奇鬥豔
　③被視為神樹
　④曾為渡船頭
　⑤改建為休憩公園
　⑥渡船頭前
　⑦利用山泉水養魚
　⑧茄苳公

2022宜蘭之旅（二）

　　中午在員山鄉尚德村「八甲休閒魚場」用餐，「八甲休閒魚場」是由香魚達人黃玉明所經營，是台灣最大香魚養殖場之一，年產量高達一百公噸，天然純淨湧泉加上專業的養殖技術，一年四季都能養出肥美的香魚。午餐特色即是烤香魚，風味頗佳；按有「魚中女皇」之稱的香魚早在明朝萬曆年間就已有史料記載，曾有「雁山出香魚，清甜味有餘」的詩句，被譽為「雁山五珍」之一，是具高價值的經濟魚類，以燒烤烹調可完全激發其美味。同時亦名「國姓魚」，乃據《淡水廳志》謂鄭氏至台始有。

　　餐後遊冬山鄉「梅花湖」：一說是因外型與五瓣梅花相似，因而被命名為「梅花湖」，為一座三面環山的天然湖泊，設有環湖道路，全長約 3 公里。「梅花湖」不僅有豐富的湖泊生態，同時具備水資源涵養、農田灌溉等效用，也是一座優美的天然水庫。梅花湖風景區因擁有多樣化的自然環境，匯集了許多動、植物於此，環湖步行時，見到的台灣獼猴、松鼠等，毫不畏人；與「龍潭湖」不同的是而周邊的美食小吃攤林立，並有環湖協力車、遊湖動力船，讓梅花湖搖身成為親子出遊的熱門景點，而當天確實遊人如織。

　　「梅花湖」知名度比「龍潭湖」高可能與名作家兼節目主持人吳淡如 12 年前以女兒綽號「小熊」為名，斥資在湖畔經營「小熊書房」餐廳有關，由於兩年前有媒體爆料「小熊書房」因疫情慘賠而易主，經當事人火速否認，而引起注目，名聞遐邇，因此在環湖路過時，不免進去打卡一番，因應「負面新聞也是廣告」之說法。

　　湖邊山上有道教總廟「三清宮」，是一座堂構鼎壯的巍峨建築。據「維基百科」說明，該宮經「中華民國道教會」指定為「中華民國道教總廟」，以做為亞洲各地道教團體及道學人士的聯絡中心，由該會以六十年一月廿日道秘字

第二一〇號呈奉內政部，該部則於六十年二月廿三日台內社字第四〇六五八六號函「准予備查」在案。

接著往頭城鎮參觀「蘭陽博物館」；博物館是於 2000 年開始辦理建築競圖，由姚仁喜建築師主持的「大元聯合建築師事務所」取得設計監造權，其單面山建築造型概念由孫德鴻與姚仁喜兩位建築師聯合提出。主要以東北角海岸的單面山作為設計博物館量體的根源，透過東北角常見的海岸岩石景觀作為地方文化的出發點，將「蘭陽博物館」建築與「烏石港」周邊自然地景相結合。2004 年發包施工，2009 年建築體完工，2010 年 10 月開館營運。

主建物最高頂點朝向東方的龜山島，沿著西南方逐漸下降而沒入地表，整座建物形成三角錐體。建築外牆面直接嵌入土中，模擬巨石挺立的意象，藉由空間錯位，使建物與園區水域的烏石礁相呼應。

站在高點看宜蘭，平原有著大大小小、深淺不一的田野方塊，因著四季輪轉而有不同的色調與風情。蘭博建築體的外牆由韋瓦第（Antonio Vivaldi）的小提琴協奏曲——「四季」音符轉化而來，建築師依樂曲旋律將石材及鑄鋁板排列在外牆上，呈現蘭陽大地的農田景觀，彷若動態的音樂歌頌。

展場空間規劃上，以垂直串連的寬闊無柱空間，提供一個類比宜蘭的地理空間經驗，由上而下區分為四個樓層——「山之層」、「平原層」、「海之層」與「兒童探索區」。站在山之層往下俯瞰，如同自山上眺望宜蘭大地特有的「山、平原、海」的空間經驗，展現了宜蘭整體的地理環境與人文軌跡，透過展示延伸民眾想像的空間。

參觀博物館至五時許，乘原車返回台北，結束愉快的 2 天 1 夜之旅。

▲ ①台灣最大香魚養殖場之一
　②佳餚當前
　③「梅花湖」衛星圖（取自Google Map）
　④豐富湖泊生態
　⑤四季養出肥美香魚（Google街景圖）
　⑥清甜味有餘

▲①三清宮堂構鼎壯
　②三清宮衛星圖（取自Google Map）
　③以「小熊」為名
　④小熊意象
　⑤木鱉果攤
　⑥典雅有緻
　⑦「梅花湖」衛星圖（取自Google Map）

▲①朝向東方龜山島
　②單面山建築造型
　③外牆由音符轉化而來
　④「山之層」
　⑤頭城搶孤
　⑥「平原層」
　⑦「海之層」
　⑧快快樂樂回家

板橋林家花園

2022 年 11 月 28 日　星期一

　　板橋林家，為台灣五大家族之一，與霧峰林家並稱，臺灣人稱「一天下，兩林家」，而板橋與霧峰林家花園也同樣馳名中外。九合一選舉次日因到板橋參加活動，結束後乃順道慕名前往參訪。

　　板橋林家花園即「林本源園邸」（Lin Family Mansion and Garden），為板橋林本源家族興建的房舍，仿蘇州「留園」設計，是目前臺灣僅存最完整的園林建築。該居可追溯 1847 年。民國 65 年（1976 年），林本源家族將庭園部分捐給當時的臺北縣政府（即今新北市政府），花園於民國 75 年第一次修復後收費開放參觀。第二次修復期間為 86 年至 90 年，90 年 8 月 9 日重新開放，三落大厝並同時於 90 年 7 月完成修復，並配合花園開放。目前「林本源園邸」由新北市政府文化局負責維護與整修的工作，並為宅第類國定古蹟。行政單位隸屬新北市政府文化局，以一股的人力及預算維持日常運作。讓人意外的是，「林本源」並不是人名，而是板橋林家的「商號」。[1] 林本源家族歷代聯姻婚配，包括福州陳寶琛家族、福州沈葆楨家族、福州嚴復家族、上海盛宣懷家族、清水蔡源順家族、鹿港辜家、霧峰林家、基隆顏家、新光集團吳家、印尼棉蘭張鴻南家族、臺南連雅堂家族、桃園梅鶴山莊林家、薇閣中學李家等，相當驚人。[2]

　　「林本源園邸」總面積 6,054 坪，可分成「園」和「邸」兩個部分：園又被稱作「板橋林家花園」，指的是住屋之外的庭園部分，其中包含來青閣、月波水榭、定靜堂等多處房舍與人造山水；邸指的是林本源家族居住處，即庭園西側的「三落大厝」。目前庭園西側的「三落大厝」仍屬於「祭祀公業林本

---

[1]　https://zh.wikipedia.org/wiki/ 林本源園邸
[2]　https://zh.wikipedia.org/wiki/ 林本源家族

源」，需專人帶領才能入內導覽。[3]

園中特別景點包括：

汲古書屋：仿明代毛子晉之「汲古閣」而命名。昔收藏圖書數千卷不乏宋元善本，為林家子弟讀書之所。前有雨亭造型奇巧。它是一座三開間並帶軒亭的建築，前後皆設格扇門，以利出入，作為書屋，其窗格子均採較簡潔大方的形式。前庭佈置名條花盆架，供擺奇花異卉，作為飽覽群籍之餘的調劑。書屋前有聯：「老屋三間足蔽風雨，黃花半畝與我周旋」，可能是屋主「淡泊以明志」的表達。屋內現充文創商店，販賣各種書籍與紀念品。

方鑑齋：方鑑齋為昔日讀書之所，平時亦是騷人墨客吟詠唱和之處。「齋」是齋戒清心的意思，齋中一池碧水，因為池可鑑人，所以「方鑑」指的就是方形的水池，賓客還可以觀看對面戲亭表演，形成看亭與戲亭隔水相對的對景景觀，而池水兩側拱廊環繞，使得方鑑齋形成具有環繞音場的水院，平時又歸於幽靜清雅，是林家花園最富有詩意的角落。池之四邊的建築，除了包括戲亭、看臺、遊廊外還有假山小橋，依遊廊前行可至來青閣。廊牆上刻有名人書法，惜年久剝落，可辨者很有限。

定靜堂：定靜堂名係取《大學》「定而後能靜」，林維源親題，為光緒元年堂名匾額，為園中占地最廣的建築，它是四合院，前後進之間均以亭相連。兩廊不設門窗，直接面向天井。當時做為宴會場所，堂中開敞的廊亭可以擺酒席，約可同時容納一百多人用餐。定靜堂之外觀有些像住宅，兩側的圍牆是用八角花磚砌成，牆上有蝴蝶及蝙蝠的漏窗，代表「賜福」。大廳中有楹聯「通人大才天下之選；恪勤特立夙夜在公」，為同治和光緒皇帝的老師翁同龢題贈，另側廳中則有對聯「與福為兄十分公道；干祿豈弟一片婆心」饒有趣味。

月波水榭：榭是蓋在水邊的建築，外型為雙菱形，因伸出水面所以有小橋與岸相連；屋頂有平台，可供人賞月。因月影映於水中，故名「月波水榭」。

榕蔭大池：為園內最大的水域，池畔深植老榕數株，岸北仿林家漳州龍溪故里敷石為山。繞池有釣魚磯、雲錦淙等臺榭。榕蔭大池為曲尺形的不規則水池，臨觀稼樓的岸邊設有碼頭，可使船停泊。水池周圍分布著大小形式不同的涼亭，有八角亭，菱型亭及平行四邊形得疊亭，又依地勢作變化，表現靈巧。

---

[3] 同註一

敬字亭：榕蔭池邊，有一座焚紙爐，凡有字紙必拿至此焚燒，有石尊文字，珍視民族文化。敬惜字紙，乃國人之美德，旨在尊重文字，珍視民族文化。敬字亭即為敬惜字紙之唯一設施，古今奉行至謹。

　　另一方面，到花園一遊自然部分是為賞花而來，但在秋冬之交，少見群花盛開，倒是在池塘中見到以往少見的白色睡蓮花，另有紅色睡蓮花、黃色水荇花等，清新可喜，塘中飼有錦鯉，頗為賞心悅目。

　　由於林家花園於 111 年 3 月起至 113 年 6 月進行第二期修復工程，園區將採分階段分區施工方式進行，預計 2 年的工程將分為三階段分區施作。第一階段施工範圍包括：來青閣（含開軒一笑）、觀稼樓、香玉簃，其餘範圍正常開放與運作。另「三落大厝」為私人產業，須於開放導覽時間前預約，因時間不巧作罷，也給下次再度參觀有更大的誘因。

▲ ①板橋林家花園導覽圖
　②奇花異卉
　③遊廊外假山
　④賞心悅目

▲①簡潔大方 ②造型奇巧 ③昔日讀書之所
④恪勤特立 ⑤十分公道 ⑥月波水榭
⑦定而後能靜 ⑧曲尺形不規則水池 ⑨敬惜字紙

▲ ①花中睡美人　　▲ ②白色睡蓮花
　　③水荇牽風　　　　④猗猗水荇長

國家圖書館出版品預行編目

清華行思與隨筆 / 陳力俊著. -- 臺北市：致出
版, 2023.02-
　　冊；　公分
　　ISBN 978-986-5573-52-2(第3冊：平裝). --
　　ISBN 978-986-5573-53-9(第4冊：平裝)

1.CST: 教育 2.CST: 文集

520.7　　　　　　　　　　112000023

清華行思與隨筆（四）

作　　　者／陳力俊
出版策劃／致出版
製作銷售／秀威資訊科技股份有限公司
　　　　　　114 台北市內湖區瑞光路76巷69號2樓
　　　　　　電話：+886-2-2796-3638
　　　　　　傳真：+886-2-2796-1377
網路訂購／秀威書店：https://store.showwe.tw
　　　　　　博客來網路書店：https://www.books.com.tw
　　　　　　三民網路書店：https://www.m.sanmin.com.tw
　　　　　　讀冊生活：https://www.taaze.tw

出版日期／2023年2月　　定價／500元

致 出 版　　　　　　　　向出版者致敬